全国高等学校物联网技术应用系列教材

交通运输物联网

主　编　张亚平　杨大恒　徐玲玲
副主编　滕绍祥

中国物资出版社

图书在版编目（CIP）数据

交通运输物联网/张亚平，杨大恒，徐玲玲主编．—北京：中国物资出版社，2011.4

（全国高等学校物联网技术应用系列教材）

ISBN 978-7-5047-3724-3

Ⅰ.①交… Ⅱ.①张…②杨…③徐… Ⅲ.①计算机网络—应用—交通运输业—高等学校—教材 Ⅳ.①F506

中国版本图书馆 CIP 数据核字（2010）第 244865 号

策划编辑 秦理曼
责任编辑 秦理曼
责任印制 方朋远
责任校对 孙会香 杨小静

中国物资出版社出版发行
网址：http://www.clph.cn
社址：北京市西城区月坛北街 25 号
电话：（010） 68589540 邮政编码：100834
全国新华书店经销
三河市西华印务有限公司印刷

开本：787mm×1092mm 1/16 印张：13 字数：292 千字
2011 年 4 月第 1 版 2011 年 4 月第 1 次印刷
书号：ISBN 978-7-5047-3724-3/F·1450
印数：0001—3000 册
定价：25.00 元

本系列教材编委会

前　言

交通运输是经济发展的基本需要和先决条件，是现代社会的生存基础和文明标志，是社会经济的基础设施和重要纽带，并对促进社会分工、大工业发展和规模经济的形成，巩固国家的政治统一和加强国防建设，扩大国际经贸合作和人员往来发挥了重要作用。物联网技术是在互联网技术基础上的延伸和扩展的网络技术，其用户端延伸和扩展到了任何物品和物品之间，进行信息交换和通信，它通过射频识别（RFID）、红外感应器、全球定位系统、激光扫描器等信息传感设备，按约定的协议，将任何物品与互联网相连接，进行信息交换和通信，以实现智能化识别、定位、追踪、监控和管理。在交通运输中，借助物联网技术，能够清楚地了解到车辆以及物品的具体位置并进行自动跟踪，对突发事件可以及时获取信息进行紧急处理等。因此，研究物联网技术在交通运输中的应用和发展是目前运输行业、运输企业等共同关注的重点问题。

本书在编写内容上，力求广泛、充实、注重理论结合实践，图文并茂，主要介绍了交通运输的基本概念、物联网的基本概念、物联网技术原理、RFID技术的基础理论、GPS技术的基础理论、GIS技术的基础理论、传感器技术的基础理论以及物联网技术在公路、铁路、航空、水路等多种运输方式中的应用领域及应用内容等。本书中既对理论知识进行了详细的阐述，又加入了最新的物联网技术在交通运输中的应用情况。因此，本书不仅适合高校作为教材使用，也适合从事物联网、交通运输及相关行业的从业人员作为参考用书。

本书由张亚平、杨大恒、徐玲玲任主编，滕绍祥任副主编。参加编写的有张玉斌、熊振宇、杨雪影。具体分工是：第一章由徐玲玲、熊振宇、杨雪影、滕绍祥编写；第二章、第五章、第六章、第七章由杨大恒编写；第三章、第四章、第八章、第九章由张玉斌编写。张亚平负责主审。

由于编者的学识水平有限，加之时间仓促，书中有很多不完善和不妥之处，恳请读者批评指正。

编　者

2010年12月

目　录

第一章　物联网与交通运输

通过本章的学习，了解交通运输的含义、交通运输业的特点、物联网产生的背景，掌握物联网的含义、物联网技术应用的关键领域以及物联网在交通运输中的作用。

第一节　交通运输概述

一、交通运输的含义

所谓交通运输，就是指利用各种交通运输工具，使旅客、货物沿着特定的路线实现空间位移的过程。它是联系生产和消费、城市和乡村、各地区和各部门的主要纽带。广义的交通运输包括运输和通信；狭义的交通运输只包括运输。

现代的交通运输方式主要包括铁路运输、公路运输、航空运输、水路运输和管道运输。

二、交通运输业的性质及特点

交通运输是人类社会经济活动中不可缺少的重要环节，是人生的第一需要。在经济上交通运输具有二重性，既是社会生产和生活的必要条件，又是一个物质生产部门。

交通运输作为一个独立的生产部门，它的生产活动是把工农业产品运到消费地，无论是生产消费还是非生产消费，这都是生产过程的继续。因为没有交通运输这一环节，产品不能被消费，生产活动并没有最后完成。

交通运输业作为一个独立的生产部门，也有与其他生产部门不同的特点：

首先，交通运输业不能生产出新的物质产品，它的唯一产品，是以吨千米（或人千米）表示客货位移。以货运吨千米为计算单位的交通运输产品量，称为货物周转量，货物周转量等于客、货运量和运输距离的乘积。由于交通运输业不能生产出新的物质产品，所以在工农业生产中力求增加产品，而在运输业中，则力求产品的损耗减少到最低限度，尽可能避免一切不合理运输。

其次，各种方式的交通运输只生产同一种产品——吨（人）千米。

最后，交通运输业的产品不能脱离生产过程而单独存在，它的生产过程和消费过程是不可分离的。工农业的生产和消费，表现为在时间上和空间上截然分离的两种行为，它们的产品可以运送、储存和调配。交通运输业的生产是在流通领域里进行的，所以在它生产出来的同时就被消费掉，而不能像工农业产品那样加以储备，它只能储备多余的生产能力，即运力，来满足运量增长时的需要。因此运输产品有两个内在的特点：一是“运输产品”看不见、摸不着，既不能输送，又不能储存，不能像工农业产品那样进行地区调配。要扩大生产，必须扩大运输能力或不断增加运输手段，以保持充足的后备力量。二是运输工人同其他劳动者一样，通过自己的劳动也创造价值和使用价值，并全部追加到他们所运送的那些商品中去。

第二节　物联网概述

一、物联网的定义

物联网的英文名称为“The Internet of Things”，简称 IOT。由该名称可见，物联网就是“物物相连的互联网”。这有两层意思：第一，物联网的核心和基础仍然是互联网，是在互联网基础之上的延伸和扩展的一种网络；第二，其用户端延伸和扩展到了任何物品与物品之间，进行信息交换和通信。因此，物联网的定义是通过射频识别（RFID）装置、红外感应器、全球定位系统、激光扫描器等信息传感设备，按约定的协议，把任何物品与互联网相连接，进行信息交换和通信，以实现智能化识别、定位、跟踪、监控和管理的一种网络。

这里的“物”要满足以下条件才能够被纳入“物联网”的范围：①要有相应信息的接收器；②要有数据传输通路；③要有一定的存储功能；④要有 CPU；⑤要有操作系统；⑥要有专门的应用程序；⑦要有数据发送器；⑧遵循物联网的通信协议；⑨在世界网络中有可被识别的唯一编号。

2009 年 9 月，在北京举办的物联网与企业环境中欧研讨会上，欧盟委员会信息和社会媒体司 RFID 部门负责人 Lorent Ferderix 博士给出了欧盟对物联网的定义：物联网是一个动态的全球网络基础设施，它具有基于标准和互操作通信协议的自组织能力，其中物理的和虚拟的“物”具有身份标识、物理属性、虚拟的特性和智能的接口，并与信息网络无缝整合。物联网将与媒体互联网、服务互联网和企业互联网一道，构成未来互联网。

二、物联网产生的背景

物联网的概念是在 1999 年提出的。过去国内将物联网称之为传感网。中科院早在 1999 年就启动了传感网的研究，并已取得了一些科研成果，建立了一些适用的传感网。

1999 年，在美国召开的移动计算和网络国际会议提出了，“传感网是下一个世纪人

类面临的又一个发展机遇”。

2003 年，美国《技术评论》提出传感网络技术将是未来改变人们生活的十大技术之首。

2005 年 11 月 17 日，在突尼斯举行的信息社会世界峰会（WSIS）上，国际电信联盟（ITU）发布了《ITU 互联网报告 2005：物联网》，正式提出了“物联网”的概念。报告指出，无所不在的“物联网”通信时代即将来临，世界上所有的物体，从轮胎到牙刷、从房屋到纸巾都可以通过互联网主动进行交换。射频识别技术（RFID）、传感器技术、纳米技术、智能嵌入技术将得到更加广泛的应用。

根据 ITU 的描述，在物联网时代，通过在各种各样的日常用品上嵌入一种短距离的移动收发器，人类在信息与通信世界里将获得一个新的沟通维度，从任何时间、任何地点的人与人之间的沟通连接扩展到人与物和物与物之间的沟通连接。物联网概念的兴起，很大程度上得益于国际电信联盟在 2005 年以物联网为标题的年度互联网报告。然而，ITU 的报告对物联网缺乏一个清晰的定义。

2009 年 1 月 28 日，奥巴马就任美国总统后，与美国工商业领袖举行了一次“圆桌会议”，作为仅有的两名代表之一，IBM 首席执行官彭明盛首次提出“智慧地球”这一概念，建议新政府投资新一代的智慧型基础设施。

据 2009 年 2 月 24 日消息，IBM 大中华区首席执行官钱大群在 2009IBM 论坛上公布了名为“智慧的地球”的最新策略。

此概念一经提出，即得到美国各界的高度关注，甚至有分析认为 IBM 公司的这一构想极有可能上升至美国的国家战略，并在世界范围内引起轰动。IBM 认为，IT 产业下一阶段的任务是把新一代 IT 技术充分运用在各行各业之中。具体地说，就是把感应器嵌入和装备到电网、铁路、桥梁、隧道、公路、建筑、供水系统、大坝、油气管道等各种物体中，并且被普遍连接，形成物联网。

针对中国经济的状况，钱大群表示，中国的基础设施建设空间广阔，而且中国政府正在以巨大的控制能力、实施决心和配套资金对必要的基础设施进行大规模建设，“智慧的地球”这一战略将会产生更大的价值。

在策略发布会上，IBM 还提出，如果在基础建设的执行中，植入“智慧”的理念，不仅仅能够在短期内有力地刺激经济、促进就业，而且能够在短时间内为中国打造一个成熟的智慧基础设施平台。

钱大群表示，当今世界许多重大的问题如金融危机、能源危机和环境恶化等，实际上都能够以更加“智慧”的方式来解决。在全球经济形势低迷的同时，也孕育着未来的发展机遇，中国不仅能够借此机遇开创新乐观产业和新的市场，加速发展，也能摆脱经济危机的影响。

IBM 希望“智慧的地球”策略能掀起“互联网”浪潮之后的又一次科技革命。IBM 前首席执行官郭士纳曾提出一个重要的观点，认为计算模式每隔 15 年发生一次变革。这一判断像摩尔定律一样准确，人们把它称为“15 年周期定律”。1965 年前后发生的变革以大型机为标志，1980年前后以个人计算机的普及为标志，而1995年前后则发生了互联网革命。每一次这样的技术变革都引起企业间、产业间甚至国家间竞争格局的重大动荡和变化。而互联网革命一定程度上是由美国“信息高速公路”战略所催熟的。20世纪90年代，美国克林顿政府计划用20年时间，耗资2000亿～4000亿美元，建设美国国家信息基础结构，从而创造出巨大的经济效益和社会效益。

而今天，“智慧的地球”战略被不少美国人认为与当年的“信息高速公路”有许多相似之处，同样被他们认为是振兴经济、确立竞争优势的关键战略。该战略能否掀起如当年互联网革命一样的科技和经济浪潮，不仅为美国所关注，更为世界所关注。

南京航空航天大学国家电工电子示范中心主任赵国安说：“物联网前景非常广阔，它将极大地改变我们目前的生活方式。”业内专家表示，物联网把我们的生活拟人化了，万物成了人的同类。在这个物物相联的世界中，物品（商品）能够彼此进行“交流”，而无须人的干预。物联网利用射频自动识别（RFID）技术，通过计算机互联网实现物品（商品）的自动识别和信息的互联与共享。可以说，物联网描绘的是充满智能化的世界。在物联网的世界里，物物相连、天罗地网。

2008年11月，在北京大学举行的第二届中国移动政务研讨会“知识社会与创新2.0”上，专家们提出移动技术、物联网技术的发展带动了经济社会形态、创新形态的变革，推动了面向知识社会的以用户体验为核心的下一代创新（创新2.0）形态的形成，创新与发展更加关注用户、注重以人为本。

有研究机构预计10年内物联网就可能大规模普及，这一技术将会发展成为一个上万亿元规模的高科技市场，其产业要比互联网大30倍。

据悉，物联网产业链可以细分为标识、感知、处理和信息传送四个环节，每个环节的关键技术分别为RFID、传感器、智能芯片和电信运营商的无线传输网络。EPOSS在《Internet of Things in 2020》报告中分析预测，未来物联网的发展将经历四个阶段，2010年之前RFID被广泛应用于物流、零售和制药领域，2010—2015年物体互联，2015—2020年物体进入半智能化，2020年之后物体进入全智能化。

作为物联网发展的排头兵，RFID成为了市场最为关注的技术。数据显示，2008年全球RFID市场规模已从2007年的49.3亿美元上升到52.9亿美元，这个数字覆盖了RFID市场的方方面面，包括标签、阅读器、其他基础设施、软件和服务等。RFID卡和卡相关基础设施将占市场的57.3%，达30.3亿美元。来自金融、安防行业的应用将推动RFID卡类市场的增长。易观国际预测，2009年中国RFID市场规模将达到50亿元，年复合增长率为33%，其中电子标签超过38亿元、读写器接近7亿元、软件和服务达到5亿元的市场格局。

三、物联网应用系统的组成

物联网应用系统可以分为三个部分：RFID系统、中间件系统（Savant系统）及互联网。物联网应用于物流的整个过程，当产品完成生产，即为其贴上存储有EPC码的

电子标签，直到产品经历整个生命周期。EPC 代码作为它的唯一身份标识，除了存储单品的完整信息外，还可以通过该 EPC 编码在物联网上实时地查询和更新产品的相关信息，即可以同时进行产品信息的读取和写入，在物流的各个环节实现产品的定位追踪。

在运输、销售、使用、回收等其他环节，读写器都会在一定的读取范围内实时监测标签的存在，并将标签所含 EPC 数据传送到 Savant 系统，该中间件通过读取到的 EPC 数据，在 Internet 上的 DNS 服务器上获取包含该产品信息的 EPC 信息服务器的 IP 地址，从而掌握产品所处的状态，如是否安全到达、销售状况等。另外，还可以根据具体需要，通过本地 EPC 信息服务器和源 EPC 信息服务器进行产品数据的记录和修改。

第三节　物联网在交通运输中的作用

一、货物跟踪

物联网借助互联网、RFID 等无线数据通信等技术，实现了单个商品的识别与跟踪。基于这些特性，将其应用到物流的各个环节，保证商品的生产、运输、仓储、销售及消费全过程的安全和时效，将具有广阔的发展前景。

基于物联网的支持，电子标签承载的信息就可以实时获取，从而清楚地了解到产品的具体位置，进行自动跟踪。对制造商而言，原材料供应管理和产品销售管理是其管理的核心，物联网的应用使得产品的动态跟踪运送和信息的获取更加方便，对不合格的产品及时召回，降低产品退货率，提高了自己的服务水平，同时也提高了消费者对产品的信赖度。另外，制造商与消费者信息交流的增进使其对市场需求作出更快的响应，在市场信息的捕捉方面就夺得了先机，从而有计划地组织生产，调配内部员工和生产资料，降低甚至避免因牛鞭效应带来的投资风险。

二、降低运输风险

对运输商而言，电子产品代码 EPC 可以自动获取数据，进行货物分类，降低取货、送货成本。并且，EPC 电子标签中编码的唯一性和仿造的难度可以用来鉴别货物真伪。由于其读取范围较广，则可实现自动通关和运输路线的追踪，从而保证了产品在运输途中的安全。即使在运输途中出现问题，也可以准确地定位，做出及时地补救，使损失尽可能降到最低。这就大大提高了运输商送货的可靠性和效率，从而提高了服务质量。

三、降低成本

运输商通过 EPC 可以提供新信息增值服务，从而提高收益率，维护其资产安全。不仅如此，利用 RFID 技术对高速移动物体识别的特点，可以对运输工具进行快速有效地定位与统计，方便对车辆的管理和控制。具体应用方向包括公共交通票证、不停车收费、车辆管理及铁路机车、车辆、相关设施管理等。基于RFID技术，可以为实现交通的信息化和智能化提供技术保障。实际上，基于RFID技术的军用车辆管理、园区车辆管理及高速公路不停车收费等应用已经在开展。

本章小结

本章主要介绍了交通运输的含义、交通运输业的性质和特点；物联网的定义、物联网产生的背景、物联网应用系统的组成以及物联网在交通运输中的作用。通过本章的学习，学生能够了解物联网的概念以及物联网应用的领域，能够掌握物联网对交通运输的作用，并能很好地将物联网与交通运输进行结合。

思考题

1. 什么是物联网？
2. 物联网的应用系统包括哪些？
3. 交通运输业的性质和特点是什么？
4. 物联网对交通运输能够起到什么样的作用？

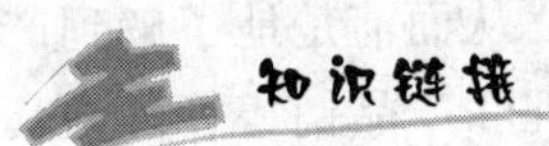

知识链接

物联网传感技术RFID广泛应用于交通行业

“物联网”目前已经成为人们关注的焦点话题。产业界人士更是认为，“物联网”是继互联网之后最重大的科技创新，它将对现有产业格局形成颠覆性的冲击。那么，“物联网”将会带来怎样的创新浪潮；“物联网”在中国的应用基础如何；“物联网”的产业链如何构成；物联网的核心环节RFID的发展将如何推动；谁将主导“物联网”；“物联网”未来发展前景如何；“物联网”将给社会和生活带来怎样的变化？等等，上述问题迫切需要各有关方面进行探索、讨论、廓清和梳理。

本文是交通运输部科技司副司长张延华就交通运输部2009年信息化推进工作以及RFID技术在交通运输领域中未来的发展规划做了全面阐述，以供业界分享。

2009年，交通运输部围绕充分利用现代信息技术，促进现代交通运输业发展，继续着力推进信息化建设，取得了新的进展，主要体现在以下几个方面：

一是信息化标准规范体系进一步完善。制定颁布了覆盖公路、水路交通行业主要业务领域的公路、港口、航道、船舶、道路运输、水路运输、船员、建设项目、交通

统计、船舶检验、船载客货、收费公路13项交通信息基础数据元标准，颁布了公路水路交通信息资源业务分类和元数据标准以及道路运输管理与服务系统技术要求和接口规范等标准。这些标准的出台对于规范行业信息化发展，推动交通电子政务建设，促进交通信息资源整合将发挥重要的支撑保障作用。

二是电子政务建设继续深化。部（交通运输部）省（各省道路运输管理部门）道路运输管理信息系统建设工作有序推进，已实现了23个省（区、市）运政系统与部联网，纵向业务系统互联互通、资源共享、整合利用的模式已初步建立；"公路水路建设市场诚信及工程质量信息服务系统建设工程"和"公路水路交通运输信息共享与服务系统一期工程"相继开工建设，建设市场诚信、工程质量监督、公路管理、道路运输信息服务、水路运输管理、交通法规、交通财会以及交通应急处理会商等一批应用系统建设工作也已启动，这些系统的建设将大大扩展部级业务系统覆盖范围，促进政府部门公共服务、监督管理、科学决策、应急处置能力的提升。

三是积极推进现代物流发展。主要是制定了《关于推动公路水路交通运输行业IC卡和RFID技术应用的指导意见》，从发展政策方面进一步促进IC卡和RFID技术的推广应用，提升交通运输信息化水平；加强了对物流信息化标准制修订的指导，相关标准编制工作进一步加快。由我部组织的国家发展改革委电子商务专项——"青岛港现代物流及电子商务系统工程"已经完成，有效提升了港口供应链服务水平，为我国港口物流信息化建设提供了示范。

四是大力促进智能交通。交通运输部一直积极倡导和推动智能交通的发展，加快了智能交通技术从研究试验向集成应用的转变，特别在高速公路联网收费、交通运输GPS安全监管系统、水上交通管理系统、船舶动态识别系统等方面取得了显著进展。比如，在电子不停车收费方面，在部示范工程的带动下，到2009年11月，全国建成不停车收费车道900余条，电子标签用户超过65万，有14个省、市开展了联网不停车收费系统的建设，ETC技术的应用对于提高运输效率和服务水平、促进交通行业节能环保正发挥出重要的作用。

作为交通运输行业主管部门，2009的一项重要工作就是制定并出台了《关于推动公路水路交通运输行业IC卡和RFID技术应用的指导意见》（以下简称《意见》），明确了在交通运输行业加快RFID技术应用的指导思想，即"按照发展现代交通运输业的总体要求，坚持整合、规范、安全的发展理念，逐步拓展应用领域，大力推进资源共享，不断提高应用水平，为交通运输电子政务、智能交通和现代物流发展提供有效支撑"，确定了"需求引导、有序推进、注重规范，标准先行、一卡多用，互联互通、严格管理，确保安全"的基本原则和未来若干年RFID应用发展目标，提出了当前促进RFID技术应用的主要任务和保障措施。《意见》印发后，得到了全行业的关注与肯定。

2009年，我部又组织开展了两个射频识别技术应用领域的国家信息化试点项目，一是天津港基于RFID的集装箱陆运作业流程改造项目，该项目通过应用基于RFID技术改造集装箱陆运流程，改善集装箱作业环节，加快智能化港口建设，改进生产操作模式，降低运行成本，提高10%的作业效率，实现集装箱数据的自动采集，车辆通过卡口的时间将缩短50%以上；二是上海港中美集装箱电子标签国际航线应用项目，该项目通过在中美集装箱国际航线应用RFID等技术，建设全球物流实时在线监控与服务平台，实时记录集装箱运输中箱、货、流的信息，运输全过程的安全信息，实现集装箱物流的全程实时在线监控，以提高集装箱物流的透明度、效率和安全性，提升集装箱物流的整体水平。通过这两个示范工程的实施，将对港口物流业和国内RFID产业带来积极的影响。

在《意见》中提出了当前促进RFID技术应用的主要任务，包括加快技术推广应用、加强标准制修订和贯彻执行、开展互联互通应用试点、加快建立健全安全保障体系、加强共性及关键技术研发、建立健全公共服务体系六个方面。当前，RFID技术发展很快，是解决自动识别和信息采集技术难题的有效途径，在交通运输行业有着广泛的应用前景。从信息化发展角度而言，2010年我们会继续关注和推动RFID技术在行业的推广应用，加强行业RFID技术研发应用工作的交流合作，并从技术应用、标准研发、典型示范等方面加强支持指导。此外，我们也将引导各级交通运输部门提高对IC卡和RFID技术应用重要性的认识，通过科技项目、建设专项等方式，支持IC卡和RFID技术应用，积极鼓励采用多种方式建立多渠道的投入模式，促进RFID技术与交通运输行业需求紧密结合。

目前，作为物联网的基础，传感技术、RFID技术在交通运输行业有着广泛的应用，主要包括电子政务领域、智能交通领域、运输/物流领域等。在电子政务领域的应用主要有：道路运政管理、水路运政管理、港口管理及海事管理等；智能交通领域主要有高速公路联网收费、不停车收费、多路径识别等；运输/物流领域主要有车辆管理、集装箱管理、船舶管理、货物管理、堆场管理等。在集装箱运输、场站（港口）及枢纽管理中，RFID技术快速推广，发挥出了重要应用。比如，在集装箱运输方面，开通了上海港—烟台港电子标签集装箱示范航线、中国上海港—美国萨凡纳港电子标签集装箱航线；青岛港与铁路部门合作开发了双层集装箱班列智能化装载系统，自动识别箱号和货物信息，实现合理配载和信息共享。青岛港、厦门港、天津港等港口还利用RFID技术对进出港区的集装箱车辆进行自动识别，提高闸口通过速度，减少集疏港作业的拥堵现象，体现了管理智能化、物流可视化、信息透明化的理念和发展趋势。应该说，RFID技术的应用为提升物流信息化水平、促进现代交通运输业的发展起到了重要作用。

目前，在交通运输领域，“集装箱电子标签技术规范”“内贸集装箱电子标签技术规范”等多项标准已相继出台，下一步，我们将继续按照《公路水路交通信息化标准建设方案（2007—2010年）》的要求，根据行业发展需要，重点组织开展对车辆、危险货物的电子标签、读卡器以及RFID应用等一系列标准的制定工作，促进RFID技术在交通运输行业的更好应用。

值得一提的是，上海港通过国家信息化试点项目“中美集装箱电子标签国际航线

应用”的实施，已代表中国，将该项目中有关应用RFID的核心技术向国际标准化组织提出制定相关国际标准的工作提案《Freight Container RFID Cargo Shipment Tag》，并已获得了ISO授权，将由中国主持起草“集装箱货运标签”国际标准，编号为ISO/NP 18186。为我国成为集装箱运输领域的大国、强国，抢占未来集装箱制造和运输市场，引领RFID在集装箱运输领域的应用和发展奠定了一个较好的基础。

（资料来源：http：//www2. ciw. com. cn/h/2562/347193-17812. html）

第二章　物联网技术基础

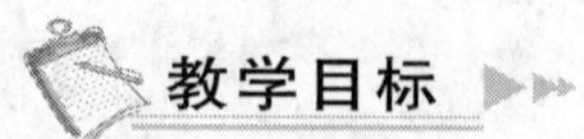

教学目标

通过本章的学习，了解物联网技术的基本框架以及物联网与传感网的区别；掌握RFID技术的基础知识、GPS技术的基础知识、GIS技术的基础知识、传感器技术的基础知识。

第一节　物联网技术概述

一、物联网与RFID、传感器网络和泛在网的关系

（一）传感器网络与RFID的关系

RFID和传感器具有不同的技术特点，传感器可以监测感应到各种信息，但缺乏对物品的标识能力，而RFID技术恰恰具有强大的标识物品能力。尽管RFID也经常被描述成一种基于标签的，并用于识别目标的传感器，但RFID读写器不能实时感应当前环境的改变，其读写范围受到读写器与标签之间距离的影响。因此提高RFID系统的感应能力，扩大RFID系统的覆盖能力是亟待解决的问题。而传感器网络较长的有效距离将拓展RFID技术的应用范围。传感器、传感器网络和RFID技术都是物联网技术的重要组成部分，它们的相互融合和系统集成将极大地推动物联网的应用，其应用前景不可估量。

（二）物联网与传感器网络的关系

传感器网络（Sensor Network）的概念最早由美国军方提出，起源于1978年美国国防部高级研究计划局（DARPA）开始资助卡耐基梅隆大学进行分布式传感器网络的研究项目，当时此概念局限于由若干具有无线通信能力的传感器节点自组织构成的网络。随着近年来互联网技术和多种接入网络以及智能计算技术的飞速发展，2008年2月，ITU-T发表了《泛在传感器网络》（*Ubiquitous Sensor Networks*）研究报告。在报告中，ITU-T指出传感器网络已经向泛在传感器网络的方向发展，它是由智能传感器节点组成的网络，可以以“任何地点、任何时间、任何人、任何物”的形式被部署。该技术可以在广泛的领域中推动新的应用和服务，从安全保卫和环境监控到推动个人生产力和增强国家竞争力。从以上定义可见，传感器网络已被视为物联网的重要组成

部分，如果将智能传感器的范围扩展到RFID等其他数据采集技术，从技术构成和应用领域来看，泛在传感器网络等同于现在我们提到的物联网。

（三）物联网与泛在网络的关系

泛在网是指无所不在的网络，又称泛在网络。最早提出U战略的日本和韩国给出的定义是："无所不在的网络社会将是由智能网络、最先进的计算技术以及其他领先的数字技术基础设施武装而成的技术社会形态。"根据这样的构想，泛在网络将以"无所不在"、"无所不包""无所不能"为基本特征，帮助人类实现"4A"化通信，即在任何时间、任何地点、任何人、任何物都能顺畅地通信。故相对于物联网技术的当前可实现性来说，泛在网属于未来信息网络技术发展的理想状态和长期愿景。

二、物联网的技术框架

物联网的技术体系框架包括感知层技术、网络层技术、应用层技术和公共技术。

（一）感知层

数据采集与感知主要用于采集物理世界中发生的物理事件和数据，包括各类物理量、标识、音频、视频数据。物联网的数据采集涉及传感器、RFID、多媒体信息采集、二维码和实时定位等技术。

（二）网络层

实现更加广泛的互联功能，能够把感知到的信息无障碍、高可靠性、高安全性地进行传送，需要传感器网络与移动通信技术、互联网技术相融合。经过10余年的快速发展，移动通信、互联网等技术已比较成熟，基本能够满足物联网数据传输的需要。

（三）应用层

应用层主要包含应用支撑平台子层和应用服务子层。其中应用支撑平台子层用于支撑跨行业、跨应用、跨系统之间的信息协同、共享、互通的功能。应用服务子层包括智能交通、智能医疗、智能家居、智能物流、智能电力等行业应用。

（四）公共技术

公共技术不属于物联网技术的某个特定层面，而是与物联网技术架构的三层都有关系，它包括标识与解析、安全技术、网络管理和服务质量（QOS）管理。

三、物联网技术应用的关键领域

（一）RFID技术的广泛应用

物联网是在计算机互联网的基础上，利用RFID、无线数据通信等技术，构造一个覆盖世界上万事万物的"Internet of Things"。在这个网络中，物品（商品）能够彼此进行"交流"，而无须人的干预。其实质是利用射频自动识别（RFID）技术，通过计算机互联网实现物品（商品）的自动识别和信息的互联与共享。

物联网中非常重要的技术是射频识别（RFID）技术。RFID是射频识别（Radio Frequency Identification）技术的英文缩写，是20世纪90年代开始兴起的一种自动识别技术，是目前比较先进的一种非接触识别技术。以简单RFID系统为基础，结合已有的网络技术、数据库技术、中间件技术等，构筑一个由大量联网的阅读器和无数移动的标签组成的，比Internet更为庞大的物联网，将成为RFID技术发展的趋势。

在“物联网”中，RFID标签中存储着规范而具有互用性的信息，通过无线数据通信网络把它们自动采集到中央信息系统，实现物品（商品）的识别，进而通过开放性的计算机网络实现信息交换和共享，实现对物品的“透明”管理。

从目前国内的发展水平来看，物联网的发展仍存在瓶颈：一是RFID高端芯片等核心领域无法产业化，国内RFID以低频为主；二是国内传感器产业化水平较低，高端产品国外厂商垄断；三是实现物物互联的数据计算量庞大，更需要算法的革命。

（二）物联网标准

根据物联网技术与应用密切相关的特点，按照技术基础标准和应用子集两个层次，我们提出引用现有标准、裁剪现有标准或制定新规范等策略，形成了包括体系架构、组网通信协议、接口、协同处理组件、网络安全、编码标识、骨干网接入与服务等技术基础规范和产品、应用子集类规范的标准体系，以求通过标准体系指导成体系、系统的物联网标准制定工作，同时为今后的物联网产品研发和应用开发中对标准的采用提供重要的支持。

当前物联网标准研制有以下两个主要任务：

1. 筹备物联网标准联合工作组，做好相关标准化组织间的协调

目前，物联网的概念和技术架构缺乏统一的清晰描述，一些利益相关方争相进行基于自身利益的解读，使得政府、产业和市场各方对其内涵和外延认识不清，可能使政府对物联网技术和产业的支持方向和力度产生偏差，严重影响物联网产业的健康发展。

本着整合物联网相关标准化资源，协调物联网的整体标准化工作，更好地服务于国家的物联网产业协调发展大局，满足国家信息产业总体发展战略的要求，适应物联网以应用为驱动、以需求为牵引的多种技术紧密融合的特殊需要的原则，同时为政府部门的物联网产业发展决策提供全面的技术和标准化服务支撑。由工业和信息化部电子标签（RFID）标准工作组、全国信息技术标准化技术委员会传感器网络标准工作组、工业和信息化部信息资源共享协同服务（闪联）标准工作组、全国工业过程测量和控制标准化技术委员会等产学研用各界公认与物联网技术密切相关的标准工作组共同发起成立物联网标准联合工作组。由工业和信息化部电子科技委副主任、国家金卡工程协调领导小组办公室主任张琪担任联合工作组组长，中科院上海微系统与信息技术研究所副所长刘海涛担任联合工作组常务副组长。

物联网标准联合工作组将紧紧围绕产业发展需求，协调一致，整合资源，共同开展物联网技术的研究，积极推进物联网标准化工作，加快制定符合我国发展需求的物联网技术标准，建立健全标准体系，并积极参与国际标准化组织的活动，以联合工作组为平台，加强与欧、美、日、韩等国家和地区的交流和合作，力争成为制定物联网国际标准的主导力量之一。

2. 做好物联网顶层设计，完善物联网标准体系建设

我们需要高度重视物联网标准体系建设，加强组织协调，明确方向、突出重点、统一部署、分步实施，积极鼓励和吸纳有关有物联网应用需求的行业和企业参与标准化工作，稳步推进物联网标准的制定和推广应用，推动相关标准组织形成有效协调、分工合作的工作机制，尽快形成较为完善的物联网标准体系。制定我国物联网标准体系，也需要把国际物联网应用的发展动态和我国物联网发展战略相结合，联合相关部门开展研究，以保证实际需要为目标，结合实际国情和产业现状，给出标准制定的优先级列表，进而为国家的宏观决策和指导提供技术依据，为与物联网相关的国家标准和行业标准的立项和制定提供指南。

第二节　RFID 技术

一、RFID 的概念

（一）RFID 的基本概念

1. 射频（Radio Frequency）

射频表示可以辐射到空间的电磁频率，根据其频率范围可分为以下几种：

（1）极低频（ELF：Extremely Low Frequency），频率范围在 3kHz 以下。

（2）甚低频（VLF：Very Low Frequency），频率范围为 3kHz～30kHz。

（3）低频（LF：Low Frequency），频率范围为 30kHz～300kHz。

（4）中频（MF：Middle Frequency），频率范围为 300kHz～3000kHz。

（5）高频（HF：High Frequency），频率范围为 3MHz～30MHz。

（6）甚高频（VHF：Very High Frequency），频率范围为 30MHz～300MHz。

（7）超高频（UHF：Ultra High Frequency），频率范围为 300MHz～3000MHz。

（8）特高频（SHF：Super High Frequency），频率范围为 3GHz～30GHz。

（9）极高频（EHF：Extremely High Frequency），频率范围为 30GHz～300GHz。

2. 射频识别

射频识别是 20 世纪 90 年代兴起的新型自动识别技术，它是一种非接触式的自动识别技术。它通过射频信号自动识别目标对象并获取相关数据，识别工作无须人工干预，可以工作在各种恶劣的环境中。射频识别技术可识别高速运动的物体，如高速运动的汽车、轮船等。射频识别技术还可以同时识别多个标签，操作方便快捷。射频识别技术已广泛应用于工业自动化、商业自动化、交通运输控制等许多领域。

3. 射频标签读写装置

射频标签读写装置的基本功能是无接触读取射频标签中的数据信息。从功能角度来说，单纯实现无接触读取射频标签信息的设备称为阅读器、读出装置、扫描器等。单纯实现向射频标签内存中写入信息的设备称为编程器、写入器等。综合具有无接触

读取与写入射频标签信息的设备称为读写器、通信器等。

射频标签信息的写入方式大致可以分为以下三种类型：

(1) 射频标签在出厂时，即已将完整的标签信息写入标签。这种情况下的射频标签一般只具有只读功能。只读标签信息的写入，在更多的情况下是在射频标签芯片的生产过程中完成的。通过将标签信息写入芯片，使得每一个射频标签拥有一个唯一的标识（UID）。在应用过程中，需要建立射频标签 UID 与待识别物品的标识信息（如车牌号）之间的对应关系。有时也可以在使用之前，通过专用的初始化设备完成完整标签信息的写入。

(2) 采用有线接触方式写入射频标签信息。射频标签信息的写入通过有线接触方式实现，一般称这种标签信息写入装置为编程器。通过这种接触式的射频标签信息写入方式，可以对标签信息进行多次改写。例如，目前在用的铁路货车电子标签信息的写入即采用了这种方式。标签在完成信息写入后，通常需要将写入口密封起来，使得其在应用中可以防潮、防水、防污等。

(3) 射频标签在出厂后，通过专用设备以无接触的方式向射频标签内写入信息。具有这种标签信息写入功能和标签信息读取功能的设备称为射频标签读写器。具有无线写入功能的射频标签中唯一不可改写的信息是它的 UID。这种功能的射频标签趋向于一种通用射频标签，在实际应用中，可根据实际需要仅对它的 UID 进行识读或者仅对指定的射频标签内存单元（一次读写的最小单位）进行读写。

在实际应用中，还广泛存在着一次写入多次读出（Write Once Read Many, WORM）的射频标签。这种 WORM 标签既有接触式改写的射频标签，也有无接触式改写的射频标签。这种 WORM 标签通常应用在一次性使用的场合，如航空行李标签、特殊身份证件标签等。无论是在何种应用场合，对射频标签的写入操作均应在一定的授权控制之下进行，不能随意进行写入。否则，将失去射频标签标识物品的意义。

（二）射频识别的优点

射频识别是一种易于操控、简单实用而且特别适合于自动化控制的应用技术，它通过射频信号自动识别目标对象并获取相关信息。它的最大优点是无须接触便可以自动完成识别过程，识别工作无须人工干预，它既可以支持只读工作模式，又可以支持读写工作模式。下表是射频识别技术与条码技术的比较。

（三）技术及性能参数

目前射频识别技术的关键是射频识别标签。射频识别标签可存储一定容量的信息并具有一定的信息处理功能。读写设备可以通过无线电信号以一定的数据传输率与射频标签交换信息，其作用距离根据所采用技术的不同而远近不等。

射频识别标签的外形尺寸主要由天线的尺寸决定，而天线尺寸又取决于工作频率和对作用距离的要求。目前有四种频率的标签在应用中比较常见。它们按照无线电频率的不同可划分为：低频标签（125kHz、134.2kHz）、高频标签（13.56MHz）、超高频标签（868MHz～956MHz）以及微波标签（2.45GHz）。由于目前尚未制定出针对

超高频标签使用的全球规范，所以此类标签还不能够在全球范围内统一使用。但超高频标签的应用目前很受人们的关注，此类标签主要应用于物流领域。射频标签的频率越高，作用距离就越大，数据传输率也就越高，而且标签的外形尺寸就可以做得更小，但其成本也就越高。目前面向消费者的识别标签外形尺寸，一般以信用卡或商品条码作为参照标准。

此外，使用寿命、使用环境和可靠性也是射频识别标签的重要参数。

射频识别技术与条码技术的比较表

各相关因素	射频识别技术	条码技术
典型的数据量（Bytes）	16～64k	1～100
数据密度	很高	低
读写性	可读可写	只读
受污染、潮湿的影响	没影响	很严重
受光线遮盖的影响	没影响	全失效
受方向位置的影响	没影响	很小
使用寿命	长	短
费用	较高	低
未经允许的复制修改	不可能	容易
阅读器速度	很快	较慢
阅读器作用的范围	0～6cm	0～50cm
个人阅读的可能性	不可能	受制约

二、RFID系统原理

典型的RFID系统由射频识别标签、读写器以及数据交换、管理系统等组成。其中，装载识别信息的载体是射频识别标签，获取信息的装置称为射频读写器。射频识别标签与射频读写器之间利用感应、无线电波或微波进行非接触双向通信，实现数据的交换，从而达到识别的目的。

RFID系统的工作过程为：读写器在一个区域发射能量形成电磁场，射频标签经过这个区域时检测到读写器发出的信号后，发送储存在标签中的数据，读写器接收射频标签发送的信号，对信号进行解码并校验数据的准确性以达到识别的目的。

RFID系统是以无线通信技术和存储器技术为核心，伴随着半导体、大规模集成电路技术的发展而逐步形成的。其技术实现涉及无线通信协议、发射功率、占用率等多个方面的因素，目前尚未形成在开发系统中使用的统一标准，因此射频识别技术主要是在一些闭环的应用系统中使用。

三、RFID系统的组成

RFID系统主要包括射频标签和读写器。

（一）射频识别标签

1. 射频识别标签的构成

射频识别标签一般由天线、调制器、编码发生器、时钟及存储器组成，如图2-1所示。

通过时钟把所有电路功能时序化，使得存储器中的数据能够在精确的时间内被传输到读写器。存储器中保存的数据是应用系统所规定的具有唯一性的编码，在标签安装在识别对象（如车辆、集装箱、动物等）之前就已写入。数据读出时，编码发生器把存储器中存储的数据进行编码，调制器接收由编码发生器编码后的信息并进行调制，然后通过天线部分将此信息发射/反射至读写器。在天线接收到写入数据后，由控制器对收到的数据进行解码，并将其写入存储器。

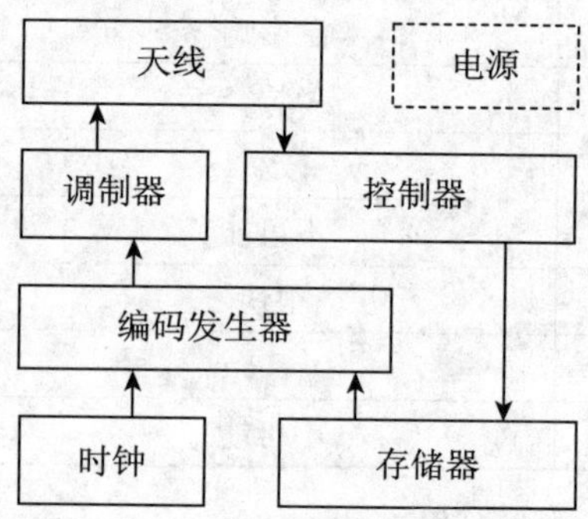

图2-1　射频识别标签的构成

2. 射频识别标签的功能

通常射频识别标签应具有以下几个功能：

（1）具有一定容量的存储器，用以存储被识别对象的信息。

（2）支持标签数据的读出和写入。

（3）能够维持对识别对象的识别及相关信息的完整。

（4）进行编程写入后，永久性数据不能再修改。

（5）具有确定的使用期限，使用期限内无须维修。

（6）对于有源标签，通过读写器能够知道电池的工作状况。

（二）射频读写器

1. 射频读写器的构成

射频读写器一般由天线、射频模块和读写模块组成。

（1）天线。天线用于发射和接收射频载波信号。在确定的工作频率和带宽条件下，

天线发射由射频模块产生的射频载波信号，并接收从射频标签发射或反射回来的射频载波信号。

(2) 射频模块。射频模块由射频振荡器、射频处理器、射频接收器及前置放大器构成。射频模块用于发射和接收射频载波信号。射频载波信号由射频振荡器产生并经射频处理器进行放大，然后通过天线发射出去。射频接收器通过天线接收从射频标签发射或反射回来的射频载波信号，经放大后传送给读写模块。

(3) 读写模块。读写模块一般由放大器、解码及纠错电路、微处理器、存储器、时钟电路、标准接口及电源构成，它可以接收射频模块传输过来的信号，经解码后获得射频标签内的信息；或者将要写入射频标签的信息编码后传输给射频模块，进行射频标签的写入。另外，读写模块还可以通过标准接口将射频标签的内容及其他信息传送给计算机系统。

2. 读写器的功能

(1) 与射频识别标签进行通信。读写器具有和射频识别标签进行通信的功能。

(2) 与计算机进行通信。提供标准接口，用于和计算机网络系统进行连接，传输的信息包括以下内容：①本读写器的识别码；②本读写器读出标签信息时的日期和时间；③本读写器读出的标签信息。

在某些应用系统中，读写器还具有下列功能：①能在读写区内对多个标签进行查询，并能正确区分各个标签；②对固定和移动对象均适用；③能对读写过程中发生的错误进行提示；④对于有源标签，能读出标签内电池的有关信息，如电池电量指示。

四、RFID 系统的传输

射频标签与射频读写器之间是通过空气介质以无线电波的形式进行数据传输的。常用的无线数据采集器如图 2－2 所示。通常可以用来体现两个参数衡量数据在空气介质中的传播情况，即传输速度和数据传输距离。由于射频标签的体积、电能都有限，从标签中发出的无线电信号是非常弱的，因此信号传输的速度与传输的距离都很有限。

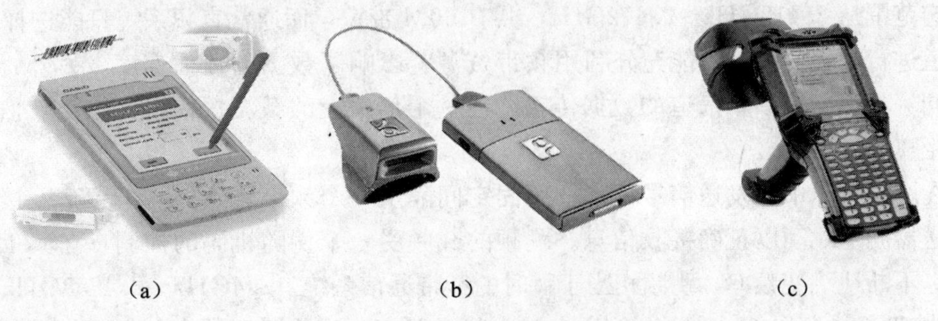

(a)　　(b)　　(c)

图 2－2　无线数据采集器

为了实现数据高速、远距离地传输，必须把数据信号叠加在一个规则变化的、信号比较强的电波上，这个过程称为调制，其中规则变化的电波称为载波。在RFID系统中，载波电波一般由射频阅读器或编程器发出。数据对载波的调制有多种方式：如调幅（通过数据信息改变载波的振幅）、调频（通过数据信息改变载波的频率）和调相（通过数据信息改变载波的相位）等。

数据传输的速度与使用的载波频率有关，载波频率越高，数据传输的速度就越快。如对于频率为2.4GHz的载波，其可以实现2Mbps的传输速度，大致相当于每秒传输26万个字符。但是，不能为提高数据传输的速度而无限制地提高载波频率。这是因为无线电波频率的选用是受政府管制的，各国对不同频率的无线电波规定了不同的应用目的，RFID采用的无线电波频率也必须遵守此规定。目前，国内一般采用通信频率为2.4GHz的扩频技术进行通信。这是因为，在我国，2.4GHz～2.4835GHz的频段属于公用频段（工业自由辐射频段），使用时不需要向国家无线电管理委员会申请。

过去，商业领域中的无线数据传输通常采用窄带传输方式，即使用比较单一的载波频率传输数据；现在，通常使用扩频技术进行无线数据的传输，即使用具有一定范围的频率传输数据。使用扩频技术的最大优势是数据传输的速度更快，而且可靠性更高。因为当某一频率的载波线路繁忙或出现故障时，数据可以通过其他频率的载波线路进行传输。扩频技术主要可分为两种，即直接序列扩频技术（Direct Sequence Spread Spectrum，简称直频技术）和跳频技术（Frequency Hopping，FH）。

在直接序列扩频技术中，输入数据信号首先通过通道编码器（Channel Encoded）产生一个接近中央频谱的较窄带宽的模拟信号。这个信号被一系列看似随机的数字（伪随机序列）来进行调制，调制的结果大大拓宽了要传输信号的带宽，因此称其为扩频通信。在信号接收端，使用同样的伪随机序列来恢复信号，然后信号再进入通道编码器进行数据的还原。通过使用这种技术，系统占用的功率频谱密度（在单位频段上的发射功率）大大降低，信息被扩展到一个比较宽的频率范围内传输，达到了抵抗其他特定频率干扰的目的。我国的无线电管理委员会规定的开放频段与欧洲标准一致，参照欧洲标准，直频技术可以从13个信道（中心频点）中选择，为了免除自身干扰，选用的相互关联的不同信道之间，两两之间的频率间隔至少应为30MHz。这13个频点的设定范围从2.412GHz～2.472GHz，共有60M带宽，而通常直频系统只能选择2～3个信道进行数据传播，不能充分利用频带资源，影响了数据的传播速度。另外，由于使用同一功率支持多个信道的数据传输，在一个信道上的载波振幅就比较小，信息传输的距离受到限制。

在跳频技术中，发送信号频率按照固定间隔从一个频率跳到另一个频率。接收器与发送器同步跳动以正确接收信息。跳频的载频受一个伪随机码的控制，在其工作带宽内，不断地跳变频率，跳频相当于瞬时的窄带通信系统。2.4GHz～2.4853GHz将信道设为79个，每隔0.02s～0.1s进行一次频率跳变，当跳跃至某个频点时，先判断该频点是否有噪声干扰，若无噪声干扰则传输信号，否则依据算法跳至下一频点继续进行判断。因此在不同的频点，跳频的频率及传输率可能会发生变化，而且很难避免一

些频率上的损耗，即在检测频点是否有噪声干扰时会造成信号传输延迟。另外，由于系统有响应时间限制，即超过响应时间，跳频设备会认为信号发射失败（丢包），会命令发射机重新发送，这也会造成系统资源的浪费。跳频技术的优点是保密性好、抗干扰能力强。与直频技术相比，信息传输的距离也比较远。商用系统的跳变频率比较低，在每秒 50 跳以内，设备成本也比较低。

影响数据传输距离远近的主要因素是载波信号与标签中数据信号的强度，载波信号的强度受阅读器功率大小控制，标签中数据信号的强度由标签自带电池的功率（主动式标签）或标签可以产生的电能（被动式标签）大小决定。阅读器和标签的功率越大，载波信号和数据信号就越强，数据能够传输的距离就越远。无线电波在空气介质中传播，其强度随传播距离的增大而不断减弱。从理论上讲，无线电波的衰减程度与传输距离的平方成正比。但在系统实际应用中，并不能为了加大数据传输的距离而无限制地提高阅读器和标签的功率，这是因为与载波频率的选择一样，无线电波的功率也是受政府管制的。另外，空气介质的性质和数据传输路径也显著影响数据传输的距离。空气介质的性质主要包括空气的密度、湿度等。一般来说，使用的载波频率越高，空气性质对数据传输距离的影响就越明显。空气的密度越高或者是湿度越大，对无线电波的吸收就越严重，数据传输的距离就越小。

另外，数据传输路径中的障碍物，会对数据传输的距离造成影响。因为无线电波碰到障碍物时，物体一般都会对无线电波产生吸收和反射，从而影响无线电波的传输。考虑到空气性质和障碍物的影响，无线电波衰减的程度有时可以达到与传输距离的四次方成正比。影响数据传输距离的因素还包括发射和接收天线的设计与布置、噪声干扰等。

五、RFID 标签的分类

（一）按标签供电方式分类

RFID 标签根据供电方式的不同可分为有源标签和无源标签。

1. 有源标签

有源标签是指标签内含有电池，这种标签的作用距离较远，但使用寿命有限、体积较大、成本高，且不适合在恶劣环境下工作。

2. 无源标签

无源标签内没有电池，它利用波束供电技术将接收到的射频能量转化为直流电为标签内的电路供电，其作用距离相对有源标签要短，但其使用寿命长且对工作环境要求不高。

（二）按标签的工作频率分类

RFID 根据工作频率的不同可分为低频标签、高频标签和微波标签。

1. 低频标签

其工作频率在 500kHz 以下。典型的工作频率有 125kHz、225kHz 等，这种标签的成本较低，标签内保存的数据量较少，阅读距离较短。这种标签常见的有行李识别标签、动物识别标签等。

2. 高频标签

其工作频率为500kHz～1GHz。常见的有门禁控制标签、电子门票等。

3. 微波标签

其工作频率在1GHz以上，如高速公路不停车收费标签、集装箱自动识别标签等。

（三）按调制方式分类

RFID标签按调制方式的不同可分为被动式标签和主动式标签。

1. 被动式标签

被动式标签使用调制散射方式发射数据，它必须利用读写器的载波来调制自己的信号，其适合用在门禁或交通应用中，因为读写器可以确保只激活一定区域内的标签。在有障碍物的情况下，用调制散射方式，读写器的能量必须来回穿过障碍物两次，衰减比较大。

2. 主动式标签

主动式标签含有电源，它通过自身的射频能量主动地发送数据给读写器。在有障碍物的情况下，主动式标签发射的信号仅穿过障碍物一次，能量衰减较小，因此主动式标签主要用于有障碍物的应用中，其工作距离可达30m。

（四）按作用距离分类

RFID标签根据射频识别标签的作用距离，可以大致把射频标签分成三种类型：密耦合标签、遥耦合标签和远距离标签。

1. 密耦合标签

具有很小作用距离的射频识别标签属于密耦合标签，其典型的工作距离是从0～1cm。工作时必须把标签插入阅读器中，或者放置在阅读器为此设定的表面上。

在密耦合系统中，射频标签工作时不必发射电磁波。射频标签与阅读器之间的紧密耦合能够提供较大的能量，甚至可支持电流消耗较大的微处理器进行工作。密耦合系统应用于对安全性要求较高，但不要求作用距离的设备中，如电子门锁系统。

2. 遥耦合标签

遥耦合标签的工作距离可从1cm～1m。所有的遥耦合系统工作时都要通过电磁（感）耦合进行通信。目前，90%～95%的商用射频识别系统都属于遥耦合系统。

遥耦合系统的工作频率一般在135kHz以下，也可以使用6.75MHz、13.56MHz以及27.125MHz的频率。就射频标签到阅读器的距离而言，通过电感耦合可传输的能量是很小的，所以只使用耗电很少的只读数据载体。使用微处理器射频标签的高档系统也属于遥耦合系统范围之内。

3. 远距离标签

远距离标签典型的工作距离可从1m～10m，个别的系统可达更远的作用距离。所有的远距离系统都是在微波范围内用电磁波工作的，其发送频率通常为2.45GHz，也有些系统使用的频率为915MHz、5.8GHz和24.125GHz。为了射频标签和阅读器之间

的联系，只能使用高频能量，该能量由阅读器接收。通常采用反向散射方法作为射频标签到阅读器的数据传输的标准方法。

六、RFID 的应用系统

根据射频识别系统完成的功能不同，可以大致将射频识别系统分成四种类型：电子商品监视系统、便携式数据采集系统、物流控制系统和定位系统。

1. 电子商品监视系统

电子商品监视系统（Electronic Article Surveillance，EAS）是一种设置在需要控制物品出入的门口的无线射频识别技术。这种技术通常被用在超市、商场、图书馆等场所。当未被授权的人从这些地方取走物品时，EAS 系统会发出警告。应用 EAS 技术时，首先要在物品上粘贴 EAS 标签，当物品被正常购买或合法移出时，在结算处通过一定的装置使 EAS 标签失活，物品就可以取走。在物品经过装有 EAS 系统的门口时，EAS 装置能自动检测标签的活动性，当发现活动性标签时，EAS 系统就会发出警告。EAS 技术的应用可以有效防止物品被盗，不管是大件的物品，还是小件的物品。通过应用 EAS 技术，商场中的商品不用再被锁在玻璃橱柜中并由专人管理，而是可以让顾客自由地查看、选择商品，这大大提高了顾客购物的便利性。

典型的 EAS 系统由三个部分组成：

(1) 附着在物品上的电子标签。

(2) 电子标签灭活装置，以便授权商品能正常出入。

(3) 监视器，在出口形成一定区域的监视空间。

EAS 系统的基本工作原理是：在监视区，发射器以一定的频率向接收器发射信号。发射器与接收器一般安装在超市、商场、图书馆的出入口，形成一定的监视空间。当具有特殊特征的标签进入该监视区域时，会对发射器发出的信号产生干扰，这种干扰信号也会被接收器接收，再经过微处理器的分析和处理，就会控制警报器的鸣响。根据发射器所发出信号的不同以及标签对信号干扰的原理不同，可以将 EAS 分成许多种类型。EAS 技术最新的研究方向是如何制作成本低、使用方便的标签，即研究 EAS 标签能不能像条码一样，在产品的制作或包装过程中加入，从而成为产品的一部分。

2. 便携式数据采集系统

便携式数据采集系统是使用带有射频识别阅读器的手持式数据采集器采集射频识别标签上的数据。这种便携式系统使用非常灵活，适宜在不宜安装固定式 RFID 系统的应用环境中使用。手持式数据采集器可以在读取标签数据的同时，实时地将数据通过无线方式传送给主计算机系统，也可暂时将数据保存在数据采集器的存储器中，然后再分批将采集到的数据传送给主计算机系统。

3. 物流控制系统

在物流控制系统中，固定安放的射频读写器分散布置在一定的区域内，这些读写器直接与数据管理信息系统相连接，而 RFID 标签是移动的，通常安装在移动的物体或人体上面。当物体或人体经过读写器时，读写器会自动读取标签上的信息并把数据输入到数据管理信息系统中进行存储、分析和处理，从而达到控制物流的目的。

4. 定位系统

定位系统用于自动化加工系统中的定位以及对车辆、轮船等进行定位支持。例如，在自动化加工系统中，可以将读写器放置在自动化流水线中移动的物料、半成品或成品上，而将RFID标签嵌入到操作环境的地表下面。在RFID标签上存储有位置识别信息，供读写器进行读取，读写器一般以无线或有线的方式连接到信息管理系统的主计算机上。

七、RFID标签产品

RFID标签是射频系统真正的数据载体。对于无源RFID标签来说，其主要由耦合元件以及微电子芯片组成，在读写器的响应范围之外，标签处于无源状态。无源RFID标签没有自己的供电电源，它所需要的能源是由耦合单元传输的。下面简单介绍各种无源RFID标签产品。

（一）盘形射频识别标签

RFID标签最常见的构造形式是盘形。标签放在一个圆形的丙烯腈、丁二烯、苯乙烯喷铸的外壳里，直径从几毫米到10mm不等，这种盘式标签适用的温度范围较大。也可以使用聚苯乙烯或者环氧树脂代替丙烯腈、丁二烯、苯乙烯，其适用的温度范围较小。

（二）玻璃RFID标签

玻璃射频识别标签，可以植入到动物的皮下用以识别动物。在这个只有12mm～32mm长的小玻璃管里，有一个装在印制电路板上的微芯片以及用于稳定所获得的供应电压的芯片电容器。RFID标签的天线线圈是由0.03mm粗的线材绕在铁氧体磁芯上。

（三）塑料外壳RFID标签

塑料外壳的RFID标签适用于对机械性能（如机械振动性能）要求高的应用场合。这种塑料外壳很容易与其他的构造形式结合成整体，如电子停车系统的电子钥匙。其由包封物料（集成电路的浇注材料）构成的斜面长方体中的结构几乎与玻璃RFID标签的结构完全一样，但是，它具有较长的线圈，因此具有更远的作用距离。其他优点包括：能容纳较大体积的微型芯片以及具有汽车工业所要求的对机械振动的高承载能力。

（四）用于工具和气体瓶子的特殊识别标签

为了将识别标签安装在金属外壳里，开发了特殊的标签结构：将线圈绕在铁氧体的壳式磁芯上，标签芯片装在铁氧体壳式磁芯的背面，并与标签线圈的触点接通。

为了使标签具有足够的机械稳定、耐振动和耐热性能，将标签芯片和铁氧体壳式磁芯用环氧树脂浇注在一个凹形壳中。为了装入一个用于工具识别的拉紧螺栓或突锥柄里，RFID标签的外部尺寸应符合DIN/ISO 69873标准。另外，为了进行气体瓶子的识别，也可以使用与之不同的构造设计。

（五）钥匙扣型标签

射频识别标签也可集成到用于自动停车的号码器或安全要求很高的门锁系统中。这些应用通常都是塑料外壳的标签，它们被浇注或注入到钥匙扣里。如很多居民小区的单元门开启控制就采用了这种钥匙扣型的射频标签。

（六）手表型标签

这种结构的标签是20世纪90年代初期由奥地利滑雪数据公司研制成功的，其被作为滑雪通行证使用。这种“非接触的手表”最早也被用在出入检查系统中。手表型标签内有一个印在一块薄印制电路板上并有少量匝数的框形天线。印制电路板与线圈外壳靠得很紧，使得被天线线圈覆盖的面积尽可能的大，从而使得标签的作用距离增加。

（七）ID-1型非接触IC卡

ID-1型卡是一种小型的塑料卡，其外形类似于信贷卡和电话卡（尺寸为85.72mm×54.03mm×0.76mm±容许偏差）。

对紧耦合的RFID系统来说，ID-1型非接触IC卡的优点是：线圈面积大，因而增加了IC卡的作用距离。

非接触的IC卡是通过在四层PVC（聚氯乙烯）薄膜之间黏合一个RFID标签而构成的。在高压和100%温度的条件下，将这些单层薄膜烘压成一个整体。ID-1型的非接触IC卡特别适合用做广告载体，如同电话IC卡那样，可在其表面加印各种图文广告。

（八）智能标签

智能标签由一张薄纸膜或塑料膜构成，RFID标签的线圈和芯片被安放到这张薄纸膜或塑料膜内。这种薄膜通常与一层纸胶黏合在一起，并在其背面涂上黏胶剂。这样，RFID标签可以做成自黏性标签成卷供应。这种标签很薄而且使用灵活，可以将它粘贴在包裹、行李及各种商品上。在贴标签之前，将物品对应的条码数据储存在RFID标签内。

（九）片上线圈

一般的RFID标签是由一个分离的线圈（起天线作用）和一个芯片制成的。在这种方式中，RFID标签的线圈和芯片是以常规的方式被焊接在一起的。

为了进一步实现RFID标签的微型化，可以将线圈与芯片结合成整体，即所谓的片上线圈（coil-on-chip）。它通过一种特殊的微型电镀过程来实现。这种微型电镀过程可在普通的互补金属氧化物半导体晶片上进行。这里，线圈被做成平面螺旋线直接排列在绝缘的硅芯片上，并通过钝化层中的掩膜孔开口与其下面的电路触点接通。这样，可得到宽度为5μm～10μm的导线。

为了保证线圈与芯片结合体中的非接触存储器部件的机械承载能力，最后要用聚酰胺进行钝化处理。这种片上线圈芯片的大小通常为2.5mm×2.5mm。

（十）其他结构形式的标签

除了以上介绍的这些主要的结构形式外，人们还生产了一些应用于专门场合的特殊结构形式。如“信鸽射频识别标签”、运动计时用的“冠军卡”等。一般来说，凡是顾客希望的RFID标签结构形式都能生产制造。在实际加工过程中，最先考虑的是把塑料包装RFID标签或玻璃射频识别标签加工成其他结构形式。

八、RFID读写器

根据用途的不同，各种RFID标签读写器在结构上及制造方式上也是不一样的。可以大致将其划分为固定式读写器、OEM读写器、工业读写器、便携式读写器以及大量的特殊类型结构的读写器等。

（一）固定式读写器

固定式读写器是一种常见的读写器。它将射频控制器和高频接口封装在一个固定的外壳中。有时，为了减小设备尺寸，降低设备生产成本，也可将天线和射频模块封装在一个外壳单元中。固定式读写器的典型技术参数如下：

供电电压：12V直流，220V交流，110V交流；

天线：分离式天线或双天线，集成天线；

天线连接：BNC、SMA高频接口，螺丝旋接端子连接，焊点连接；

通信接口：RS232，RS485，以太网口等；

通信协议：X—on/X—off，3964，ASCII，IP—X等；

工作温度：－10℃～50℃。

（二）OEM读写器

为了将读写器集成到用户自己的数据采集终端、BDE终端、出入控制系统、收款系统及自动装置等设备中去，需要采用这种OEM读写器。它可以被装在一个屏蔽的白铁皮外壳中向用户供货，也可以以无外壳的插件板方式向用户供货。OEM读写器的典型技术参数如下：

供电电压：12V；

天线：外部天线；

天线连接：BNC插孔，螺丝旋接端子连接，焊点连接；

通信接口：RS232，RS485；

通信协议：X—on/X—off，3964，ASCII；

工作温度：－20℃～60℃。

（三）工业用读写器

工业用读写器大多具备标准的现场总路线接口，能够容易地集成到现有的设备中。此外，这类读写器还满足多种不同的防护需要，如带有防爆保护的读写器。其典型技术参数如下：

供电电压：24V；

天线：外部天线；

天线连接：BNC插孔，螺丝旋接端子连接；

通信接口：RS485，RS422；

通信协议：3964，InterBus—S，Profibus 等；

工作温度：－10℃～70℃。

（四）便携式读写器

便携式读写器是适合于用户手持使用的一类 RFID 标签读写设备。便携式读写器主要用于动物识别，主要作为检查设备、付款往来的设备、服务及测试工作中的辅助设备，如图 2－3 所示。便携式读写器一般带有 LCD 显示屏，并且带有键盘面板以便于操作和输入数据。通常可以选用 RS232 接口来实现便携式读写器与计算机之间的数据交换。其典型技术参数如下：

供电电压：6V，9V；

天线：内置天线；

通信接口：可选 RS232；

工作温度：－20℃～55℃；

保护种类及检测：IP54；

输入/输出元件：LCD 显示屏，键盘。

图 2－3　便携式数据采集终端

第三节　GPS 技术

一、GPS 的概念

全球定位系统（Global Positioning System，GPS）是美国从 20 世纪 70 年代开始研制，历时 20 年，耗资 200 亿美元，于 1994 年全面建成，具有在海、陆、空进行全方位实时三维导航与定位能力的新一代卫星导航与定位系统。

自从 1978 年第一颗 GPS 试验卫星进入轨道以来，至今 GPS 已经显示出了它巨大的社会、军事作用和经济、社会效益。GPS 卫星发射的导航定位信号，作为一种时空信息资源，可在全球范围内向无数用户提供位置、速度和时间信息。现在，不论人们从事何种职业，也不论是在白天还是晚上，只要手中有一台 GPS 信号接收机，就可以知道自己身在何处。当前，GPS 的应用范围正在不断扩大，一切需要空间位置、速度与时间信息的行业，越来越多地开始应用 GPS。

GPS 早期仅限于军方使用，由美国国防部（Depart of Defense）计划发展，其目的是针对军事用途，如战机、船舰、车辆、人员、攻击标的物的精确定位等。时至今日，GPS 早已开放给民间使用，这项结合太空卫星与通信技术的科技，除了能提供精确的定位服务之外，还能提供速度、时间、方向及距离等信息，应用的范围相当广泛。

全球定位系统属于美国第二代卫星导航系统，是在子午仪卫星导航系统的基础上发展起来的，它采纳了子午仪系统的成功经验。和子午仪系统一样，全球定位系统由空间部分、地面监控部分和用户接收机三大部分组成。该系统的空间部分使用 24 颗高度约为 2.02 万 km 的卫星组成卫星星座。24 颗卫星均为近圆形轨道，运行周期约为 11 小时 58 分，分布在 6 个轨道面上（每个轨道面 4 颗），轨道倾角为 55°。卫星的这种分布使得在全球的任何地方、任何时间都可观测到 4 颗以上的卫星，这就提供了在时间上连续的全球导航能力。

全球定位系统的主要用途有以下几点：

（一）陆地应用

主要包括车辆导航、应急反应、大气物理观测、地球物理资源勘探、工程测量、地壳运动监测和市政规划控制等。

（二）海洋应用

包括远洋船最佳航程航线测定、船只实时调度与导航、海洋救援、海洋探宝、水文地质测量以及海洋平台定位和海平面升降监测等。

（三）航空航天应用

包括飞机导航、航空遥感姿态控制、低轨卫星定轨、导弹制导、航空救援和载人航天器防护探测等。

二、GPS 的发展历史

（一）第一颗人造卫星的发射

苏联于 1957 年 10 月 4 日成功发射了世界上第一颗人造地球卫星，这颗卫星的发射表明人类在空间技术领域又取得了重大的突破，其主要是用于科学研究和空间考察，包括空间各类信息的采集、跟踪、定轨、通信、卫星性能考查等实验。当该卫星发射信号时，它作为一个已知的空间信号源，为人类获取相关的信息资源，开展测距、定位、导航研究搭建了一个世界共享的技术平台。可以说，它是星基导航技术的启明星。

美国霍普金斯大学应用物理实验室的韦芬巴赫等学者在苏联这颗卫星入轨后不久，

在地面已知坐标点上对其进行跟踪，捕获到了它发送的无线电信号，测得了它的多普勒频移，进而解算出了苏联卫星的轨道参数，掌握了它在空间的实时位置。根据这一观测结果，该实验室的麦克雷等学者提出了一个“反向观测”设想：有了地面已知点，可求得在轨卫星的空间坐标；反之，如果知道卫星的轨道参数，也能求解出地面观测者的点位坐标。随后通过一系列的理论计算和实验验证，证明这一设想是科学可行的。

（二）子午卫星导航系统

1958年上半年，美国派侦察船跟踪苏联向太平洋的导弹发射时发现，如果知道导弹轨迹，就可推算出船的位置，这一发现正好与“反向观测”的设想不谋而合。1958年12月，美国海军委托霍普金斯大学应用物理实验室开始研制基于上述“反向观测”原理的世界上第一代卫星导航系统，即把在轨卫星作为空间的动态已知点，通过测量卫星的多普勒频移，解算出观测者（舰艇）的在途坐标数据，进而实现军用舰艇等运动客体的导航定位。这一系统称为美国海军卫星导航系统（Navy Navigation Satellite System，NNSS）。由于该系统的卫星通过地球的南北两极上空，即卫星是沿地球的子午圈轨道运行，所以又称为子午卫星导航系统，简称TRANSIT。

从1959年9月第一颗子午实验卫星被发射开始，到1961年11月，先后有9颗试验性子午卫星被送入轨道。经过反复的实验研究，美国攻克了卫星导航的许多关键技术，取得了一系列重大技术突破，并于1963年12月发射了第一颗子午工作卫星，以后经过陆续发射，形成了由分布在6个轨道上的6颗工作卫星所构成的子午卫星星座。轨道离地高1070km，卫星运行周期约为107min。在该星座信号的覆盖下，地球表面上的任意一个观测者，一般在2h的间隔内就可观测到该星座中的一颗或两颗卫星。子午卫星以频率为400MHz和150MHz的微波信号作为载波向用户发送导航电文。TRANSIT的用户设备是多普勒接收机，接收导航电文，测量该信号的多普勒频移，并从导航电文中获得在视卫星在轨道中的实时点位和时标信息，然后依此解算出观测者的坐标参数。

TRANSIT投入运行的初期只为军方和特殊用户服务，导航电文是保密的。1967年7月29日，美国政府宣布对TRANSIT的导航电文进行部分解密，TRANSIT成为第一个民用的星基导航定位系统。随后，世界上许多国家迅速开展了利用TRANSIT进行定位和导航的应用技术研究。TRANSIT在为各国的军事、民用提供有效服务的同时，还促进了卫星导航这一新兴领域的快速发展。

（三）全球定位系统（GPS）

尽管TRANSIT在导航技术的发展中具有划时代的意义，但它存在观测时间长、定位速度慢（2h才有一次卫星通过，一个点的定位需要观测2天）的缺点，不能满足连续实时三维导航的要求，尤其不能满足飞机、导弹等高速动态目标的精密导航要求。于是在20世纪60年代中期，美国海军提出了“Timation”计划，美国空军提出了“621B”计划，并付之实施。但在发射了数颗实验卫星和进行了大量实验后发现各自都还存在一些大的缺陷。在此背景下，1973年美国国防部决定发展各军种都能使用的全球定位系统（Global Positioning System，GPS），并指定由空军牵头研制。多家单位参加了项目的实施，其中包括美国空军、陆军、海军、海军陆战队、海岸警卫队、运输部、国防地图测绘局、国防预研计划局，以及北大西洋公约组织和澳大利亚。在历时20多年，耗资数百亿美元后，于1994年3月10日，GPS的24颗工作卫星全部进入预定轨道，系统全面投入正常运行，技术性能达到了预期目的，其中粗码（C/A码）的定位精度高达14m，远远超过设计指标。GPS是美国继“阿波罗”登月飞船和航天飞机后的第三大航天技术工程。该系统是能在海、陆、空进行全方位、高准确度实时定位、测速、授时的新一代卫星导航定位系统。它是现代科学技术的结晶，它的推广应用有力地促进了人类社会进步。

最初的GPS计划在美国联合计划局的领导下诞生，该方案将24颗卫星放置在互成120°的3个轨道上，每个轨道上有8颗卫星，地球上任何一点均能观测到6～9颗卫星。这样，粗码精度可达100m，精码精度为10m。但由于预算压缩，GPS计划部不得不减少卫星发射数量，改为将18颗卫星分布在互成60°的6个轨道上。然而这一方案使得卫星可靠性得不到保障。1988年对计划又进行了最后一次修改：21颗工作星和3颗备份星工作在互成30°的6个轨道上。这也是现在GPS卫星所使用的工作方式。

GPS计划的实施共分三个阶段完成。

1. 方案论证和初步设计阶段

1978—1979年，由位于加利福尼亚的范登堡空军基地采用双子座火箭发射了4颗试验卫星，卫星运行轨道长半轴为26560km，倾角为64°，轨道高度为20000km。这一阶段主要研制了地面接收机并建立了地面跟踪网，结果令人满意。

2. 全面研制和试验阶段

1979—1984年，又陆续发射了7颗称为BLOCK Ⅰ的试验卫星，并研制了各种用途的接收机。实验表明，GPS定位精度远远超过设计标准，利用粗码定位，其精度就可达14m。

3. 实用组网阶段

1989年2月4日，第一颗GPS工作卫星发射成功，这一阶段的卫星称为BLOCK Ⅱ和BLOCK ⅡA，此阶段宣告GPS系统进入工程建设状态。1993年年底，实用的GPS网即（21+3）GPS星座已经建成，今后将根据计划更换失效的卫星。

20余年的实践证明，GPS是一个高精度、全天候和全球性的无线电导航、定位和定时的多功能系统，具有性能好、精度高、应用广的特点，是迄今最好的导航定位系统。随着全球定位系统的不断改进，硬、软件的不断完善，其应用领域正在不断地得到开拓，并开始逐步深入到人们的日常生活中。

美国政府在GPS设计中，计划提供两种服务：①标准定位服务（SPS），利用粗码（C/A码）定位，精度约为100m，提供给民间用户使用；②精密定位服务（PPS），利用精码（P码）定位，精度可达10m，提供给军方和得到特许的民间用户使用。在GPS试验卫星应用阶段，多次试验表明，实际定位精度远高于此值。于是美国政府采

用了 SA（Selective Availability）政策，对精度进行了人为限制，如在星历数据中加干扰、对卫星时钟加抖动或使时间系统不稳定、加密 P 码等，故意降低 GPS 的定位精度，以防止未经许可的用户把 GPS 用于军事目的。

GPS 最初投入应用时，美国承诺 10 年免费使用，即到 2003 年期满。目前由于 GPS 的广泛应用，美国已表态在可以预见的将来，延长免费服务期限。美国国防部常年对 SA 政策进行检测，承诺根据形式需要对部分或全部卫星取消 SA 政策。随着 GPS 精度的提高和可靠性的加强，GPS 的应用必将越来越广泛。

三、GPS 的组成

GPS 由三部分组成：空间部分——GPS 星座；地面控制部分——地面监控系统；用户设备部分——GPS 信号接收机。结构如图 2-4 所示。

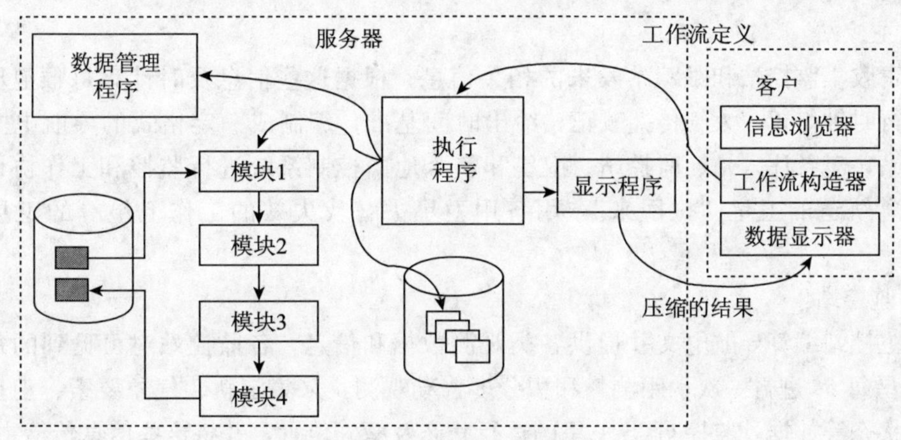

图 2-4　GPS 系统结构

（一）空间部分

GPS 的空间部分由 24 颗工作卫星组成，其位于距地表 20200km 的上空，均匀分布在 6 个轨道面上（每个轨道面 4 颗），轨道倾角为 55°。卫星的分布使得在全球任何地方、任何时间都可观测到 4 颗以上的卫星，并能保持良好定位解算精度的几何图形。

GPS 卫星产生两组电码，一组称为 C/A 码（Coarse/Acquisition Code），一组称为 P 码（Precise Code）。P 码不易受干扰，其定位精度高。P 码受美国军方管制，并设有密码，民间一般无法解读，主要为美国军方服务。而 C/A 码在人为采取措施刻意降低精度后，主要开放给民间使用。

GPS 卫星的主体是直径约 1.5m 的柱形；星体两侧各伸展出一块给 GPS 卫星提供足够电能的面积为 7.25m^2 的太阳能电池翼板；星体底部装有供发射导航电文信号用的多波束螺旋形定向天线阵，波束方向能覆盖约半个地球；卫星上的核心设备是具有高稳定度的二台铷原子钟和二台铯原子钟，它们为 GPS 定位提供高精度的时间基准。

GPS 卫星的三个基本功能是：

（1）执行地面监控站的指令，接收和存储由地面监控站发来的导航信息。

（2）向 GPS 用户播送导航电文，提供导航和定位信息。

（3）通过高精度卫星钟（铯钟和铷钟）向用户提供精密的时间基准。

（二）地面控制部分

人们是将 GPS 卫星作为动态已知点来进行导航定位的。而卫星位置的提供、卫星上各种设备是否正常工作、各颗卫星是否处于同一时间系统，这些都需要地面控制系统进行监测和控制。地面控制系统包括 1 个主控站、3 个注入站和 5 个监控站。

主控站位于美国科罗拉多州的空军基地；3 个注入站分别位于大西洋、印度洋和太平洋；5 个监控站除了与主控站和注入站同设一处的 4 个站外，还有 1 个设在夏威夷。另外，美国国防制图局还在中国、澳大利亚、英国、阿根廷等世界 7 个国家设立了 GPS 跟踪站。各种站的功能如下：

1. 主控站

负责收集监控站和跟踪站发来的相关信息；根据这些信息及时计算每颗卫星的星历，进行时钟修正、大气传播改正，给出时间基准，编制成一定格式的导航电文传送到注入站；对各注入站、监控站、卫星和整个地面控制系统进行监控和工作协调；承担将偏离轨道的卫星“拉回来”，用备用卫星去替代失效的工作卫星等的卫星调度任务。

2. 监控站

为主控站编算导航电文并提供各类观测数据和信息。各监控站对可见到的每一颗 GPS 卫星每 6s 进行一次伪距测量和积分多普勒观测，采集定轨、气象要素、卫星时钟和工作状态等数据，监控 GPS 卫星的运行状态及精确位置，并将这些信息传给主控站。

3. 注入站

把主控站传来的导航电文和控制指令向飞越注入站上空的 GPS 卫星注入。

（三）用户设备部分

用户设备部分指的是 GPS 信号接收机。其主要功能是能够捕获到按一定卫星截止角所选择的待测卫星，并跟踪这些卫星的运行。当接收机捕获到跟踪的卫星信号后，即可测量出接收天线至卫星的伪距离和距离的变化率，解调出卫星轨道参数等数据。根据这些数据，接收机中的微处理计算机就可按照定位解算方法进行定位计算，计算出用户所在地理位置的经纬度、高度、速度、时间等信息。

接收机硬件和机内软件以及 GPS 数据的后处理软件包构成完整的 GPS 用户设备。GPS 接收机都是由天线单元和接收单元两大部分组成，其类型很多。按工作原理可分为码接收机、集成接收机；按用途可分为测地型、导航型、定时型；按载波频率可分为单频和双频。好的 GPS 接收机应具有精度高、观测量大、软件功能强、无故障时间在 1 万小时以上、功耗低、轻便等特性。

接收机一般采用机内和机外两种直流电源。设置机内电源的目的在于更换外电源

时不中断连续观测。在用机外电源时机内电池自动充电。关机后，机内电池为RAM存储器供电，以防止数据丢失。目前各种类型的接收机体积越来越小，重量越来越轻，便于野外观测使用。

（四）其他卫星导航定位系统

GPS广泛的应用价值，引起了各国科学家的关注和研究。苏联、西欧以及我国的科学家，在积极开发利用GPS信号资源的同时，也在致力于研究各自的卫星导航定位系统。

苏联在吸收了美国GPS的经验后，研制了称之为GLONASS（Global Navigation Satellite System）的全球导航卫星系统。其于1982年10月12日发射了第一颗GLONASS卫星，于1996年1月18日完成了24颗卫星在轨。GLONASS的主要作用是实现全球、全天候的实时导航与定位以及各种等级和种类的测量，单点定位精度水平方向为16m，垂直方向为25m。

GLONASS与GPS类似，也由星座、地面控制和用户设备三部分组成。空间星座由24颗GLONASS卫星组成，其中包括21颗工作卫星和3颗在轨备用卫星。GLONASS与GPS除了采用不同的时间系统和坐标系统以外，最大区别是GLONASS系统采用频分多址，即发射的伪随机噪声码是相同的，发射的频率是不同的，根据载波频率来区分不同卫星。俄罗斯对GLONASS系统采用军民合用、不加密的开放政策，不像GPS那样采取人为降低精度的措施，其已先后两次公开GLONASS的接口控制文件，向全球用户提供民用服务，以至于人们把GLONASS视为从技术水平、应用范围、战略意义到领域发展都可与美国GPS抗衡的星基导航系统，从而打破了美国对卫星导航独家垄断经营的局面。欧洲方面也表示，即将投入运行的伽利略系统不仅与GPS，而且要与GLONASS兼容。所以，尽管GLONASS的发展面临许多困难和不利，但它仍然是世界星基导航领域的主角之一。

欧洲发展卫星导航系统，涉及重大的政治与经济利益：一方面是在星基导航领域不“受制于人”；另一方面可为欧盟各国带来巨大的商机，大大提高欧盟的经济竞争力。所以，从20世纪90年代起，欧盟就开始酝酿建立自己的全球卫星导航系统。1998年欧盟15国决定制订一个卫星导航系统的建设计划；1999年年初，名为Galileo（伽利略）的卫星导航系统计划出台。该系统的星座由均匀分布在3个轨道中的30颗卫星组成，每个轨道上有9颗工作卫星和1颗备用卫星，轨道离地高度约为24000km，计划总投资35亿欧元，所需资金中近2/3是来自私营公司及投资者。Galileo系统是欧洲计划建设的新一代民用全球卫星导航系统，多用于民用，但也用于防务，它可提供三种服务信号：对普通用户的免费基本服务，加密且需注册付费的服务，供友好国家的防务等需要的高精度加密服务，其精度依次提高，用户可根据需要进行选择。

Galileo系统与GPS相比具有一些明显的优势，一是定位精度，Galileo系统的定位误差在1m之内，远优于GPS的10m；二是Galileo系统的轨道位置比GPS高，可覆盖全世界所有地方，而GPS尚不能完全覆盖北欧；三是工作卫星多了6颗，在同一地点可观测到的卫星比 GPS 多，能解决 GPS 解决不了的“城市森林”现象；四是它能与 GPS、GLONASS 相互兼容，Galileo 系统的接收机可以采集各个系统的数据或者通过各个系统数据的组合来实现定位导航的要求。按原计划 Galileo 系统的所有 30 颗正式卫星将于 2006—2010 年分批发射升空，定位服务最早于 2008 年开始展开。更精确、更安全、更稳定的 Galileo 系统完全有可能取代 GPS 而成为这一领域的国际标准。

GPS 是美国军方控制的军民共用系统，目前对全世界开放，我们中国也可以免费接收 GPS 信号，但该系统可能随时收费和对外关闭，尤其是在战时。因此，“中国也必须要有自己的卫星定位系统”。2003 年 5 月 25 日，我国在西昌将第三颗“北斗一号”送入太空，与 2000 年发射的前两颗一起构成了我国完备的卫星导航定位系统，即北斗卫星导航系统，简称 NSS，这是我国自行研制的区域性卫星定位与通信系统，它标志着我国成为继美国 GPS 和俄罗斯 GLONASS 后，在世界上第三个建立了完备的卫星导航系统的国家。

北斗卫星导航系统和 GPS 的主要区别是技术体制的不同，GPS 是一个接收型的定位系统，用户只要进行信号接收就可以做定位了，不受容量的限制。而北斗系统的最大优势是具有导航定位和通信的双重功能，虽然容量有限，但它的通信功能让它拥有广阔的应用前景。目前改进型的“北斗二号”正在研制中，2010 年建成了与 GPS 原理基本一致的、覆盖中国本土的新一代区域性卫星导航定位系统，为我国陆地、海洋、空中和空间的各类军事和民用提供多种业务保障，尤其对提高我国国防现代化水平有着重要的意义。

四、GPS 基本术语

GPS 导航定位是在陆基导航、空间技术、大地测量、通信和计算机等技术的基础上发展起来的现代星基导航技术。它最基本的任务是确定客体在空间中的位置即定位，随之可求得瞬时速度、加速度、时间等参量，进而实现导航。所以 GPS 定位既是最基本的，也是最重要的功能。

为了便于理解，现把与 GPS 有关的、日常中又接触不多的有关概念做以下介绍：

（一）GPS 载波信号

GPS 卫星信号包含载波、测距码（C/A 码、P 码）、数据码（导航电文，或称 D 码）。GPS 卫星发射基频为 10.23MHz 的两种频率的载波信号，即频率为 154MHz×10.23MHz：1575.42MHz 的 L1 载波和频率为 120MHz×10.23MHz＝1227.60MHz 的 2 载波，波长分别为 19.03cm 和 24.42cm。在 L1 上调制有 C/A 码、P 码和 D 码，在 L2 上调制有 P 码和 D 码。

（二）C/A 码

C/A 是 Clear and Acquisition 的简称，被称为捕获码，是 1 MHz 的伪随机噪声码（PRN 码），位率为 1.023MHz，码元宽度为 0.97752μs，相应距离为 293.1m。若码元对齐误差为码元宽度的 1/10～1/100，则相应的测距精度为 29.3m～2.9m，所以又叫

粗码。由于每颗卫星的C/A码都不一样，因此，我们经常用它们的PRN码来区分不同卫星。

（三）P码

P是Precision的意思，又称精码，是10MHz的伪随机噪声码，位率为10.23MHz，码元宽度仅为C/A码的1/10，对应的测距精度为2.93m～0.29m，所以适合于精密的导航定位。P码的结构不公开，只供美国军方和特许用户使用。

（四）D码

D码也叫数据码，实际上就是导航电文，它包含卫星星历、时间、卫星工作状态、星钟运行状态、轨道摄动改正、大气折射改正等信息。

（五）GPS卫星星历

它是精确描述GPS卫星位置的以时间为变量的一组参数，它们确定GPS卫星的运行轨道和运行状态。GPS卫星星历分为广播星历和精密星历。广播星历是GPS卫星发送给用户的一组赋值卫星轨道信息，也叫“导航信息”，包括17个参数（2个时间参数、6个开普勒轨道参数和9个轨道摄动力参数），用户利用这些信息来计算某一时刻GPS卫星在轨道上的位置。广播星历是一种外推星历，用这些摄动改正项对任一时元的已知参考星历进行改正就可推算出任意观测时元的星历。精密星历是一些国家为满足高精度定位要求而编制的一种事后处理星历，虽然精度高，但无法满足实时观测需要。

（六）坐标系统

一个空间点的位置是用坐标来表示的，同一个点在不同坐标系中有不同的表示方式和坐标数据，与GPS相关的是大家不很熟悉的天球坐标系和地球坐标系。GPS卫星受地球引力的作用而与地球自转无关地运动在地球以外的空间轨道上，所以采用天球坐标系描述GPS卫星的位置；而GPS卫星观测者位于地球表面，其坐标位置随地球自转，那么与之相联系的是地球坐标系。全球建有世界大地坐标系，各国也都建立了自己国家的大地坐标系统，如我国建立了以西安泾阳县永乐镇为原点的大地坐标系；更精确的全球坐标系统正在建设中。不同坐标系之间可以进行坐标转换。目前在GPS导航定位中，与卫星轨道和观测者坐标的观测、星历发播等相联系的是天球坐标系和地球坐标系，而测量结果的表示及与用户的对接统一采用WGS—84世界大地坐标系。

（七）时间系统

人们已发明和建立了基于地球自转周期的恒星时、基于太阳每日东升西降周期的平太阳时（天文学上假定由一个太阳“平太阳”在天赤道上做等速运行，这个假想的太阳连续两次上中天的时间间隔，叫做一个平太阳日，并且把1/24平太阳日取为1平太阳时）、以零经度子午圈（格林尼治子午圈）所对应的平太阳时为零时的世界时（UT）；在1967年国际度量衡会议中规定1s为：位于海平面上的铯原子基态两个超精细能级在零磁场中跃迁辐射振荡9192631770个周期所持续的时间，并通过与世界时的关系式确定了原子时的原点，从而建立了几十万年相差不超过1s的高准确度的国际原子时。实际上原子时只解决了时间的尺度问题，而计时的原点仍是基于世界时的定义，同时在地球科学中又离不开以地球自转为基础的世界时，所以 1972 年又建立了兼有世界时与原子时各自优点的协调世界时，并把世界分为 24 个时区，格林尼治子午圈区域为零时。在这一时系下各国建立了自己的时间系统，中国采用了东八区的区时作为标准时间，即北京时间。为了满足 GPS 精密导航定位的需要，专门建立了 GPS 时间系统，它与协调世界时的关系为：

$$PST = UTC - 8$$

其中，PST 为太平洋标准时间；UTC 为国际协调时间。

五、GPS 的工作原理

GPS 的基本原理是测量出已知位置的卫星到用户接收机之间的距离，然后通过综合多颗卫星的数据，计算出接收机的具体位置。

卫星的位置可以根据星载时钟所记录的时间在卫星星历中查出。而用户到卫星的距离则通过记录卫星信号传播到用户所经历的时间，再将其乘以光速得到（由于大气层电离层的干扰，这一距离并不是用户与卫星之间的真实距离，而是伪距）。

当 GPS 卫星正常工作时，会不断地用由二进制码元组成的伪随机码（简称伪码）发射导航电文。导航电文包括卫星星历、工作状况、时钟改正、电离层时延修正、大气折射修正等信息。导航电文每个主帧中包含 5 个子帧，其中每帧长 6s。前三帧各有 10 个字码，每 30s 重复一次，每小时更新一次；后两帧共有 15000bits。导航电文中的内容主要有遥测码、转换码、第 1、第 2、第 3 数据块，其中最重要的是星历数据。当用户接收到导航电文时，通过提取卫星时间并将其与自己的时钟作对比，便可得知卫星与用户的距离，再利用导航电文中的卫星星历数据即可推算出卫星发射电文时所处位置，这样用户在 WGS—84 中的位置和速度等信息便可通过计算得到。

然而，由于用户接收机使用的时钟与卫星星载时钟不可能总是同步，所以除了用户的三维坐标 x、y、z 外，还要引进一个变量 Δt，即将卫星与接收机之间的时间差作为未知数，然后用 4 个方程将这 4 个未知数求解出来。所以如果想知道接收机所处的位置，至少要能接收到 4 颗卫星的信号。

GPS 接收机可接收到用于授时的准确至纳秒级的时间信息，用于预报未来几个月内卫星所处概略位置的预报星历，并计算定位时所需卫星的广播星历（精度为几米至几十米，各个卫星不同，随时变化），以及 GPS 系统信息，如卫星状况等。GPS 接收机通过对码的量测就可得到卫星到接收机的距离，由于其中含有接收机卫星钟的误差及大气传播误差，故称为伪距。GPS 接收机对收到的卫星信号，进行解码或采用其他技术，将调制在载波上的信息去掉后，就可以恢复载波。在 GPS 观测量中包含了卫星和接收机的时钟差、大气传播延迟、多路径效应等误差，而且在定位计算时还要受到卫星广播星历误差的影响。但在进行相对定位时，大部分公共误差可以被抵消或削弱，因此定位精度将大大提高。双频接收机可以根据两个频率的观测量抵消大气中电离层

误差的主要部分，在精度要求高、接收机间距离较远时（大气特性有明显差别），应选用双频接收机。

（一）定位原理

所有在轨运行的 GPS 卫星既是作为一系列的动态已知点，又是作为无线电信号发射台存在于空间，它们发播的星历信号为用户提供卫星的空间坐标、轨道参数、时间、各种改正等一系列信息。接收机接收这些星历信号，测量观测者距所选卫星的距离，然后根据所测得距离求出观测者的坐标参数，这就是 GPS 定位。

GPS 定位是在 GPS 卫星的实时位置已知的前提下采用距离交会原理来实现位置的准确确定的。其基本原理为：已知未知点到已知点的距离，未知点就必然位于以已知点为球心、两点间距离为半径的球面上；如果已知 A、B、C 三颗卫星的在轨坐标，又测出了观测站距三颗卫星的距离，然后分别以这三颗卫星为球心，以所测得的距离为半径画 3 个球面，则观测站就一定位于这三个球面的相交处（若有多值解，可通过接收方向的判断而剔除），从而准确地解算出观测站的位置。

假设 t 时刻在地面待测点上安置 GPS 接收机，可以测定 GPS 信号到达接收机的时间 Δt，再加上接收机所接收到的卫星星历等其他数据，可以确定以下方程式：

$$[(x_i-x)^2+(y_i-y)^2+(z_i-z)^2]^{1/2}+c(v_{ti}-v_{t0})=d_i$$

式中，x、y、z 为待测点坐标；v_{t0} 是接收机的钟差，为未知参数；$d_i=c\Delta t_i$，（$i=1,2,3,4$），d_i 分别为卫星 i 到接收机之间的距离，Δt_i 分别为卫星 i 的信号到达接收机所经历的时间；x_i，y_i，z_i 为卫星 i 在 t 时刻的空间直角坐标；v_{ti} 为卫星钟的钟差；c 为光速，可以确定以下四个方程式：

$$[(x_1-x)^2+(y_1-y)^2+(z_1-z)^2]^{1/2}+c(v_{t1}-v_{t0})=d_1$$
$$[(x_2-x)^2+(y_2-y)^2+(z_2-z)^2]^{1/2}+c(v_{t2}-v_{t0})=d_2$$
$$[(x_3-x)^2+(y_3-y)^2+(z_3-z)^2]^{1/2}+c(v_{t3}-v_{t0})=d_3$$
$$[(x_4-x)^2+(y_4-y)^2+(z_4-z)^2]^{1/2}+c(v_{t4}-v_{t0})=d_4$$

由以上四个方程即可解算出待测点的坐标 x、y、z 和接收机的钟差 v_{t0}。实际上，观测到的卫星越多，观测的时间越长，其测量结果就越准确。

（二）定位的方式与方法

依据上述 GPS 定位原理，人们在实践中已研究出了多种 GPS 定位的方式与方法，在实际测量中可根据不同用途单独采用某一种，也可组合使用。GPS 定位的方式与方法按不同标准可作如下划分：

1. 根据定位时接收机的运动状态可分为静态定位和动态定位

静态定位是指，在定位的整个过程中保持接收机天线的位置固定不变，即在数据处理时将接收机天线的位置作为一个不随时间改变的量。静态定位一般用于高精度的定位测量。

动态定位是在运动状态下实时地测定运动客体位置的一种定位方法，其接收机天线的位置在观测过程中是随时间变化的。与静态定位相比，它具有用户广泛性、定位实时性等显著特点。

2. 根据定位所采用的观测值可分为伪距定位和载波相位定位

伪距定位是将C/A码伪距或P码伪距作为观测值的定位，优点是数据处理简单，定位条件要求低，不存在整周模糊度的问题，不足之处是观测精度低。

载波相位定位是采用载波相位观测值进行定位，由于载波信号的波长短，所以定位精度高，一般能达到cm量级；其缺点是数据处理复杂，存在整周模糊度的问题。

3. 根据定位的模式可分为单点定位和多点相对定位

单点定位采用一台接收机进行定位。其特点是速度快、无多值问题、作业简单、实施较为方便；缺点是由于受钟差、传播误差等影响，定位精度低，所以它适用于一般导航和精度要求不高的应用场合。

多点相对定位又称为差分定位，它采用多台接收机对同一组卫星进行观测，可以获得较高的定位精度。

六、GPS的主要特点

GPS问世以后，迅速在导航、定位领域得到广泛应用，是继计算机革命之后的又一场革命。

GPS测定三维坐标的方法将测量定位技术扩展到海洋和外层空间，从定点扩展到区域，从静态扩展到动态，其定位精度也在不断提高，从而大大拓宽了应用范围，在地球物理学、气象、海洋、交通等领域获得了广泛应用。GPS接收机作为导航定位通用设备已被越来越多地应用于科研和民用领域，GPS已经像汽车、无线电通信等行业一样形成了产业化市场。

GPS的问世标志着星基导航技术发展到了一个辉煌的时代。与其他导航系统相比，GPS具有一些明显的特点和优势。

（一）全球性

由于GPS卫星的分布合理，全球覆盖率达98%，在覆盖范围内的地球上任何地点均可连续同步地观测到至少4颗卫星。

（二）全天候

利用GPS进行观测测量可在一天24h内的任何时间进行，不受阴天黑夜、起雾刮风、下雨下雪等任何气候因素的影响。

（三）高精度

GPS可提供高精度的三维坐标、三维速度和时间信息，采用差分技术其定位精度可达cm级，速度误差小于0.01nl/s，授时精度达到20ns。

（四）高效率

随着GPS系统的不断完善和软件的不断更新，一般静态定位仅需几分钟；在流动站与基准站相距在15km以内的差分定位中，流动站观测时间只需1～2min；完成一次快速的动态定位或测速仅需数秒钟。

（五）应用广泛

可用于与定位、导航、授时有关的所有应用，是继通信、互联网技术之后的第三大高科技应用技术。

（六）操作简便

GPS是单向测距的被动式定位，只要能接收到GPS信号就可进行定位，操作简便，同时GPS接收机的自动化程度越来越高，极大地减轻了测量的工作量和劳动强度。

七、网络GPS的概念

网络GPS是把Internet技术与GPS技术相结合，将GPS定位信息通过互联网传递，在用户界面上显示GPS动态跟踪信息，以实现实时监控、动态调度功能的一种新的应用方式。

网络GPS解决了原来使用GPS所无法克服的障碍。首先，它可降低投资费用。网络GPS免除了物流运输公司自身设置监控中心的大量费用：建立一个监控中心不仅要配置各种硬件设备，还要安装各种管理软件。其次，网络GPS一方面利用互联网实现无地域限制的跟踪信息显示；另一方面又可通过设置不同权限做到信息的保密。

网络GPS的特点如下：

（一）功能多、精度高、覆盖面广

在全球任何位置均可进行车辆的位置监控工作，充分保障网络GPS所有用户的要求都能够得到满足。

（二）定位速度快

通过使用网络GPS，物流运输企业能够在业务运作上提高反应速度，降低车辆空驶率，降低运作成本，充分满足客户需要。

（三）融合了GSM的优点

信息传输采用GSM公用数字移动通信网，具有保密性高、系统容量大、抗干扰能力强、漫游性能好、移动业务数据可靠等优点。

（四）开放性好

构筑在互联网这一最大的网上公共平台上，具有开放度高、资源共享程度高等优点。

八、网络GPS的工作流程

网络GPS的工作流程大致如下：车载单元即GPS接收机在接收到GPS卫星定位数据后，自动计算出自身所处的地理位置坐标；由GPS传输设备将计算出来的位置坐标数据连同传感器信息由车载控制单元处理后，经GSM通信机发送到GSM公用数字移动通信网；短信息服务中心通过与物流网连接的DDN专线将数据传送到物流网监控平台上；中心处理设备将收到的坐标数据及其他数据还原后，与GIS系统的电子地图相匹配，并在电子地图上直观地显示车辆实时坐标的准确位置；各网络GPS用户可通过自己的权限上网，进行自有车辆信息的收发、查询等工作，在电子地图上清楚直观地掌握车辆的动态信息（如位置、状态、行驶速度等），同时还可以在车辆遇险或出现意外事故时进行种种必要的遥控操作。

网络GPS监控中心，是一个基于Internet的、B/S架构的、开放的GPS监控平台，其包括地图操作平台、大比例电子地图和多种通信接口。用户在交纳使用费后会得到一个用户账号，其单位的GPS前端设备可以通过某个通信入口（如GSM，短信特服号）向平台发送自身的实时坐标。以此为基础，可以在平台上实现各种监控功能。用户可以在自己的办公室上网，通过浏览器输入用户ID和密码进行登录，即可实现对本单位车辆的实时监控和管理。

建立一个社会化的网络GPS监控中心是网络GPS技术得以实现的核心，也是网络GPS技术区别于一般GPS的根本所在。目前国内GPS的应用是以车载应用为主，一般以“前端设备—监控中心”的形式出现，在多数情况下，每个物流企业都要分别建立一个专用的“监控中心”，对于中小型物流企业，这需要投入大量的精力和财力，而且系统还存在着升级困难的问题，而建立社会化的网络GPS监控中心可以解决这类问题。

九、网络GPS的主要功能

（一）实时监控功能

实时监控功能主要表现在以下几个方面：

（1）能够在任意时刻发出指令查询运输工具所在的地理位置（经度、纬度）和速度等信息，并在电子地图上直观地显示出来。

（2）可随时掌握车辆出车后的行踪。若有不正常的偏离、停滞与超速等异常现象发生时，网络GPS工作站显示屏能立即显示并发出警告信号，并可由管理人员迅速查询纠正，避免危及人、车、货的安全的情况发生，减少公司的损失。

（3）客户可登录网络GPS工作站的监控平台，查询货物运送状况，实时了解货物的动态信息。

（4）长途运输由于信息闭塞，渠道狭窄，回程配货成了各物流企业最大的困扰。而网络GPS监控系统正是建立在互联网这一开放式公共平台上的，可提前在线预告车辆的实时信息及精确的抵达时间，其他用户则可根据具体情况合理安排回程配货，从而提高了车辆的实载率，降低了物流成本。

（二）双向通信功能

（1）网络GPS的用户可使用GSM的语音功能与司机进行通话，或者使用系统安装在运输工具上的移动设备的汉字液晶显示终端进行汉字消息收发对话。

（2）驾驶员通过按下相应的服务、动作键，就把相关信息反馈到网络GPS监控中心，质量监督员可在网络GPS工作站的显示屏上确认其工作的正确性，以便了解并控制整个运输作业的准确性（发车时间、到货时间、卸货时间、返回时间等）。

（三）动态调度功能

动态调度功能主要表现在以下几个方面：

（1）调度人员能在任意时刻通过调度中心发出文字调度指令，并得到确认信息。GPS 能够实时监控到自有车辆的位置及状态，所以能做到真正意义上的实时动态调度。

（2）可快速解决客户问题，满足客户日益增长的服务需要。公司操作人员在接到客户来电或接到其他查询指示后，能立即通过查询数据库来显示客户关心的资料及相关信息，能够做到就近调派运力，提高运能，并能在最短的时间内为客户提供服务。

（3）可实时掌握车辆的动态，当有一临时任务发生时，可依照各个车辆位置及运输作业状态，进行临时性工作调派，以达到争取时间、争取客户、节约运输成本的目的。

（4）可进行运输工具待命计划管理。操作人员通过在途信息的反馈，在运输工具未返回车队前即做好待命计划，可提前下达运输任务，减少等待时间，加快运输工具周转速度。

（5）运能管理。将运输工具的运能信息、维修记录信息、车辆运行状况信息、司机人员信息、运输工具的在途信息等多种信息提供给调度部门，帮助调度部门进行决策，使得调度部门能够更合理、更准确、更科学地进行调度，提高重车率，尽量减少空车时间和空车距离，充分利用运输工具的运能。

（四）数据存储、分析功能

数据存储分析功能主要表现在以下几个方面：

（1）路线规划。可事先规划车辆的运行路线、运行区域，何时应该到达什么地方等，并将该信息记录在数据库中，以备以后查询、分析使用。

（2）路线优化。实时了解车辆的状态，在控制点的具体位置以及距离目的地的距离，确认运输任务的完成情况，收集、积累、分析数据，以便进一步优化路线。

（3）服务质量跟踪。在中心设立服务器，使得有权限的用户能够在异地方便地获取车辆的有关信息（运行状况、在途信息、运能信息、位置信息等用户关心的信息）。

（4）依据资料库存储的信息，可随时调阅每辆运输工具以前的工作资料，并可根据各管理部门的不同要求制作各种不同形式的报表，使各管理部门能够更快速、更准确地作出判断及提出新的指令。

网络 GPS 综合了 Internet 与 GPS 的优势与特色，取长补短，在很大程度上帮助物流企业降低了投资费用，提高了车辆调度水平，提升了物流服务质量。网络 GPS 不是简单的 Internet＋GPS，两者的结合会产生很多各自没有的优势。具体表现在以下几方面：

1. 形成较大的成本节约

一般使用 GPS 必须有基站、GPS 车载设备、集群通信网以及其他相应设备及软件，网络 GPS 不需要建立基站，仅需要支付网络服务费。这对于想利用 GPS 技术，而又没能力一次支付巨额资金建立基站的中小型物流企业更加适合。

2. 信息更加透明化，更容易跟踪、监控

一般的 GPS 应用主要是对目标进行跟踪、监控，但是它只能由发货人、承运方、收货人的其中一方对目标进行监控，其他两方都无法知道目标的信息，而基于：Internet 的 GPS 很容易实行信息共享化，只要给每一方一个权限，各方都能够通过互联网及时地了解目标的情况。这一点对第三方物流公司尤为重要。因为在目前我国运输市场的业务很大程度上依赖于与客户之间关系的情况下，第三方物流公司如果想参与市场，必须克服信息不能共享的障碍，而一般 GPS 不能完全实现信息共享。

3. 跟踪、监控范围更广

一般 GPS 的信息传递要通过基站，其应用范围局限于一定的地区，不能在全国范围内实施监控和跟踪，而基于 Internet 的网络 GPS 理论上在全球的任何角落进行监控和跟踪。

网络 GPS 的优点毋庸置疑，但是在目前的行业环境下，由于市场环境因素的影响、设备和技术的完善程度、售后服务力度等原因的限制，真正要借助网络 GPS 实现物流企业的整合与分类服务，还需要大量人力、财力和物力的支撑。

在我国，GPS 最早是被应用于远洋运输船舶的导航。我国的三峡工程也已规划利用 GPS 来改善航运条件，提高航运能力。若国内船运物流公司都能采用 GPS 技术，必然能提高其运营效率，从而取得更好的经济效益和社会效益。

全球卫星定位系统首先是为军事目的所建立的，其已被广泛应用于军事物流中的后勤保障方面。如对于美国来讲，其在不同地方驻扎的军队无论是在战时还是在平时都对后勤补给提出了很高的需求，GPS 在提高后勤补给的效率方面起到了重要作用。

物流对于社会经济生活的重要性是不言而喻的，但我国在物流领域和国际先进水平相比仍有很大差距，物流及物流管理发展的滞后已成为我国国民经济发展的制约因素之一。当前，信息化已经成为现代物流必然的发展方向和趋势，加强信息技术在物流领域的应用和应用研究，以信息技术为依托全面更新和装备我国物流产业，对实现国家经济可持续高速发展具有重要意义。GPS 以其独特的性能和应用优势，在物流信息化建设中有着重要的位置。探索和实践 GPS 在我国物流领域中的应用，增强国内物流企业竞争能力和服务功能已经成为了当务之急。

对于从事物流配送的企业而言，信息化、正规化、国际化是企业发展的必然趋势，GPS 的引入，不仅能够使企业降低成本、提高效率、提高服务质量、增强企业形象，更能够取得客户的信任、增加客户对企业的满意度，从而赢得更多的订单，增加企业的收入和利润，同时也能够为国家创造更多的税收。

GPS 技术在车辆导航和货物配送中的研究与应用在国内刚刚起步，而国外在这方面的研究早已开始并已在实践中得到了广泛的运用。如美国研制了应用于城市的道路交通管理系统，该系统利用 GPS 和 GIS 建立道路数据库，数据库中包含了各种现时的数据资料，如道路的准确位置、路面状况和沿路设施等，该系统于 1995 年正式运行，对城市道路交通管理起到了重要作用。相信随着我国物流业的发展，以及高等级公路的快速修建和对 GPS 技术应用研究的逐步深入，GPS 在物流配送中的应用将会更加广泛和深入，GPS 技术将发挥出更大的作用。

GPS在应用过程中，通常与无线移动通信技术、Internet技术、GIS技术相结合，构成一个网络化的GPS应用系统。

目前，GPS技术备受人们关注，其中一个重要原因是：GPS在物流领域的运用已被证明是卓有成效的，尤其是在货物配送领域中。由于货物配送过程是实物空间位置的转移过程，所以在货物配送过程中，对可能涉及的货物的运输、仓储、装卸、送递等处理环节，对各个环节所涉及的问题如运输路线的选择、仓库位置的选择、仓库的容量设置、合理装卸策略、运输车辆的调度和投递路线的选择等都可以通过运用GPS的车辆跟踪、信息查询等功能进行有效地管理和决策分析，这无疑将有助于配送企业有效地利用现有资源，降低消耗，提高效率。

GPS在物流中得到普及应用后，可通过互联网实现信息共享，实现三方应用，即车辆使用方、运输公司、接货方对物流中的车货位置及运行情况等都能及时准确地掌握。这有利于物流三方协调好商务关系，从而制定出最佳的物流方案，获取最大的经济效益。

1. 车辆使用方（货运代理、生产厂家等用车单位）

运输公司可以将自己的车辆信息部分开放给合作客户（车辆使用方），让客户能够在网上较为直观地看到车辆分布和运行情况，从而找到适合自己使用的车辆，省去不必要的协商环节，加快车辆的使用频率，缩短运输配货的时间。在货物发出之后，发货方（车辆使用方）可随时通过互联网或者手机来查询车辆在运输过程中的运行情况和已到达的位置，实时掌握货物在途的信息，确保货物运输时效。

2. 运输公司

运输公司可以通过互联网实现对车辆的动态监控式管理和货物的及时合理配载，以加强对车辆的管理，减少资源浪费和费用开销。同时通过将有关车辆的信息开放给客户后，既方便了客户的使用，又减少了不必要的协商环节，同时提高了公司的知名度与可信度，拓展了公司的业务面，提高了公司的经济效益和社会效益。

3. 接货方

接货方只需通过发货方所提供的相关资料与权限，就可通过互联网实时查看到货物信息，掌握货物在途的情况和大概的运输时间，以此来提前安排货物的接收、存储以及销售等环节，从而提前完成货物的销售链过程。

第四节　GIS技术

地理信息系统（Geography Information System，GIS）是地球空间信息科学的重要内容之一。它是一门综合性的技术，涉及地理学、测绘学、计算机科学与技术、环境科学、城市科学、管理科学等诸多学科。其概念和基础来自于地理学和测绘学，其技术支撑是计算机技术。地理信息系统作为一种空间信息系统，是采集、存储、管理、分析和描述地球表面（包括大气层）与空间和地理分布有关的数据的空间信息系统。地理信息系统在许多领域得到了广泛应用，如城市管理、物流管理、区域规划、环境

整治、军事仿真等。

地理信息系统主要由五个部分组成：计算机硬件系统、计算机软件系统、地理空间数据库、空间分析模型和相关人员。其中，计算机硬件系统和软件系统是地理信息系统的核心，而地理空间数据库是地理信息系统操作的对象。空间分析模型是进行空间分析的模型和模式，它为GIS解决各类空间问题提供解决方法。GIS相关人员主要包括系统管理人员、系统开发人员和数据处理及分析人员。

从系统论和应用的角度出发，地理信息系统被分为四个子系统，即计算机硬件和系统软件、数据库系统、数据库管理系统、应用人员和组织机构。

(1) 计算机硬件和系统软件：这是开发、应用地理信息系统的基础。其中，硬件主要包括计算机、打印机、绘图仪、数字化仪、扫描仪；系统软件主要指操作系统。

(2) 数据库系统：系统的功能是完成对数据的存储，它又包括几何（图形）数据和属性数据库。几何和属性数据库也可以合而为一，即属性数据存在于几何数据中。

(3) 数据库管理系统：这是地理信息系统的核心。通过数据库管理系统，可以完成对地理数据的输入、处理、管理、分析和输出。

(4) 应用人员和组织机构：专业人员，特别是那些复合人才（既懂专业又熟悉地理信息系统）是地理信息系统成功应用的关键，而强有力的组织是系统运行的保障。

从数据处理的角度出发，地理信息系统又被分为数据输入子系统、数据存储与检索子系统、数据分析和处理子系统、数据输出子系统。

(1) 数据输入子系统：负责数据的采集、预处理和数据的转换。

(2) 数据存储与检索子系统：负责组织和管理数据库中的数据，以便于数据查询、更新与编辑处理。

(3) 数据分析与处理子系统：负责对数据库中的数据进行计算、分析和处理。如面积计算、储量计算、体积计算、缓冲区分析、空间叠置分析等。

(4) 数据输出子系统：以表格、图形、图像方式将数据库中的内容和计算、分析结果输出到显示器、绘图纸或透明胶片上。

一、GIS的计算机硬件系统

GIS中的计算机硬件系统可分为基本设备和扩展设备两大部分。基本设备包括计算机主机、显示器、存储设备（硬盘、光盘、磁带、半导体盘等）、数据输入设备（键盘、鼠标、手写笔、光笔、扫描仪、数字化仪等）、数据输出设备（打印机、绘图仪等）。扩展设备包括各类测绘仪器、GPS、数据通信接口、计算机网络设备、虚拟现实设备等。可以配置基于单机的GIS，也可以构建网络GIS。

二、GIS的计算机软件系统

在地理信息系统中，软件部分关系到系统的功能强弱。通常，GIS中的软件系统具有层次结构。

GIS 基本功能软件（GIS 工具或平台）通常是由商业软件公司开发的，它提供了GIS 应用软件开发的环境。大部分 GIS 工程应用都是在某一 GIS 平台的基础上，通过二次开发完成的。国内外主要的 GIS 软件平台为：

（1）环境系统研究所（ESRI）：ArcInfo，ArcView，ArcGIS。

（2）MapInfo 公司：MapInfo。

（3）Intergraph 公司：MGE，GeoMedia。

（4）AutoDesk 公司：AutoCAD Map。

（5）加拿大阿波罗科技集团：Titan GIS。

（6）美国 Caliper 公司：Maptitude。

（7）中国地质大学信息工程学院、武汉中地信息工程有限公司：MAPGIS。

（8）武汉武大吉奥信息工程技术有限公司：GeoStaro。

（9）北京超图地理信息技术有限公司：Supel Map GIS。

其中，ESRI 公司、MapInfo 公司和 Intergraph 公司的产品占据 GIS 市场的主导地位。另外，多数 GIS 软件针对不同操作系统提供了不同的软件版本，分别可以运行于Unix、Windows XP、Windows2000、Windows NT 等操作系统。

从概念和功能的角度上进行划分，GIS 基本功能软件可分为六大子系统：空间数据输入与格式转换子系统、数据存储与管理子系统、图形与属性编辑子系统、空间数据分析与处理子系统、空间数据输出与表示子系统、用户接口子系统。

（一）空间数据输入与格式转换子系统

地理空间数据有多种来源，如各种多尺度的地形图、遥感影像、数字地面模型、GPS 测量数据、已有系统的数据、社会经济调查数据等。这些数据可分为不同的类型：栅格数据、矢量数据、图像数据、文字数据和数字数据等。数据格式包括 CAD 格式、影像格式、文本格式、表格格式、其他 GIS 系统产生的数据格式等。这些不同来源、不同类型、不同格式的数据需要传送到 GIS 系统内部，并转换为系统支持的格式。

（二）数据存储与管理子系统

数据存储与管理涉及地理要素（点、线、面）的位置、空间关系以及属性数据的表示和组织等。一般通过特定的数据模型和数据结构进行数据的描述和组织，由数据库管理系统进行管理。在 GIS 的发展过程中，数据模型经历了多种形式：层次模型、网络模型、关系模型、地理相关模型、地理关系模型和面向对象的模型。

（三）图形与属性编辑子系统

为了对空间数据进行分析和处理，所有图形元素必须处于统一的地理参考坐标系中，并经过严格的地理编码和数据分层组织。为此需要进行拓扑编辑和拓扑关系的建立，进行图幅接边、地理编码、数据分层、坐标系统转换、投影转换、属性编辑等操作。另外，还需要进行错误数据的修改，图形的修饰，线型、颜色、符号的设定、注记的书写等。这就要求 GIS 提供图形及其属性的编辑功能。

（四）数据分析与处理子系统

通过该系统，可以对某一地理区域内的空间数据和属性数据进行综合分析利用。通过对矢量、栅格和高程数据进行空间运算和指标量测，达到对空间数据综合利用的目的。如通过对栅格数据进行算术运算、逻辑运算、聚类运算等，提供栅格分析；通过对图形进行路径分析、地形分析、资源分配分析、叠加分析、缓冲区分析、统计分析等，提供矢量分析。

（五）数据输出与表示子系统

将 GIS 中的原始数据，通过系统分析、转换和重组后再以某种用户能够理解的方式进行输出。其可以表现为地图、表格、决策方案、统计结果、模拟结果等形式。可以通过打印机、绘图仪、显示器进行输出，也可以通过一些先进的虚拟现实设备进行输出，如立体头盔、立体投影设备等。

（六）用户接口子系统

用户接口用于接收用户命令、程序和数据，是用户和系统进行交互的接口。主要包括用户操作界面、程序接口和数据接口。系统通常通过图标方式、菜单方式或命令解释方式接收用户的输入。一般来说，地理信息系统的功能相当复杂，为了提高专业或非专业的 GIS 使用人员的工作效率，良好的用户界面是十分必要的。当前，Windows 风格的菜单界面在 GIS 平台中使用得非常普遍。

三、GIS 地理空间数据

数据是 GIS 的操作对象，是 GIS 赖以生存的基础，它包括空间数据和属性数据。当前地理信息系统的基础数据主要是 4D 产品，即数字线划图（Digital Line Graph，DLG）、数字栅格图（Digital Raster Graph，DRG）、数字高程模型（Digital Elevation Model，DEM）、数字正射影像（Digital Ortho Map，DOM）。

GIS 中的空间数据均在一个统一的地理参照框架中，其在空间上是连续的，不存在按照图幅分割的迹象，整个区域是空间无缝拼接的。在 GIS 中，对空间数据和属性数据进行了地理编码、分类编码和空间索引的建立，以支持快速且准确地定位、定性、定量检索和分析。

地理数据由地理空间数据库进行组织和管理。通过数据库管理系统，能够对数据进行调度维护、更新、安全管理、备份、并发访问控制等操作。按照数据库存储数据的内容和用途划分，地理空间数据库可分为基础数据库和专题数据库。基础数据库反映的是地理、地貌等基础地理信息如地图数据库、影像数据库、土地数据库等；专题数据库反映的是不同专业领域的专题地理信息如矿产分布数据库、水资源数据库、水质数据库、植被分布数据库等。

（一）数字线划图（Digital Line Graph，DLG）

数字线划图简称 DLG，是通过对一种或多种地图要素进行矢量化后形成的一种矢量化数据文件，其数据来源通常是经扫描和几何纠正后的影像图。在数字线划图的基

础上，可以方便地实现缩放、漫游、查询、量测、地图叠加等功能。数字线划图的数据量较小，便于分层，能快速生成专题地图，因此也称为矢量专题信息 DTI（Digital Thematic Information）。DLG 能够满足 GIS 的各种空间分析要求，被看做带有智能的数据。对 DLG 能够随机进行数据选取及显示，DLG 还能与其他产品（如数字栅格数据等）相叠加，便于进行分析和决策。

（二）数字栅格图（Digital Raster Graph，DRG）

数字栅格图简称 DRG，是对现有纸质地形图进行计算机处理后得到的栅格数据文件。每一幅纸质地形图首先经过扫描数字化，然后经过几何纠正和数据压缩等处理步骤，最后形成数字栅格数据。对于彩色地形图来说，还需要经过色彩校正步骤，以使每幅图像的色彩基本一致。数字栅格地图在内容上、几何精度和色彩上与国家基本比例尺地形图保持一致。可以较方便地对 DRG 实现缩放、漫游等功能。

数字栅格图可以作为背景用于数据参照及修测拟合其他相关地理信息，如用于数字线划图（DLG）的数据采集、评价及更新，还可与数字正射影像（DOM）、数字高程模型（DEM）等数据集成使用。通过 DRG 能够派生出新的可视信息，从而提取、更新地图数据，绘制新的纸质地图。

（三）数字高程模型（Digital Elevation Model，DEM）

数字高程模型简称 DEM，是对地球表面空间起伏变化的连续表示方法，它是一定区域范围内规则格网点的平面坐标及其高程的数据集或者是经度、纬度和海拔高度所表示的点的数据集。或者说，DEM 是特定投影平面上规则的高程值矩阵，这些离散的高程点数据用于表示地表形态。另外，高程值还可以通过图像像素的灰度值表示，某一像素点的灰度值越高，该像素点所对应地理位置的高程值越大；反之，高程值越小。DEM 可以被转换成等高线图、断面图、透视图以及各种专题图，还可以根据用户需求计算土方体积、空间距离、表面覆盖面积等工程数据和统计数据。

（四）数字正射影像（Digital Ortho Map，DOM）

数字正射影像简称 DOM，是利用数字高程模型对扫描数字化后的航空像片或直接以数字方式获取的航空影像，经数字微分校正、数字镶嵌处理，再根据图幅范围裁剪生成的影像数据集，它是基础地理信息数字产品的重要组成部分之一。

四、GIS 空间分析模型

空间分析是 GIS 的主要功能，它是 GIS 区别于其他计算机系统，如管理信息系统、图像分析和处理系统、计算机辅助设计系统、计算机地图制图系统等的主要特征之一。为了解决某一应用领域的专门问题，必须构建专门的应用分析模型，如选址模型、洪水淹没模型、人口扩散模型、土地利用适宜性模型、森林增长模型、水土流失模型和最优化模型等。

五、GIS 相关人员

与 GIS 相关的人员主要包括系统管理人员和数据处理及分析人员。另外，在 GIS

的建设过程中，还需要 GIS 专业人员、项目组织管理人员、施工人员和应用领域专家的参与。具体来说，与 GIS 相关的人员可以分为以下类型：

（1）GIS 开发人员，实现 GIS 的软件功能。

（2）数据采集人员，实现 GIS 基础数据的采集。

（3）数据录入人员，完成数据的录入与编辑。

（4）数据库设计者，完成数据库的设计，实现数据的存储与管理。

（5）地图生产者，编辑、生产各种综合或专题地图。

（6）地图出版者，输出各种地图产品。

（7）地图使用者，从地图上查询和获取感兴趣的内容。

（8）地图分析员，根据地图上对象的空间关系和属性关系完成特定的分析任务。

GIS 表达和处理的对象是地理空间信息。为了有效地描述地理空间信息，需要建立地球空间模型，确定地理空间参照系，进行地图投影变换，对地理空间位置、空间关系以及属性数据、元数据等进行定义和描述，这些构成了地理空间信息基础的主要内容。

在地理学中，地理空间（Geographic Space）是指物质、能量和信息的数量及行为在地理范畴中的广延性存在形式。地理空间的范围上至大气电离层，下至地幔莫霍面。但一般来讲，地理空间主要指的是地球表层。其基准为陆地表面和大洋表面，这是人类活动最频繁的区域，是人地关系最复杂、最紧密的区域，也是宇宙过程对地球影响最大的区域。

在地理信息系统中，地理空间被定义为绝对空间和相对空间两种形式。其中绝对空间是带有属性描述的实体空间位置的集合，它由一系列不同位置的实体要素的空间坐标值组成；相对空间是指具有空间属性特征的实体集合，它由不同实体之间的空间关系构成。为了表达地理空间信息，需要建立其表达模型和表达方法。

六、GIS 地球空间模型

为了研究和表示地理空间，需要建立地球表面的几何模型。根据大地测量学的研究成果，地球表面几何模型可分为四类：地球的自然表面模型、地球的相对抽象表面模型、地球的旋转椭球体模型及地球的其他数学模型。

（一）地球的自然表面模型

地球的自然表面模型是指地球本身起伏而且不规则的表面，其难以用简单的数学形式进行表达，不适合进行建模和几何量测。

（二）地球的相对抽象表面模型

地球的相对抽象表面模型，也称为大地水准面模型。它是假设当海平面处于完全静止的平衡状态时，从海平面延伸到所有大陆下部，且与地球重力方向处处垂直的一个连续、闭合的水准面构成的地表模型。以它为基准，可以利用水准测量对地球自然表面上任意点进行高程测量。由于地球重力影响，大地水准面也是一个不规则的曲面，

不过其起伏程度远小于地球自然表面。

（三）地球的旋转椭球体模型

地球的旋转椭球体模型是选用一个同大地体形状相近、可以用简单数学方法描述的旋转椭球来替代地球。这个旋转椭球是由一个椭圆绕其短轴旋转形成的。它是以大地水准面作为基础的。与某一局部地区（如一个或几个国家）的大地水准面符合的最好的旋转椭球，称为该地区的参考椭球。参考椭球体通常用长半轴 a、短半轴 b 和扁率 f 进行描述。其中扁率 f 的计算公式为：

$$f=(a-b)/a \qquad (2-1)$$

经过长期的观测、分析与计算，世界上许多机构和学者算出了不同参考椭球的长、短半轴的数值。我国在 1952 年以前采用的是海福特椭球。1954 年北京坐标系采用的是苏联克拉索夫斯基椭球，其长半轴 a 为 6378245.000m，短半轴 b 为 6356863.018m，扁率 f 为 1∶298.3。1980 年西安坐标系采用的是 1975 年国际大地测量学与地球物理学联合会第十六届大会的推荐值：a 为 6378140.000m，b 为 6356755288m，扁率 f 为 1∶298.257。1984 年定义的世界大地坐标系（WGS84）采用的是 WGS—84 椭球，其长半轴 a 为 6378137.000m，短半轴 b 为 6356752.314m，扁率 f 为 1∶298.257。

一个国家或地区的参考椭球体选取标准是，以能最好地拟合该国家或地区的大地水准面为原则。

（四）地球的其他数学模型

在解决其他一些大地测量学问题时，提出了地球的其他数学模型，如类地形面、准大地水准面、静态水平衡椭球体等。

七、GIS 地理空间参照系

地理实体要素位置的描述是在一定的地理空间参照系统下进行的。在地理信息系统中，所有空间数据必须纳入统一的地理空间参照系，以配准位于不同图层的地图要素。地理空间参照系可分为地理坐标系和投影坐标系两种类型。

（一）地理坐标系

地理坐标系用于确定地面点与大地水准面之间的关系，包括地面点在大地水准面上的平面位置和地面点到大地水准面的距离（高度）。为了表示地面点的位置，通常采用地理坐标（经度和纬度）进行表示。

根据地理坐标，地面上任意点的位置都可以由经纬度及高度表示。经纬度具有深刻的地理含义，它标志物体在地面上的位置，显示其地理方位（经线与东西对应，纬线与南北对应），表示时差。

另外，经纬度还能标示不同的地理带，如气候、土壤等部门都要利用经纬度进行地理规律的分析。经纬度的测量主要有两种方法：天文测量和大地测量。以大地水准面和铅垂线为依据，采用天文测量的方法，可获得地面点的天文经纬度。以旋转椭球及法线作为基准，用大地测量的方法，根据大地原点和大地基准数据，通过大地控制网逐点推算出各控制点的坐标，称为大地经纬度。经纬度的值可以采用度、分、秒（DMS）的形式表示，也可以采用十进制的形式表示（DD）。

地理坐标是一种球面坐标，可以用于地球表面实体的定位。在球面上，由于相同的角度代表不同的距离，直接利用地理坐标进行距离、面积和方向等参数的计算比较复杂。将球面坐标表示到平面上的方法是采用笛卡儿坐标系（平面直角坐标系）。要使用平面坐标系表示地球表面上任意一点的位置，首先需要将曲面展开成平面，但地球曲面不能直接被展开，需要采取投影的方法。建立地球表面与平面上点的函数关系。不同的地图投影变换形成不同的函数关系。

（二）投影坐标系

将地球表面上的点，通过投影的方法投影到平面上时，需要使用平面坐标系统。平面坐标系统可分为平面极坐标系统和平面直角坐标系统。平面极坐标系采用极坐标表示方法，通过某点到极点的距离和方向来表示该点在平面上的位置，主要用于地图投影理论的研究。平面直角坐标系采用直角坐标（笛卡儿坐标）来表示某点在平面上的位置。可以通过某种投影方法将地理坐标转换成平面坐标。投影坐标系统是定义在平面上的坐标系统，具有 x、y 方向上长度、面积、角度等相同的度量单位。投影后得到的坐标系的横轴及纵轴分别对应中央纬线和中央经线，坐标原点对应投影中心（即中央经纬线的交点）。为了避免出现负坐标值，用户可以将平面坐标系中的坐标轴平移，以使工作区内的点均为正坐标值。投影坐标系统定义了地理实体要素的平面位置，其到大地水准面的高度由高程系来确定。高程是地面点距离高程基准面的高度。高程基准面是依据多年观测的平均海水面来确定的。换句话说，高程（也称海拔、绝对高程）是指地面点距平均海水面的垂直高度。而地面点之间的高程差，称作相对高程，简称高差。通常不同地点的验潮站所测得的平均海水面存在差异，因此，不同的基准面对应不同的高程系统。一般来讲，一个国家只能采用一个平均海水面作为统一的高程基准面。例如，我国原先采用的是“1956 年黄海高程系”，而由于新的观测数据，测得的黄海平均海水面发生了微小变化（依据青岛验潮站 1953—1979 年验潮资料计算确定），因此我国又启用了新的高程系——“1985 年国家高程基准”。

为了地图制作和使用的方便，通常会将地理经纬线网和方里网绘制在地图上。经纬线网是指由经线和纬线组成的坐标网，又称为地理坐标网。方里网是由平行于投影坐标轴的两组平行线组成的方格网。因为是每隔整千米绘制出坐标纵线和坐标横线，所以也称为方里网；由于方里线又是平行于直角坐标轴的坐标网线，因此又称为直角坐标格网。

八、GIS 地图投影

地图投影是 GIS 中的一个重要概念，在计算机显示地图或将地图输出时，需要将地球球体表面的实体要素表示在平面上，即进行平面投影。

（一）地图投影的概念

将三维地球表面的空间实体要素转换到二维地图平面的数学方法称为地图投影，其本质上是从球面地理格网到平面坐标系统的转换。

如何应用投影原理将地球表面的点、线投影到平面上呢？起初，人们将地球假设为一个空心、透明的球体（地球仪），并在地球仪表面画上了经纬网，在球心装上一盏灯，在球面上放上图纸，然后打开灯光，这时地球仪表面上的点、线就被投影到了图纸上。

由于地球表面是一个椭球面，在展开成平面的过程中，如果不允许撕裂，那么椭球面的某些部分必然会被拉伸或压缩，因此不可避免地会产生变形。投影变形主要有三种形式：长度变形、角度变形和面积变形。

长度变形（υ_μ）是指长度比（μ）与 1 的差值，其中长度比是指地面上微分线段投影后的长度 d'_s 与其固有长度 d_s 之比。可用公式表示为：

$$\upsilon_\mu=\mu-1 \tag{2-2}$$

$$\mu=\frac{d'_s}{d_s} \tag{2-3}$$

其中，长度 μ 比是一个变量，它随不同点位置而变化，还随同一点的不同方向而变化；角度变形（υ_μ）是指实际地面上的角度（α）与投影后的角度（α'）的差值，可表示为：

$$\upsilon_\alpha=\alpha-\alpha' \tag{2-4}$$

角度变形可以在许多地图上观察到。例如，实地上成直角的经纬线，在经过地图投影之后，许多情况下变成了非直角相交的经纬线。

面积变形（υ_p）是指面积比 P 与 1 的差值，可表示为：

$$\upsilon_p=P-1 \tag{2-5}$$

其中，面积比 P 是指地球表面上微分面积投影后的大小与其固有面积的比值，面积比也是一个变量，它随位置不同而不同。

在投影过程中，不可避免地要出现变形。从控制变形的方法进行划分，可分为以下几种投影类型：

（1）等角投影：保持局部角度不变，即局部形状不变，但不能保证面积不变。但在面积较大时，也不能保持形状不变。

（2）等面积投影：保持局部面积不变，但角度、形状和比例大小均会发生变化。

（3）任意投影（其中主要是等距离投影）：是一种不等角也不等面积的投影，其角度、面积、比例均有变形。但其形状变形小于等面积投影，面积投影小于等角投影。

（二）地图投影的方法

地图投影方法主要有圆锥投影、圆柱投影和平面（方位）投影等，它们均包括正轴、斜轴和横轴等投影方式，在此基础上又分为相切和相割两种方式。相切时投影面与参考椭球只有一条标准线，相割时投影面与参考椭球有两条标准线。

地图投影变换在GIS中是不可缺少的。例如，当GIS数据库中的地理数据是以地理坐标（经纬度）方式存储时，如果输入数据源是地图时，必须将其转换成地理坐标，然后再存入数据库中；当输出或显示地图时，必须将数据库中以地理坐标表示的空间数据转换成指定投影方式的平面坐标。

通常根据用户的需要进行地图投影方式的选择。我国常用地图投影的情况为：

我国基本比例尺地图（1∶100万、1∶50万、1∶25万、1∶10万、1∶5万、1∶2.5万、1∶1万、1∶5000）除了1∶100万比例尺外，均采用高斯—克吕格投影（等角横切椭圆柱投影）。在高斯—克吕格投影中，中央经线和赤道为相互垂直的直线，其他经线均为凹向并与中央经线相对称的曲线，其他纬线均是以赤道为对称轴的向两极弯曲的曲线，经纬线成直角相交。在该投影中，角度没有变形。中央经线长度比等于1，无长度变形，其余经线长度比均大于1，长度变形为正，距中央经线越远，变形越大，最大变形位于边缘经线与赤道的交点上；面积变形也是距中央经线越远，变形越大。

第五节　传感器技术

一、传感器技术的概念

传感器（transducer或sensor），有时亦称为换能器、变换器、变送器或探测器。其主要特征是能感知和检测某一形态的信息，并将其转换成另一形态的信息。因此，传感器是指那些对被测对象的某一确定的信息具有感受（或响应）与检出功能，并使之按照一定规律转换成与之对应的可用输出信号的元器件或装置。传感器通常由敏感元件与转换元件组成。敏感元件是指传感器中能直接感受（或响应）与检出被测对象的待测信息的部分转换元件，是指传感器中能将敏感元件所感受（或响应）与检出的待测信息转换成适宜于传输和（或）测量的电信号的部分。当输出的信号为规定的标准信号时，通常称之为变送器。

在不少场合，人们把传感器定义为敏感于待测非电量并可将它转换成与之对应的电信号的元件、器件或装置的总称。

此外，也可从其功能出发，通过形象的比喻对传感器进行定义。所谓传感器，是指那些能够取代甚至超越人的“五官”，具有视觉、听觉、触觉、嗅觉和味觉等功能的元器件或装置。之所以说“超越”，是因为传感器不仅可应用于人们无法忍受的高温、高压及辐射等恶劣环境，还可检测出人类“五官”不能感知的各种信息如微弱的磁、电、离子和射线的信息，以及那些远远超出人体“五官”感觉功能的高能信息等。

二、传感器技术的发展及应用

目前，包括传感器的研究、设计、试制、生产、检测与应用等诸项内容在内的传

感器技术，已逐渐形成了一门相对独立的专门学科。与其他学科相比，它具有以下特点：内容离散，知识密集程度甚高，边缘学科色彩极浓。在开发过程中，个人作用较大技术复杂，工艺高难，品种繁多，功能特优，性能极好，应用广泛，品种与数量间的矛盾突出。传感器作为商品，用户对其品种的要求通常很多，但对每一品种的需要量往往甚少。

无须置疑，能否认清传感器技术的上述种种特点并妥善解决品种与数量之间的矛盾，特别是在开发过程中，能否取得有关部门的足够重视和大力支持，是一个国家的传感器事业能否顺利发展的关键。

传感器与传感器技术的发展水平是衡量一个国家综合实力的重要标志，也是判断一个国家科学技术现代化程度与生产水平高低的重要依据。正因为如此，世界各发达国家都极其重视传感器的研究、开发和应用，并把它定为国家优先考虑的重大项目，由政府直接规划、统一安排，同时投入巨额的资金和大量的人力。

日本科学技术厅把传感器技术列为六大核心技术（计算机、通信、激光、半导体、超导和传感器）之一，作为今后开发的重点，投资额比 10 年前增加了 3 倍。据通产省发布的资料，1978—1984 年，由政府重点资助的、直接从事传感器研制的项目共 9 个，投资总额高达 121 亿日元。此外，日本政府还在 21 世纪技术预测中把传感器列为首位。

美国白宫将 20 世纪 80 年代视为传感器时代，还将“传感器及信号处理”列为对国家安全和经济发展有重要影响的关键技术之一。西欧各国在其制订的“尤里卡”发展计划中，均把传感器技术作为优先发展的重点技术。我国传感器和传感器技术在经历了 20 多年风风雨雨的历程后，已越来越受到各方面的重视。我国政府在“863 计划”及各重点科技攻关项目中，均把传感器研究摆在十分重要的位置。

由于各国政府的高度重视，目前世界传感器行业的发展很快，每年传感器的专利数、产量和产值均甚可观，其市场也在日益扩大。例如，日本有关传感器的专利数一直保持上升趋势：1963 年为 300 个，1974 年突破了 1000 个，1980 年又剧增到 4000 多个。在日本，仅称重用应变计早已超过 400 万片；至 1981 年称重传感器的年产值就已高达 105 亿日元，据日本有关部门连续 9 年的调查统计，1983—1991 年，日本传感器的年产量和年产值均在逐年增长。年产值的平均年增长率为 16%；1983 年为 1417 亿日元，至 1991 年就增到 5217 亿日元。美国在 1972—1982 年，全国传感器的销售额增加了 4 倍，这还未计及传感器价格逐年下降的因素。西德在 1980—1985 年电子工业的总投资为 51 亿马克，其中传感器就占 10 亿马克。据有关资料介绍，西德传感器 1980 年的市场销售额为 3.06 亿美元，至 1990 年就上升到 10 亿美元。在同一时期，法国和英国的传感器市场亦有长足进展，即分别从 1.93 亿美元和 2.10 亿美元增长至 6.46 亿美元和 7.23 亿美元。从整个欧洲来看，1980—1990 年，其传感器市场的规模已增大至 1980 年的 3 倍多：1980 年为 11.34 亿美元，到 1990 年增至 38.03 亿美元。目前，欧洲传感器行业发展得极快，其年总产值的平均增长率已高达 32%；另外，欧洲 20 世纪 80

年代在传感器方面的总投资虽只有约10亿美元，但所获利润却相当惊人：1980年为5.04亿美元，1990年上升至19.48亿美元。这就是说，欧洲在1990年仅用半年的时间，就收回了前10年的总投资。据资料报导，自1980年以来，全球传感器年产值的增长率约为25%；仅先进传感器的市场，1990年全球就近165亿美元。

另外，从传感器领域中的人员结构、机构设置和研究方向等情况来分析，也可看出各国对传感器开发工作的重视及传感器技术的巨大生命力。目前，美、日等国社会劳动力总数的一半以上在从事信息工作。在美国直接在传感器领域工作的科技人员占总人数的25%。就世界范围而言，该领域中科技人员、管理人员和工人三者的比例正朝着1∶1∶1的结构变化。现在，国际上已建立了为数甚多的中小型传感器研究、开发中心，它们所耗费的投资总额已近3亿美元。各国的研究方向包括传感器的用材、机理、性能、工艺、检测和推广应用等。据不完全统计，目前，世界上专门或主要从事传感器研究、试制和生产的厂家已超过5000家，其中日本有1200多家，美国有1000多家，独联体国家也有约1000家，欧洲有750余家。已在近百个领域得到实际应用的传感器有数千种，拥有近万项技术专利。

总之，随着科学技术的迅猛发展，传感器已逐渐家喻户晓，成为与微计算机同等重要的技术工具，传感器技术也渐渐被视为对国民经济和科技发展起关键作用的重大领头技术之一。可以预料，传感器与传感器技术的研究和开发工作，其前景是令人振奋的。

本章小结

本章主要介绍了物联网技术的基本组成以及物联网技术的应用的关键领域；RFID技术的概念、系统的原理、分类、RFID标签以及读写器；GPS的概念、工作原理、特点，网络GPS的概念、工作流程及其主要功能；GIS的硬件和软件系统、模型；传感器技术的概念以及发展状况。通过学习本章的基本知识，学生能够很好地了解物联网的技术基础。

思考题

1. 什么是RFID技术？工作原理是什么？
2. 什么是GPS技术？工作原理是什么？
3. 什么是网络GPS技术？
4. 什么是GIS技术？模型包括哪些内容？
5. 什么是传感器技术？

第三章　公路运输物联网系统

教学目标

通过本章的学习，了解公路运输的基础理论；掌握 RFID 技术在公路运输中的必要性以及应用内容；掌握 GPS 技术、GIS 技术在公路运输中的应用领域。

第一节　公路运输概述

由于公路运输具有“门到门”的直达运输的优势，它也是车站、港口、机场集散货物的重要手段。公路运输的最大优势是网状的运输，覆盖面大，既可以深入山区及偏僻的农村进行货物运输，也可以在远离铁路的内陆区域从事干线运输，如图 3－1 所示。

图 3－1　公路运输

一、公路运输的概念及特点

（一）公路运输的概念

广义的公路运输是指利用一定的载运工具（人力车、畜力车、拖拉机、汽车等）

沿公路（一般土路、有路面铺装的道路、高速公路）实现旅客或货物空间位移的过程。而狭义的公路运输是指汽车运输。

（二）公路运输的特点

1. 机动灵活，适应性强

由于公路运输网一般比铁路、水路网的密度要大十几倍，分布面也广，因此公路运输车辆可以“无处不到、无时不有”。公路运输在时间方面的机动性也比较大，车辆可随时调度、装运，各环节之间的衔接时间较短。尤其是公路运输对客、货运量的大小具有很强的适应性，汽车的载重吨位有小（0.25～1t）有大（200～300t），既可以单独车辆独立运输，也可以由若干车辆组成车队同时运输，这一点对抢险救灾工作和军事运输具有特别重要的意义。

2. 可实现“门到门”直达运输

由于汽车体积较小，中途一般也不需要换装，除了可沿分布较广的路网运行外，还可离开路网深入到工厂企业、农村田间、城市居民住宅等地，可以把旅客和货物从始发地门口直接运送到目的地门口，实现“门到门”直达运输。这是其他运输方式无法与公路运输比拟的特点之一。

3. 在中、短途运输中，运送速度较快

在中、短途运输中，由于公路运输可以实现“门到门”直达运输，中途不需要倒运、转乘就可以直接将客、货运达目的地，因此，与其他运输方式相比，其在途时间较短，运送速度较快。

4. 原始投资少，资金周转快

公路运输与铁路、水路、航空运输方式相比，所需固定设施简单，车辆购置费用一般也比较低，因此，投资兴办容易，投资回收期短。据有关资料表明，在正常经营情况下，公路运输的投资每年可周转 1～3 次，而铁路运输则需要 3～4 年才能周转 1 次。

5. 掌握车辆驾驶技术较易

与火车和飞机的驾驶技术相比，汽车驾驶技术比较容易掌握，对驾驶员的各方面素质要求相对也比较低。

6. 运量较小，运输成本较高

目前，世界上最大的汽车是美国通用汽车公司生产的矿用自卸车，长 20 多米，自重 610t，载重 350t 左右，但仍比火车、轮船少得多；由于汽车载重量小，行驶阻力比铁路大 9～14 倍，所消耗的燃料又是价格较高的液体汽油或柴油，因此，除了航空运输，就是汽车运输成本最高了。

7. 运行持续性较差

据有关统计资料表明，在各种现代运输方式中，公路的平均运距是最短的，运行持续性较差。如我国 1998 年公路平均运距客运为 55km，货运为 57km；铁路客运为 395km，货运为 764km。

8. 安全性较低，污染环境

据历史记载，自汽车诞生以来，汽车已经吞食掉3000多万人的生命，特别是从20世纪90年代开始，死于汽车交通事故的人数急剧增加，平均每年达50多万人。这个数字超过了艾滋病、战争和结核病每年导致的死亡人数。汽车所排出的尾气和引起的噪声也严重地威胁着人类的健康，是大城市环境污染的最大污染源之一。

（三）公路运输技术经济特征

第二次世界大战以来，公路运输在世界范围内获得迅速发展，在交通运输中占据越来越重要的地位。这是由公路运输的技术、经济特征所决定的。

(1) 机动、灵活，可实现"门到门"运输。汽车不仅是其他运输方式的接运工具，还可进行直达运输，减少中转环节及装卸次数，可以深入到广大的城镇和农村。汽车运输在运输时间上的机动性也比较大。汽车运输还对运量、批量大小具有很强的适应性。

(2) 货损货差小，安全性不断提高。随着人民生活水平的提高，货物结构中高价值的生活用品，如家用电器、日用百货、鲜活易腐货物比重增加，这些货物使用汽车运输能保证质量，及时送达。对于高价值的货物来说，汽车运输运价虽偏高，但在其总成本中所占的比重仍较小，而且可以从减小货损、货差、及时供应市场中得到补偿。随着公路运输网的建设和发展，公路的等级不断提高，混合行驶的车道将会越来越少。科学技术的发展，也使汽车的技术性能不断改善。因此，公路运输的安全性也有较大的改善。

(3) 送达速度快。由于汽车运输灵活方便，可以实行"门到门"的直达运输，不需中途倒载换装，因而在中、短途运输中其送达速度快，可以加速资金的周转，有利于保持货物的质量和提高运输的时间价值。

(4) 原始投资少，资金周转快，回收期短。与其他运输方式相比，汽车车辆购置费较低，原始投资回收期短。美国有关研究资料表明：公路货运企业每收入1美元，仅需投资0.72美元，而铁路则需投资2.7美元。公路运输的资本每年可周转1～3次，铁路则需3～4年周转1次。

(5) 技术改造容易。汽车运输在载货吨位、品种、技术性能、专用车种类等方面都有了很大的改进和提高，能够较好地满足社会经济发展对运输的需要。

公路运输在所有的运输方式中是影响面最为广泛的一种运输方式，其优势在于：

(1) 全运程速度快。公路运输可以实现"门到门"运输，可以减少旅客转换运输工具所需要的等待时间与步行时间，对于限时运送货物，或市场临时急需货物，公路运输服务优于其他运输工具。特别是短途、高价值产品运输，其整个运输过程，较任何其他运输工具都更为迅速、方便。

(2) 运用灵活。公路运输富于灵活性，可随时调拨，不受时间限制，可到处停靠，富于弹性及适应性，故运用灵活。

(3) 受地形气候限制小。汽车在路上行驶，可以逢山过山，不受地形限制。遇恶劣气候，较飞机、船舶受影响小。

但是，公路运输并不是没有劣势，其表现主要有：

(1) 载运量小。汽车载运量，从客运角度，小到三四人，大到数十人；从货运考虑，普通可载运3～5t，即使使用全拖车，也不过数十吨，无法与铁路或轮船的庞大容量相比。

(2) 安全性差。公路运输，由于车种复杂，路况不良以及驾驶人员的疏忽等因素，交通事故较多，故安全性较差。

因此，公路运输适合于短距离、小批量的运输。

二、公路运输的功能

由于公路运输可以分为直达运输、干线运输和短距离集散运输三种形式。因此，公路运输有“通过”运输和“送达”或“集散”的功能（如图3－2所示）。随着高速公路向网络规模的发展，利用高速公路的干线运输功能，公路运输体系发挥着越来越重要的作用。尤其是“送达”或“集散”功能作为其他几种运输方式（管道除外）的终端运输方式是交通运输中不可缺少的组成部分，在综合交通运输体系中发挥着非常重要的作用。

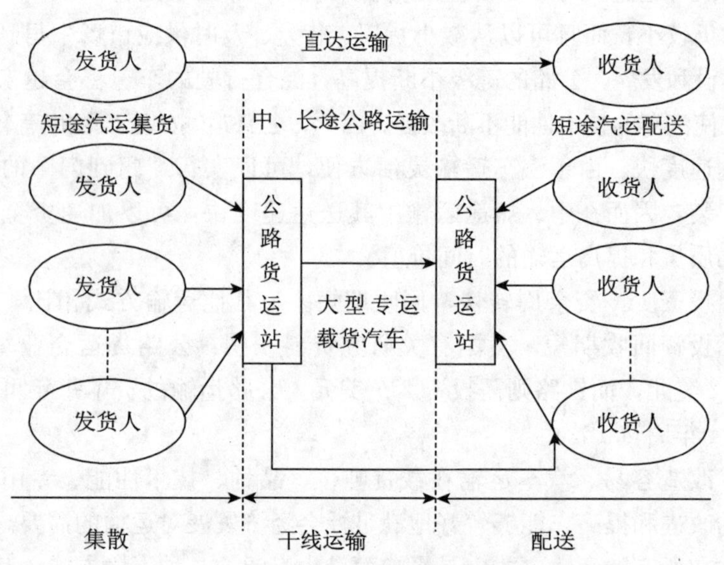

图3－2 公路运输的功能

在物流供应链中公路运输是最主要的货运方式。它是使用汽车或其他车辆（如人、畜力车）在公路上进行货客运输的一种方式，主要承担近距离、小批量的货运和水运、铁路运输难以到达地区的长途、大批量货运及铁路、水运优势难以发挥的短途运输。由于公路运输具有灵活性，近年来，在有铁路、水运的地区，长途、大批量运输也开始用公路运输。

公路运输的主要优点是灵活性强，投资较低，建设期短，易于因地制宜，对收货站、到货站设施要求不高，可实现“门到门”的运输形式，即从发货者门口直到收货

者门口，而不需转运或反复装卸搬运。公路运输也可作为其他运输方式的衔接手段。公路运输的经济半径，一般在200km以内。

公路运输业务分成两部分：整车运输和零担运输。满载运输按照整车收费，不考虑货运量，费率随运距的不同而变化。非满载运输则按照货物的运量和运距两个因素来收费。整车满载运输方式的运输成本相对较低，但是，通常运输不能持续地进行，因此存在着闲置时间和空驶距离，增加了整车运输的成本。所以要求承运人要做好运输规划，以便在满足客户需求的同时，缩短汽车的闲置时间和空驶距离。

三、公路运输的设施设备

公路设施设备主要由公路、运载工具和汽车货运站场组成。

（一）公路

公路是指通行行人和各种车辆的工程设施。根据交通量、公路使用任务和性质，我们将公路分为以下五个等级：

高速公路：是具有特别重要的政治经济意义的公路，有四个或四个以上车道，并设有中央分隔带、全部立体交叉并具有完善的交通安全设施、管理设施与服务设施，全部控制出入，专供汽车高速行驶的专用公路，如图3-3所示。

图3-3 高速公路

一级公路：是连接重要政治经济文化中心、部分立交的公路。一般能按各种汽车折合成小客车的远景设计年限平均昼夜交通量为15000～30000辆，车道数为4，通往重点工矿区、港口和机场，专供汽车分向、分车道行驶的公路。

二级公路：是连接政治经济中心或大工矿区的干线公路或运输繁忙的城郊公路。一般能适应按各种汽车折合成中型载货汽车的远景设计年限平均昼夜交通量为3000～

7500 辆，车道数为 2。

三级公路：是沟通县或县以上城市的支线公路。一般能适应按各种汽车折合成中型载货汽车的远景设计年限平均昼夜交通量为 1000～4000 辆，车道数为 2。

四级公路：是沟通县或镇、乡的支线公路。一般能适应按各种汽车折合成中型载货汽车的远景设计年限平均昼夜交通量为双车道 1500 辆以下，单车道 200 辆以下。车道数为 1 或 2。

（二）公路运载工具

公路运输中，运输工具主要是指汽车。一般公路所使用的汽车大致分三类：客车、载货汽车、专用运输车辆。载货汽车按其载重量的不同分为微型、轻型、中型、重型四种。专用运输车辆主要包括以下几种：

（1）自卸车，带有液压卸车机构，如图 3-4 所示。

图 3-4　自卸车

（2）厢式车，即标准的挂车或货车，货厢封闭，如图 3-5 所示。

图 3-5　厢式车

（3）敞车，即挂车顶部敞开，可装载高低不等的货物。

（4）散粮车，带有进粮口、卸粮口。

（5）罐式挂车，用于运输流体类货物，如图 3-6 所示。

图 3-6　罐式挂车

（6）冷藏车，用于运输需控制温度的货物。

（7）平板车，即挂车无顶也无侧厢板，主要用于运输钢材和集装箱等货物，如图 3-7所示。

图 3-7　平板车

（8）高栏板车，其车厢底架凹陷或车厢特别高以增大车厢容积，如图 3-8 所示。

图 3-8　高栏板车

(9) 特种车，其车体设计独特，用来运输像液化气那样的货物或小汽车。

(三) 汽车货运站场

货运站的主要工作是组织货源、受理托运、理货、编制货车运行作业计划，以及车辆的调度、加油、检查、维修等。货运站场是专门办理货物运输业务的汽车站，一般设在公路货物集散点。它可分为集运站、分装站和中继站三类。

1. 汽车货运站的职能

(1) 调查并组织货源，签订有关运输合同。

(2) 做好运行管理工作。

(3) 组织日常的货运业务工作。

2. 汽车货运站的分类

(1) 集装箱货运站。主要承担集装箱的中转运输任务，因此又称集装箱中转站。

(2) 零担货运站。专门办理零担货物运输业务，是进行零担货物作业、中转换装、仓储保管的营业场所。

(3) 整车货运站。主要经办大批货物运输，也兼营小批货物运输。

3. 汽车货运站的分级

(1) 集装箱货运站的站级划分。根据年运输量、地理位置和交通条件的不同，可以分为：一级站年运输量为 3 万标准箱以上；二级站年运输量为 1.6 万～3 万标准箱；三级站年运输量为 0.8 万～1.6 万标准箱；四级站是年运输量为 0.4 万～0.8 万标准箱的国际集装箱中转站。

(2) 零担站的站级划分。根据零担站年货物吞吐量，可以分为：一级站年货物吞吐量在 6 万吨以上者；二级站 2 万吨及以上，但不足 6 万吨；2 万吨以下者为三级站。

四、公路运输方式

公路运输主要承担中途、短途的货物运输，是内陆及城市物流的主要交通工具，对铁路、水运、航空运输起着货物集散的作用。公路运输的货物按其特点分为：普通货物、特种货物、轻泡货物三类。而公路货物运输按运输货物的种类分为以下几种：

(一) 按货物的营运方式划分

1. 整车运输

整车运输是指托运人一次托运货物的质量必须在 3t（含 3t）以上的货物运输。如货物重量虽为 3t 以下，但不能与其他货物拼装运输，需单独提供车辆办理运输，则也可视为整车运输。以下的货物必须按整车运输：

(1) 需用专车运输的货物，如粮食、粉剂的散装货、石油、烧碱等危险货物等。

(2) 鲜活货物，如活的牛、羊、猪、兔、蜜蜂以及冻肉、冻鱼、鲜鱼等。

(3) 易于污染其他货物的不洁货物，如炭黑、皮毛、垃圾等。

(4) 不易于计数的散装货物，如煤、焦炭、矿石、矿砂等。

(5) 不能与其他货物拼装运输的危险品。

2. 零担货物运输

零担运输是指托运人一次托运货物的质量不足 3t，零担运输一般要求定路线、定班期发运。

3. 联合运输

联合运输是指通过两种或两种以上运输方式或需要同种运输方式中转两次以上的货物运输。联合运输的方式有公铁联运、公水联运、公航联运以及公公联运等。

联合运输实行一次托运、一次收费、一票到底、全程负责。

4. 集装箱运输

集装箱运输是指采用集装箱为容器，将货物集中装入规格化、标准化的集装箱内使用汽车进行运输，是一种先进的现代化运输方式。

（二）按货物类别划分

1. 普通货物运输

普通货物运输的对象为在运输、保管及装卸作业中没有特殊要求，不必采用专用汽车运输的货物。

2. 大型、特型笨重物件运输

因货物体积、重量的要求，需要大型或专用汽车运输。

3. 危险货物汽车运输

承运易燃、易爆、有毒、有腐蚀性、有放射性等危险货物以及具有危险性质的新产品。

（三）按运送速度划分

1. 一般货物运输

主要是指在运送速度上没有特殊要求，只要满足常规的货物运送速度要求就可以按时运达托运人的一种运输方式。

2. 快件运输

根据我国《道路零担货物运输管理办法》的规定，快件运输是指从货物受理的当天 15 时起算，300km 运距内，24h 以内运达；1000km 运距内，48h 以内运达；2000km 运距内，72h 以内运达。通常是由专门从事该项业务的公司和运输公司、航空公司合作，派专人以最快的速度在发件人、货运中转站或机场、收件人之间递送急件。

3. 特快件货物运输

在规定的距离和时间内将货物运达目的地的，为快件货物运输。应托运人要求，采取即托即运的，为特快件货物运输。

五、公路运输实务

公路运输作业涉及许多方面，主要对以下四个方面进行阐述：

（一）汽车货物运输托运注意事项

（1）一张运单托运的货物必须是同一托运人，对拼装分卸的货物应将每一拼装或分卸情况在运单记事栏内注明。

(2) 危险货物与普通货物以及性质相互抵触的货物不能用一张运单。

(3) 托运人要求自行装卸的货物，经承运人确认后，在运单内注明。

(4) 应使用钢笔或圆珠笔填写，字迹清楚，内容准确，需要更改时，必须在更改处签字盖章。

(5) 托运的货物品种不能在一张运单内逐一填写的，应填写“货物清单”。

(6) 托运货物的名称、性质、件数、质量、体积、包装方式等，应与运单记载的内容相符。

(7) 按照国家有关部门规定需办理准运或审批、检验等手续的货物，托运人托运时应将准运证或审批文件提交承运人，并随货同行。托运人委托承运人向收货人代递有关文件时，应在运单中注明文件名称和份数。

(8) 托运的货物中，不得夹带危险货物、贵重货物、鲜活货物和其他易腐货物、易污染货物、货币、有价证券以及政府禁止或限制运输的货物等。

(9) 托运货物的包装，应当按照承托双方约定的方式包装。对包装方式没有约定或者约定不明确的，可以协议补充；不能达成补充协议的，按照通用的方式包装，没有通用方式的，应在足以保证运输、搬运装卸作业安全和货物完好的原则下进行包装。依法应当执行特殊包装标准的，按照规定执行。

(10) 托运人应根据货物性质和运输要求，按照国家规定，正确使用运输标志和包装储运图示标志。

(11) 托运特种货物，托运人应按以下要求，在运单中注明运输条件和特约事项：托运需冷藏保温的货物，托运人应提出货物的冷藏温度和在一定时间内的保持温度要求；托运鲜活货物，应提供最长运输期限及途中管理、照料事宜的说明书。货物允许的最长运输期限应大于汽车运输能够达到的期限；托运危险货物，按交通部《汽车危险货物运输规则》办理；托运采用集装箱运输的货物，按交通部《集装箱汽车运输规则》办理；托运大型、特型笨重物件，应提供货物性质、重量、外廓尺寸及对运输要求的说明书；承运前承托双方应先查看货物和运输现场条件，需排障时由托运人负责或委托承运人办理；运输方案商定后办理运输手续。

(12) 需派人押运的货物，托运人在办理货物托运手续时，应在运单上注明押运人员姓名及必要的情况。

(二) 汽车货物运输变更、取消应办理的手续

(1) 在承运人未将货物交付收货人之前，托运人可以要求承运人中止运输、返还货物、变更到达地或者将货物交付给其他收货人，但应当赔偿承运人因此受到的损失。

(2) 凡发生下列情况之一者，允许变更和解除：

①由于不可抗力使运输合同无法履行；

②由于合同当事人一方的原因，在合同约定的期限内确实无法履行运输合同；

③合同当事人违约，使合同的履行成为不可能或不必要；

④经合同当事人双方协商同意解除或变更，但承运人提出解除运输合同的，应退还已收的运费。

（三）汽车货物运输中货物交接的手续

（1）货物运达承托双方约定的地点后，若无收货人收货，托运人应赔偿承运人因此造成的损失。收货人应凭有效单证提（收）货物，若无故拒提，收货人也应赔偿承运人因此造成的损失。

（2）货物交付时，承运人与收货人应当做好交接工作，发现货损货差，承运人与收货人共同编制货运事故记录，交接双方在货运事故记录上，签字确认。

（3）货物交接时，若承托双方对货物的重量和内容有质疑，均可提出查验与复磅，查验和复磅的费用由责任方负担。

（4）货物运达目的地后，收货人应当及时提（收）货物，收货人逾期提（收）货物的，应当向承运人支付保管费等费用。

（5）承运人未按约定的期限将货物运达，应负违约责任；仍应将货物无偿运到指定的地点，交给指定的收货人。

（四）因汽车货物运输事故要求赔偿的手续

（1）承运人未遵守承托双方商定的运输条件或特约事项，承运人应负赔偿责任。因承运人责任将货物送错由此造成托运人的损失，承运人应负赔偿责任。

（2）货物在承运责任期间和站、场存放期间内，发生毁损或灭失，承运人、站场经营人应负赔偿责任。但有下列情况之一者，承运人、站场经营人举证后可不负赔偿责任。

①不可抗力。

②货物本身的自然性质变化或者合理损耗。

③包装内在缺陷，造成货物受损。

④包装体外表面完好而内装货物毁损或灭失。

⑤托运人违反国家有关法令，致使货物被有关部门查扣、弃置或做其他处理。

⑥押运人员责任造成的货物毁损或灭失。

⑦托运人或收货人过错造成的货物毁损或灭失。

（五）货物不正常运输的赔偿处理

由于承运人的原因造成货物丢失、短缺、变质、污染、损坏，应按照下列规定赔偿：

（1）货物没有办理声明价值的，承运人按照实际损失的价值进行赔偿，但赔偿最高限额为毛重 20 元/千克。已办理货物声明价值的货物，按声明的价值赔偿，如承运人证明托运人的声明价值高于《民用航空规章规定》的货物的实际价值时，按实际损失赔偿。

（2）超过货运合同规定期限运达的货物，承运人应该按照合同约定进行赔偿。若托运人或收货人发现货物丢失、短缺、变质、污染、损坏或延误到达，应当场向承运人提出，承运人应按规定赔偿。

公路运输是现代运输的主要方式之一，公路货物运输业是经济社会发展的一个基础性和先导性产业，也是构成陆上运输的两个基本运输方式之一。近年来，随着经济全球化进程的加快和市场竞争的日益加剧，它在整个运输领域中占有重要的地位，也发挥着越来越重要的作用。由于公路运输具有“门到门”的直达运输的优势，同时它也是车站、港口、机场集散货物的重要手段。一个高效、便捷、安全的公路货运系统和物流配送体系，不仅成为地区和国家投资环境的重要组成部分，也日益成为决定地区和国家制造业竞争力的重要因素。

第二节 RFID 技术在公路运输中的应用

一、在公路运输中应用 RFID 技术的必要性

随着全国高速公路网络规划的逐步建成和完善，高速公路运输在综合运输体系和国民经济发展中起着越来越重要的作用。但是，高速公路运输体系所追求的快速、高效和安全，在很大程度上受各类事故和自然灾害等因素的影响和制约。例如，恶劣天气或汽车抛锚引起汽车追尾等事故所造成的损失越来越大，成为威胁人们生命及财产安全的重大隐患。因此，对高速公路车辆进行监测，及时发现各路段及关键点的车辆行驶异常情况并采取相应的应急措施，最大限度减少各类交通事故，是保证高速公路安全、舒适、快速运营的必要手段。

二、RFID 技术在公路运输管理上的具体应用

（一）系统概述

采用 SP - D300 型读写器（最大读写距离可达 80m），极高的防冲突性，采用多种防冲突方案，可同时识别 200 个以上不同的射频识别卡；高速度，Super RFID 的移动时速可达 200km 以上；智能化，RFID 与收发器之间可实现双向高速数据交换，使应用灵活，数据安全得到保证。由安装在车辆内携带的超级远距离电子标签、传输处理分站（含发射天线、接收天线、目标识别器）、数据传输接口、地面中心站软件组成。当携带标识卡的车辆通过传输处理分站区域时，标识卡立即发射出具有代表身份特征的射频信号，经目标识别器接收并通过传输处理分站发送到中心站。中心站接收来自传输处理分站上的编码信号，实现对车辆跟踪定位信息的采集、分析处理、实时显示历史数据、存储报表查询打印等功能，使管理人员能及时准确地查询各种信息，方便险情的及时提醒和实时处理，提高和优化高速公路的整体管理水平。路面车辆跟踪定位基站及管理系统涉及计算机软件、数据库、电子电路、数字通信、无线识别技术等方面。在设计方案时，系统以标准的 SQL Server 2000 数据库进行后台数据交换。

系统总体设计主要体现在以下几点：

(1) 实现车辆的有效识别和监测，对前方事故及车辆情况进行报警。使管理系统

充分体现“人性化、信息化和自动化”，实现数字公路的目标。

（2）一旦发生安全事故，通过该系统立刻可以知道事故现场车辆情况及位置，保证抢险和安全救护工作的高效运作。

（3）系统设计的安全性、可扩容性、易维护性和易操作性。

（二）系统原理及构成

公路各分站设备的车辆信息采集处理板将低频的加密数据载波信号经发射天线向外发送；随身携带的标识卡进入高频的发射天线工作区域后被激活（未进入发射天线工作区域标识卡不工作），同时将加密的载有目标识别码的信息经卡内高频发射模块发射出去；接收天线接收到标识卡发来的载波信号，经分站车辆信息采集处理板接收处理后，提取出目标识别码，并经车辆信息传输处理板送至计算机，完成预设的系统功能，从而实现车辆的自动化监控及管理。用一定数量的监测站点（读卡器）按一定间距（约 160m）设立在高速公路上构成监控带。可以自动记录各站点通过车辆的编码和通过时间，从而确定车辆在任一时刻在路面所处的位置，便于查询。在事故发生时，能够实现事故的快速有效处理，系统构成如图 3－9 所示。

监测管理部分由数据通信接口、HUB、监控主机（含监控管理软件）、打印机、网络终端、防雷设备等组成。其中通信接口是将 RS485 接口信号转换为监控计算机 RS232 串口信号；HUB 用于设备网络连接；监控计算机（含监测管理软件）及数据库，实现对信息的自动化管理目标，在计算机屏幕上直观动态显示车辆的分布情况，使路面车辆情况一目了然；打印机主要用来打印车辆监测管理报表；网络终端主要是车辆监测信息的网上共享。

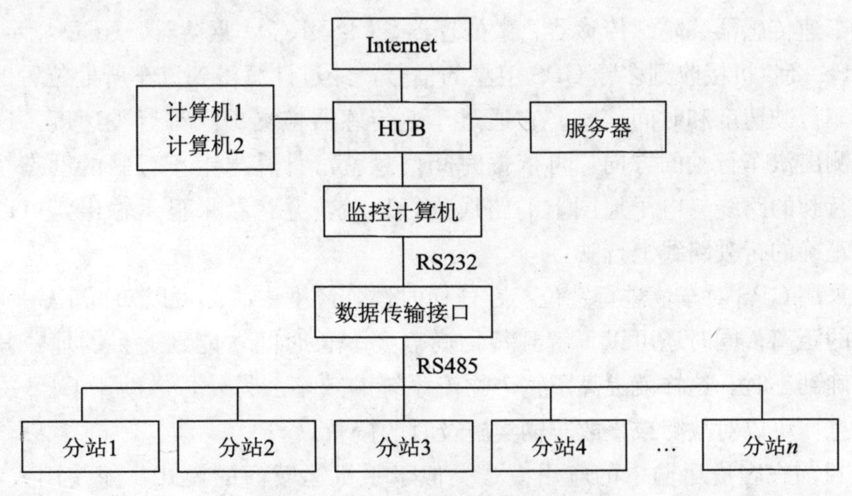

图 3－9　公路运输的系统结构

（三）系统软件功能

车辆运行安全管理系统软件采用的 Delphi2005 集成开发工具进行开发设计，该系统是在 Windows XP 环境下以 SQL Server2000 数据库为核心并采用 C/S 与 B/S 相结合的模式开发而成的目标实时定位跟踪查询、车速监测、事故处理、历史数据查询打印、数据统计、系统设置和联网等功能。

(1) 目标实时定位跟踪查询。实时查询车辆的动态分布情况及数量；查询高速路上任一车辆当前位置和某一时刻所处的位置，并进行实时跟踪显示。

(2) 车速监测。对车辆在各个区域的车速及前后车辆情况进行监测。对前方有突发事故或其他异常情况进行报警提醒。

(3) 事故处理。当某路段发生事故时，可迅速确定事故发生地点、车辆数量及身份等信息，为事故处理迅速提供准确的依据，将损失减少到最少。

(4) 历史数据查询打印。可查询指定日期、指定车辆在任一路段的具体情况，查询和打印相关信息。

(5) 数据统计。将各类信息统计汇总，按指定的格式统计事故发生路段分布，提供各路段的车辆、车速情况表等。

(6) 系统设置和联网功能。设置系统的数据库连接，并提供基于 Web 的查询系统，能确保相关人员通过网络准确、及时地了解高速公路上各车辆的具体情况。

第三节　GPS 技术在公路运输中的应用

一、GPS 技术在公路运输中的运作模式

汽车导航系统是在 GPS 基础上发展起来的一门实用技术。它通常由 GPS 导航、自律导航、车速传感器、陀螺传感器、微处理器、CD—ROM 驱动器、IJCD 显示器组成。它通过 GPS 接收机接收到多颗 GPS 卫星的信号，经过计算得到汽车所处位置的经纬度坐标、汽车行驶速度和时间信息。它通过车速传感器检测出汽车行驶速度，通过陀螺传感器检测出汽车行驶的方向，再依据时间信息就可计算出汽车行驶的动态轨迹。将汽车实际行驶的路线与电子地图上的路线进行比较，并将结果显示输出，可以帮助驾驶人员在正确的行驶路线上行驶。

通过采用 GPS 对车辆进行定位，在任何时候，调度中心都可以知道车辆所在位置、离目的地的距离；同时还可以了解到货物尚需要多长时间才能到达目的地，其配送计划可以精确到小时。这样就提高了整个物流系统的效率。另外，借助于 GPS 提供的准确位置信息，可以对故障或事故车辆实施及时的援救。

GPS 目前在客货运输中的应用模式类似于手机运营商的模式，即使用人（单位）购买信号接收终端后，安装在需要监控车辆上，则该车辆的行驶信息即开始通过终端发送到运营商的服务器上。使用人采用 Web 网页或软件方式从运营商的服务器上获取车辆信息或下达管理指令。

目前管理方式主要有 B/S 模式和 C/S 模式两种。B/S 模式：通过浏览器登录运营

商网站，使用人（单位）输入对方授权的用户名和密码，即可监控或管理自己的车辆，优点是在任何地点，只要有一台可上网的电脑，即可随时监控，缺点是相关功能减少；C/S模式：使用单位或个人在固定监控计算机上安装客户端程序，运行后自动登录运营商服务器，监控本单位的车辆。优点是监控、管理的选项多、功能多，缺点是监控地点固定。根据实际情况，也可以上述两种模式同时使用。运营商系统平台涉及通信网关技术、小负荷条件下海量信息发送技术、车载设备驱动技术等；车载终端平台则涉及不同条件下触发信号采集、判断、后续动作实施技术，TCP/UTP两种链接方式的兼容技术，集成身份识别技术，如IC卡、指纹识别器、加密U盘等；终端软件则涉及区域查询、电子地图分析、数据库技术等。

二、GPS技术在公路运输管理上的应用

（一）车辆跟踪、定位

利用GPS和电子地图能够实时显示出车辆的实际位置，并放大、缩小、还原、换图；能够随目标移动，使目标始终保持在屏幕上；能够多窗口、多车辆、多屏幕同时跟踪，利用该功能可对重要车辆和货物进行跟踪运输。

（二）资料信息查询

提供主要物标，如旅游景点、宾馆、医院等数据库，能够在电子地图上根据需要进行查询。查询的资料可以以文字、语言及图像的形式显示，并在电子地图上显示其位置。同时，监测中心可以利用监测控制台对区域内任意目标的所在位置进行查询，车辆相关信息将以数字形式在控制中心的电子地图上显示出来。

（三）出行路线规划

规划出行路线是汽车导航系统的一项重要辅助功能，包括：①自动路线规划：由驾驶员确定起点和终点，由计算机软件按照要求自动设计最佳行驶路线，包括最快的路线、最简单的路线、通过高速公路路段次数最少的路线等；②人工路线设计：由驾驶员根据自己的目的地设计起点、终点和途经点等，自动建立路线库。路线规划完毕后，显示器能够在电子地图上显示设计路线，并同时显示汽车运行路径和运行方法。

（四）监控运输车辆

指挥中心可以监测区域内车辆的运行状况，对被监控车辆进行合理调度。指挥中心也可随时与被跟踪目标通话，实行管理。

（五）紧急援助

通过GPS定位和监控管理系统可以对遇有险情或发生事故的车辆进行紧急援助。监控台的电子地图可显示求助信息和报警目标，规划出最优援助方案，并以报警声、报警光提醒值班人员进行应急处理。

第四节　GIS 技术在公路运输中的应用

一、在公路运输中应用 GIS 技术的必要性

高速公路监控系统主要通过外场设备对现场交通状态实时采集，针对高速公路范围内各种交通状态、交通事件和气象状况，利用建立的数学模型进行相关计算，生成相应的控制策略和控制方案，通过控制人员的确认采用不同的控制方案，通过可变情报板、可视信息等途径反馈给驾驶人员，诱导交通流运行在管理者期望的状态，达到安全、高效的目的。该系统由基于 GIS 的交通综合监控系统和外场设备控制及其数据采集系统组成。其中 GIS 的交通综合监控系统主要由 GIS 地图控制和实时反馈、从外场设备控制及其数据采集系统传输过来的信息、数据的统计与分析、设备管理、信息管理、用户管理等组成。外场设备控制及其数据采集系统主要负责对外场设备的数据采集和控制设置。

随着高速公路的迅速发展，以及车流量的不断增加，现代化的监控系统将越来越多地显示其在公路管理中不可取代的地位。目前，市场上也已经出现了高速公路管理系统，但是，纵观这些系统，只是在高速公路管理系统中加入了现代化的设备，并没有充分利用这些设施对高速公路进行整体上的管理和监控。高速公路本身是一种地理对象，由此我们想到，可以把地理信息系统的知识引入到高速公路的管理中去，从而实现对高速公路整体上的管理，同时辅以办公自动化技术、计算机网络技术等以实现高速公路真正意义上的现代化的管理及监控。

二、GIS 技术在公路运输管理上的应用

近年来，地理信息系统在交通领域的应用已逐渐普遍，并已取得了很大的经济效益与社会效益。随着经济的快速增长，我国的高速公路建设发展极为迅速，在如此广泛的范围内，实现高速公路的各类信息管理与查询，桌面级的 GIS 应用已不能满足要求，可移动办公势在必行，基于网络的 GIS（Web GIS）经过近几年来的理论探索与应用研究，已逐步应用到高速公路管理中来。高速公路监控系统的输入是反映公路上车辆运行情况的交通参数和交通状况，这些信息经监控系统分析、处理、判断后，可发生指令，控制道路情报板，变更其显示内容，实施对交通流的调节和控制。其性能的优劣，在一定程度上取决于车辆驾驶员能否协调配合工作，接受系统的调度和指挥。据高速公路监控系统运行资料表明，它不仅能改善高峰期间车辆行驶的平均速度，增加高峰期间的交通量，减轻交通堵塞程度和缩短车辆延滞时间，同时也能大大减少交通事故和保证交通安全，节约燃料和减少车辆的磨损，缩短运输时间，减少污染，发挥高速公路快速、安全、舒适和高效率的功能。监控系统具有较为显著的经济效益、社会效益和环境效益。从发达国家公路管理的发展来看，随着计算机硬件性能的大幅

提高、价格不断下降以及 GIS 软件技术的日益完善，通过引入 Web GIS 技术以进一步丰富、完善和提高公路监控方法和手段，已经成为高速公路监控系统发展的必然趋势。

本章小结

本章主要介绍了公路运输的概念、特点、公路运输的设施设备、运输方式；RFID 技术在公路运输中的必要性以及应用领域；GPS 技术在公路运输中的运作模式以及应用领域；GIS 技术在公路运输中应用的必要性以及应用领域。通过学习本章，学生能够很好地了解物联网在公路运输中的应用内容。

思考题

1. 什么是公路运输？公路运输的方式包括哪些？
2. 在公路运输中应用 RFID 技术有哪些作用？如何应用？
3. 在公路运输中应用 GPS 技术有哪些作用？如何应用？
4. 在公路运输中应用 GIS 技术有哪些作用？如何应用？

第四章　铁路运输物联网系统

教学目标

通过本章的学习，了解铁路运输的基本概念；掌握RFID技术在铁路运输应用的必要性以及应用领域；GPS技术在铁路运输中应用的必要性以及应用领域；GIS技术在铁路运输中应用的必要性以及应用领域。

第一节　铁路运输概述

一、铁路运输概念及其特点

（一）铁路运输的概念

铁路运输是从轨道运输发展起来的。铁路运输是利用机车作为动力牵引车辆，沿着轨道行进。这种轨道铺设在轨枕上，保持不变的轨距，在轨道上运行的车辆借助于轮轨接触面间产生的蠕滑力行进。

铁路是一种适宜于担负远距离的大宗客、货运输的重要运输方式。在我国这样一个幅员辽阔、人口众多、资源丰富的大国，铁路运输不论在目前还是可以预见的未来，都是运输网络中的骨干和中坚。

铁路运输是我国国民经济的大动脉，是我国货物运输的主要方式之一。同时，铁路运输与水路干线运输、各种短途运输衔接，就可以形成以铁路运输为主要方式的运输网络。

（二）铁路运输的特点

铁路是国民经济的大动脉，铁路运输是现代化运输业的主要运输方式之一，它与其他运输方式相比较，具有以下主要特点：

（1）运输量比较大。铁路一列货物列车一般能运送3000～5000t货物，远远高于航空运输和汽车运输。

（2）铁路运输的准确性和连续性强。铁路运输几乎不受气候影响，一年四季可以不分昼夜地进行定期的、有规律的、准确的运转。

（3）铁路运输安全可靠，风险远比海上运输小。

(4) 初期投资大。铁路运输需要铺设轨道、建造桥梁和隧道，建路工程艰巨复杂；需要消耗大量钢材、木材；占用土地，其初期投资大大超过其他运输方式。

(5) 铁路运输成本较低。铁路运输费用仅为汽车运输费用的几分之一到十几分之一；运输耗油约是汽车运输的1/20。

(三) 铁路运输的技术经济特征

(1) 适应性强。依靠现代科学技术，铁路几乎可以在任何需要的地方修建，可以全年全天候地运营，受地理和气候条件的限制很少，具有较高的连续性和可靠性，而且适合于长短途和各类不同品类货物的双向运输。

(2) 运输能力大。铁路是公共的运输方式，能够负担大量的客货运输。铁路运输能力取决于列车重量（旅客列车载运人数，货物列车载运吨数）和每昼夜线路通过的列车对数。其运载单元，即每一列车载运货物和旅客的能力远比汽车和飞机大得多。

(3) 安全程度高。随着先进技术的采用和发展，铁路运输的安全程度越来越得到提高。特别是近一二十年间，许多国家铁路广泛采用了电子计算机和自动控制等高新技术，安装了列车自动停车、列车自动控制、列车自动操纵、设备故障和道口故障报警、灾害防护报警等装置，有效地防止了列车冲突和旅客伤亡事故，大大减轻了行车事故的损害程度。

(4) 运送速度较高。常规铁路的列车运行速度一般为60～80km/h，提速铁路可达140～160km/h，2004年4月铁路第5次大提速使部分旅客列车运行速度可高达200km/h。高速铁路上运行的旅客列车可达200～300km/h。1990年5月18日法国铁路TGV高速客车动车组试验时曾创造了515.3km/h的世界纪录。

(5) 能耗小。铁路运输轮轨之间的摩擦阻力小于汽车轮胎与地面之间的摩擦阻力。铁路机车车辆单位功率所能牵引的重量约比汽车高10倍，从而铁路单位运量的能耗也就比汽车运输少得多。

(6) 环境污染程度小。工业发达国家在工业化过程中社会及经济与自然环境之间的平衡受到了严重的破坏，其中运输业也起了十分重要作用。相比之下，铁路运输对生态环境影响程度较小，特别是电气化铁路对生态环境的不利影响更小。

(7) 运输成本较低。铁路运输成本与运输距离长短、运量的大小密切相关。运距越长、运量越大，单位运输成本就越低。一般来说，铁路的单位运输成本比公路运输和航空运输要低得多。

(四) 铁路运输的优缺点

1. 铁路运输的优点

(1) 巨大的运送能力。

(2) 廉价的大宗运输。

(3) 较少受气象、季节等自然条件的影响，能保证运行的经常性和持续性。

(4) 计划性强，比较安全、准时。

2. 铁路运输的缺点

(1) 始建投资大，建设时间长。

(2) 始发与终到作业时间长，不利于运距较短的运输业务。

(3) 受轨道限制，灵活较差，必须有其他运输方式为其集散客货。

(4) 大量资金、物资用于建筑工程，如路基、站场等，一旦停止营运，不易转让或回收，损失较大。

二、铁路运输设施与设备

铁路运输的特点是采用轨道运输方式，列车必须在铁路线路上行驶。车站是铁路办理运输的基地，也是铁路系统的一个基层生产单位。铁路线路和车站以及其上的信号设备共同构成了铁路运输系统的基础设施。

车站技术管理和作业组织应在《车站行车工作细则》中具体规定，其主要内容包括车站技术设备的使用和管理，接发列车和调车工作的组织，列车和车辆的技术作业程序，车站作业计划与调度，以及车站通过能力和改编能力的计算等。

铁路运输的各种技术设施是组织运输生产的物质基础，它可以分为固定设备和活动设备。固定设备主要包括：线路，车站，通信信号设备，机车车辆的检修、整备、给水设备，以及电气化铁路的供电设施等；活动设备主要有机车、客车、货车，以及为客货运输服务和保证行车安全的各种设施。

（一）线路与轨道

线路与轨道是列车运行的基础设施，是由轨道、路基和桥隧等建筑物组成的一个整体的工程结构。

1. 轨道

轨道又称线路上部建筑，是由道床、轨枕、钢轨、道岔、联结零件等组成。道床是铺设在路基面上的道碴层，在道床上铺设轨枕，在轨枕上架设钢轨。

相邻两节钢轨的端部以及钢轨和轨枕之间用联结零件互相扣连。在一条线路和另一条线路的联结处铺设道岔予以联结。由这些部分组成的整体就是轨道。轨道直接承受机车车辆的重压和冲击力，并将荷载传给路基。

2. 路基和桥隧

路基和桥隧建筑物都是轨道的基础。它们承受轨道传来的机车车辆及其负荷的压力。路基必须坚实而且稳固，才能承受沉重的压力。破坏路基坚实稳固的主要原因往往在于水的危害，因此，为了排泄地面水和拦截地下水，路基要设置排水沟、截水沟或渗沟、渗管等排水设备。

当铁路线路通过江河、溪沟、谷地和山岭等天然障碍或跨过公路和其他铁路线时，需要修建各种桥隧建筑物。桥隧建筑物包括桥梁、涵洞、隧道等。

桥梁主要由桥跨、桥墩、桥台和桥梁防护构筑物等组成。隧道是修建在地下、山中或水下并供机车、列车通行的建筑物，按其所在位置可分为山岭隧道、水下隧道和

城市隧道三大类。这三类隧道中修建最多的是山岭隧道。在隧道内，一般还要用砖、石、混凝土或钢筋混凝土等材料作内部衬砌，以防四周岩石塌落、变形、涌水或渗水。在隧道口应修筑洞门，以便保持洞口上方的仰坡和两侧边坡的稳定。洞顶要修筑截水沟，用以拦截从山坡下来的流水以保护洞口。

（二）铁路机车与车辆

1. 机车

机车是铁路运输的基本动力。由于铁路车辆大都不具备动力装置，列车的运行和车辆在车站内有目的的移动均需机车牵引或推送。

从原动力来看，机车分为蒸汽、内燃及电力机车，按运用分为客运机车、货运机车和调车机车。客运机车要求速度快，货运机车需要功率大，调车机车要机动灵活。

蒸汽机车是通过蒸汽机把燃料的热能转换成机械能，用来牵引列车的一种机车。在现代铁路运输中，蒸汽机车已逐渐被其他新型机车取代。

内燃机车是以内燃机作为原动力的一种机车。一般来说，内燃机车由动力装置（即柴油机）、传动装置、车体与车架、走行部、辅助设备、制动装置和车钩缓冲装置等主要部分组成。内燃机车的热效率可达30%，其独立性也强，线路投资少、见效快，整备时间比蒸汽机车短，起动、加速快，运行线路长，通过能力大，单位功率重量轻，劳动条件好，可实现多机联挂牵引。

电力机车靠其顶部升起的受电弓从接触网上取得电能，并转换成机械能牵引列车运行。电力机车由电气设备、车体与车架、走行部、车钩缓冲装置和制动装置等主要部分组成。电力机车功率大，获得能量不受限制，因而能高速行驶，牵引较重列车，起动加速快，爬坡性能强，容易实现多机牵引，更适用于坡度大、隧道多的山区铁路和繁忙干线。

电气化铁道按接触网供给机车的电流性质不同，分为直流制和交流制两种。在直流制中，电能是以工频三相交流电的形式，由高压输电线传到沿线牵引变电所，通过变电所内的整流装置将交流电变为直流电，再输送给接触网，因而机车从接触网上获取的是直流电。直流制的缺点是接触网电压低（一般为3000V），且难以提高，因此要消耗大量有色金属，投资大。在交流制中，接触网供给机车的是25kV的工频单相交流电，机车安装有降压整流设备，将交流电变为直流电是在机车上完成的，可以大大减少建设投资，因而得到广泛的应用。直流制和交流制的电力机车均使用直流串激牵引电动机，电动机的两端装有小齿轮，电动机的转矩从两侧齿轮传给安装在车轴上的两个大齿轮，推动机车动轮旋转。近20年来，开始采用异步或同步交流牵引电动机，实现交—直—交传动。交流电动机体积小、重量轻、维修量小，已成为当前牵引电动机的主流。

2. 车辆

铁路车辆是运送旅客和货物的工具。车辆一般不具备动力装置，需要连挂成车列后由机车牵引运行。根据其用途，车辆可分为客车和货车两大类。

为了适应不同货物的运送要求，货车种类很多，主要有：棚车（P），装运怕湿及贵重货物；敞车（C），装运不怕湿的散装货物及一般机械设备；平车（N），装运长大货物与集装箱；罐车（G），装运液体、半液体或粉状货物；保温车（B），又称冷藏车，装运新鲜易腐货物。

车辆按轴数分为四轴车、六轴车和多轴车。货车通常还按载重分为 50t、60t 等多种。

车辆由车体、车底架、走行部、车钩缓冲装置和制动装置五个基本部分组成。走行部采用转向架结构，能相对于车底架自由转动，缩短了车辆的固定轴距，使车辆顺利通过曲线线路，从而提高车速和载重。由于车轮踏面为锥形，故能在轨道上以蛇行方式运行，以使踏面磨损均匀并能在通过曲线线路时使外侧车轮以较大半径滚动，减少轮轨间的滑动。但如转向架设计不妥，则车轮“蛇行”将加剧，而使整个系统失稳。因此，任何车辆均应保证其失稳临界速度大于运行速度。为加大临界速度，往往造成弹簧悬架过硬，而使动态响应加大，使运行平稳性下降。所以，同时保证车辆的运行稳定性和运行平稳性，是车辆设计中经常遇到的主要矛盾。

为了提高运用效率，世界各国铁路车辆都向大型化发展。一种做法是保持原有轴数不变，提高轴重以增加车辆载重；另一种做法是增加轴数从而提高车辆载重。此外还采用新型车体材料以减轻车辆自重。

（三）铁路车站及枢纽

1. 车站

车站是铁路运输的基本生产单位，它集中了和运输有关的各项技术设备，并参与整个运输过程的各个作业环节。车站按技术作业性质可分为中间站、区段站、编组站；按业务性质可分为客运站、货运站、客货运站；按等级可分为特等站、一至五等站。

在车站内除与区间直接连通的正线外，还有供接发列车用的到发线、供解体和编组列车用的调车线和牵出线、供货物装卸作业的货物线、为保证安全而设置的安全线路、避难线以及供其他作业的线路，如机车走行线、存车线、检修线等。

（1）中间站。中间站是为提高铁路区段通过能力，保证行车安全和为沿线城乡及工农业生产服务而设的车站。其主要任务是办理列车会让、越行和客货运业务。

中间站的主要作业有：①列车的到发、通过、会让和越行；②旅客的乘降和行包的承运、保管与交付；③货物的承运、装卸、保管与交付；④本站作业车的摘挂作业和向货场、专用线取送车辆的调车作业；⑤客货运量较大的中间站还有始发、终到客货列车的作业。

为了完成上述作业，中间站设以下设备：①客运设备：旅客站舍（售票房、候车室、行包房）、旅客站台、雨棚和跨越设备（天桥、地道、平过道等）；②货运设备：货物仓库、货物站台和货运室、装卸机械等；③站内线路：到发线、牵出线和货物线等；④信号及通信设备。

（2）区段站。区段站多设在中等城市和铁路网上牵引区段的分界处。其主要任务

是办理货物列车的中转作业，进行机车的更换或机车乘务组的换班以及解体，编组区段列车和摘挂列车。

区段站主要办理以下五类作业：①客运业务：与中间站基本相同，但数量较大；②货运业务：与中间站基本相同，但作业量要大；③运转作业：主要办理旅客列车接发、货物列车的中转作业，区段、摘挂列车的编组与解体，向货场及专用线取送车作业等，某些区段站还担当少量始发直达列车的编组任务；④机车业务：主要是机车的更换或机车乘务组的换班，对机车进行整备、检修；⑤车辆业务：办理列车的技术检查和车辆检修业务。

为了完成上述各项作业，区段站主要有以下设备：①客运设备：与中间站基本相同，但规模较大；②货运设备：与中间站基本相同，但数量较多；③运转设备：包括到发线、调车场、牵出线或中小能力驼峰、机车走行线及机待线；④机务设备：机务段或机务折返段；⑤车辆设备：列车检修所和站修所。

(3) 编组站。编组站是铁路网上办理大量货物列车解体和编组作业，并设有比较完善调车设备的车站，有“列车工厂”之称。编组站和区段站统称技术站。但二者在车流性质、作业内容和设备布置上均有明显区别。区段站以办理无改编中转货物列车为主，仅解编少量的区段、摘挂列车；而编组站主要办理各类货物列车的解编作业，且多数是直达列车和直通列车，改编作业量往往占全站作业量的60%以上，有的高达90%。

编组站的主要任务是解编各类货物列车、组织和取送本地区车流、整备检修机车、货车的日常技术保养四项。

编组站的主要作业为运转作业、机车作业和车辆作业。运转作业包括列车到达作业、车列解体作业、车列编组作业和列车出发作业。

编组站的主要设备有办理运转作业的调车设备（调车驼峰、牵出线、编组场等）和行车设备（到达场、出发场或到发场），以及机务设备（机务段）、车辆设备（车辆段）。

2. 铁路枢纽

铁路枢纽是在铁路网点或铁路网端，由各种铁路线路、专业车站以及其他为运输服务的设备组成的技术设备总称。

铁路枢纽是客货流从一条铁路线转运到另一条铁路线的中转地区，也是城市、工业区客货到发和联运的地区。它除办理与各种车站有关的作业外，在货物运转方面，还办理各方向间的无调中转和改编列车的转线以及枢纽地区车流交换的小运转列车作业。此外，还要提供列车动力，进行机车车辆的检修等作业。

铁路枢纽内一般具备以下设备：①铁路线路：包括引入线、联路线、环线和工业企业专用线等；②车站：包括客运站、货运站、编组站、工业站和港湾站等；③疏解设备：包括铁路线路间的平交和立交疏解、铁路线路与城市道路的道口和立交桥以及线路所等；④其他设备：包括机务段、车辆段、客车整备所等。

（四）通信设备

通信设备是实现铁路运输生产高度集中与统一指挥的保证。铁路通信按传输方式分为有线通信和无线通信；按服务区域分为长途通信、地区通信、区段通信及站内通信；按业务性质分为公用通信、专用通信及数据传输等。

铁路专用通信是指专门用于组织及指挥铁路运输生产的通信设备。这些设备有特定用途，接通指定用户、自成系统，包括各种调度电话、其他专用电话、列车预确报、扩音装置等。

列车调度电话是调度所调度员指挥沿线各车站及列车段、机务段等有关列车运行人员关于列车运行业务的通信设备。其总机操纵部分安装在调度所，分机安装在沿线各站。列车无线调度电话则可供调度人员和司机通话。站内无线通信是为站内调车作业指挥人员和调车机车司机相互通话而设置的，可以更好地防止作业事故，提高作业效率。

三、铁路货物运输种类及其办理条件

（一）整车、零担和集装箱运输

铁路货物运输按其组织方法可分为整车、零担和集装箱三个运输种类。

1. 整车货物运输

托运人向铁路托运一批重量、体积或形状需要以一辆及其以上货车运输的货物，应按整车运输的方式向铁路（承运人）办理托运手续。但有些货物，由于性质特殊，或需特殊照料，或受铁路现有设备条件的限制，尽管不够整车运输条件，也必须按整车托运（特准者除外），这些货物包括：

（1）需要冷藏、保温或加温运输的货物。

（2）规定限按整车办理的危险货物（例如，限按整车托运的爆炸品、1t 以上的放射性包装货件、气体放射性货物等）。

（3）易于污染其他货物的污秽品（例如，未经过消毒处理或未使用密封不漏包装的牲骨、湿毛皮、粪便、炭黑等）。

（4）蜜蜂。

（5）不易计算件数的货物。

（6）未装容器的活动物（铁路局规定在管内可按零担运输的除外）。

（7）一件重量超过 2t，体积超过 $3m^3$，或长度超过 9m 的货物（经发站确认不致影响中转站和到站装卸作业的除外）。

限按整车办理的货物（密封，使用冷藏车装运需要制冷、保温的货物和不易计算件数的货物除外），其数量不够一车，按托运人要求将同路上的两个或三个到站后在站内卸车的货物装在同一货车内，作为一批整车货物运输，在途中不同到站分别卸车的运输方式，称为整车分卸。整车分卸可充分利用货车的载重能力，方便托运人，并节省货主的运输费用。

按整车运输的货物，如果托运人要求在车站站界以外的区间或在不办理货运营业

的车站进行装卸作业，并经所在的铁路分局批准，可按途中装卸办理。它是为了满足某些特殊物资运输的需要，如铁路线路施工用料和物资、沿线工程用料及抢险救灾物资运输的需要。但危险货物不得办理该项运输业务。在计算运输费用时，应从装车地点的后方营业站和卸车地点的前方营业站作为该批货物的发站和到站结算。

2. 零担货物运输

托运人向铁路托运一批重量、体积或形状不需要以一辆及其以上货车运输的货物，可按零担运输的方式向铁路（承运人）办理托运手续，通俗来讲，即托运货物可与其他托运货物共放一个车厢。在专用线或专用铁路内组织直达整装零担车运输，经铁路分局同意由车站和托运人协商，并签订协议后办理，如组织中转整装零担车，应经铁路局批准。

零担货物的运输组织、管理、装卸作业等环节上，相对于整车作业比较复杂，因此还要受到其他一些运输条件的限制，主要有：

（1）一件零担货物的体积不得小于 0.02m^3，但如果一件重量在 10kg 以上，可以不受此限。

（2）为便于装卸作业中堆码、交接和配装，一批零担货物的件数，不得超过 300 件。

（3）不易计算件数的货物、运输途中有特殊要求的货物、易于污染其他物品的货物，不得按零担办理。

（4）托运人应在每件零担货物上标明清晰的标记（即货签），以便作业中识别。

（5）货物的重量由铁路部门确定，但对于标准重量、标记重量或附有过磅清单的零担货物，允许由托运人确定重量，但铁路可进行复查和抽查。

（6）一般情况下不允许派押运人。

3. 集装箱运输

符合集装箱运输条件的适箱货物，可装入集装箱，按集装箱托运。贵重、怕湿、易碎货物都适于采用集装箱运输。但下列货物严禁使用铁路通用集装箱装运：

（1）易于污染和腐蚀箱体的货物，如水泥、炭黑、化肥、盐、油脂、生毛皮、牲骨、没有衬垫的油漆等。

（2）易于损坏箱体的货物，如生铁块、废钢铁、无包装的铸件和金属块等。

（3）鲜活货物（经铁路局确定，在一定季节和一定区域内不易腐烂的货物除外）。

（4）危险货物（另有规定的除外）。

集装箱运输只能在指定的集装箱办理站之间进行，自备集装箱还可在铁路局批准的专用线发送或到达。

集装箱运输的基本条件主要有：

（1）每批必须是同一箱型，使用不同箱型的货物不得按一批托运。

（2）每批至少一箱，最多不得超过铁路一辆货车所能装运的箱数。

（3）货物重量由托运人确定。

（4）铁路按箱承运，不查点箱内货物。

铁路零担运输业务将逐步由集装箱运输所代替，由集装箱办理站逐步将零担货物纳箱运输，积极开展各种箱型的拼箱业务。

（二）直通运输与联合运输

1. 直通运输

按整车托运的货物，为了方便托运人或收货人，免去在途中换装作业站或者不同产权归属的交接站办理运输手续，而使用一份运输票据完成货物的全程运输，这种货物运输方式称为直通运输。

我国目前已开办整车的准、米轨的直通运输，也开办了某些地方铁路与国营铁路的直通运输。但鲜活货物及需要冷藏、保温或加温运输的货物，需要使用罐车运输的货物，每件重量超过5t（特别商定者除外）、长度超过16m或者体积超过米轨货物装载限界的货物，均不得办理准、米轨直通运输。

国营铁路与地方铁路由于管理体制不同、收费标准不同，实行一票直通运输时，必须按《国家铁路与地方铁路货物直通运输规则》办理，实行分段计费、一次核收的办法。

2. 联合运输

铁路与其他运输工具或我国铁路与国外铁路共同参加，并以一份运输票据完成货物全程运输服务的运输组织方法，称为铁路参加的货物联合运输。其形式主要有：

（1）铁路与水路货物联运，简称水陆联运。水陆联运综合了铁路与水路的优势，可以以较短的径路、较快的速度和较低的运输价格将货物运抵目的地。我国铁路与内河港E1、沿海港口都开展了这项联运服务。铁道部与交通部也联合制定了《铁路和水路货物联运规则》《水陆联运货物月度运输计划统一编制办法》和《铁路和水路货物联运费用的清算办法》等水陆联运规章。这些规章详细规定了两种运输工具联运的原则、办理货物的范围、运送条件、运输计划的编制执行、换装作业、运输费用核收和相互清算、货运事故的赔偿处理及联运双方的权利和义务等内容。

（2）国际铁路货物联运，即在两个或两个以上国家的铁路全程运送中，使用一份统一的国际联运票据，并以连带责任办理的货物运送。国际铁路货物联运为参加联运的国家开辟了一条经济、文化交流的便捷渠道，方便了托运人和收货人，简化了许多烦琐的手续，加快了货物送达速度和资金的周转，还促进了铁路沿线外向型经济和铁路运输业的发展。货物在国境站可以进行不同轨距的换装作业，相同轨距的两国也可以直接过轨运输。

（3）铁路与公路货物联运，即由铁路和公路以一份运输票据完成货物的全程运输。我国曾在1958年开办过该项业务，当时称为一条龙运输，后因种种原因而停办。目前我国未正式开办该项业务，一般只由物流部门用延伸服务方式开办一定范围的“门到门”全程运输服务。

随着社会的不断发展和法制的日臻完善，各种运输工具应该从竞争逐渐走向联合，

因为联运有利于发挥各种运输方式的优势，从而能以最高的效率和最好的服务完成货物的全程运输。

（三）货物快速运输

为加速货物送达，提高货物运输质量，适应市场经济的需要，铁路开办了货物快速运输（简称快运），并在全路的主要干线上开行了快运货物列车。

1. 货物快速运输的种类

货物快速运输，分为必须按快运办理和按托运人要求办理两种。

(1) 托运人要求按快运办理的货物。托运人托运的整车、集装箱、零担货物，除不需按快运办理的煤、焦炭、矿石等品类的货物外，托运人要求按快运办理时，经铁路同意，即可按快运办理。

(2) 必须按快运办理的货物。必须按快运办理的货物是指由许昌、驻马店、信阳、孝感、岳阳、长沙北、株洲、衡阳、新龙华、嘉兴、金华、义乌、绍兴、鹰潭、向塘等车站发往深圳北站的用于供应港澳地区的整车鲜活货物。

2. 快运货物列车

我国铁路开行的快运货物列车主要有"五定"班列、集装箱快运直达列车和鲜活快运直达列车三种。

(1)"五定"班列。为适应市场经济的发展，铁路开发了"五定"班列，作为货物运输新产品，参与货运市场竞争，提供优质的运输服务，以满足社会对铁路运输的需求。"五定"班列是指定点（装车站和卸车站）、定线（运行线）、定车次（直达班列车次）、定时（货物运到时间）、定价（全程运输价格）的直达快运货物列车。

除水陆联运、军运后付、超限限速运行的货物、运输途中需加水的货物或途中需加冰、加盐的冷藏货物外，一般整车货物、集装箱和零担货物（仅限一站直达）均可纳入"五定"班列运输。

"五定"班列具有以下特点：①"五定"班列日均运行600km～800km，运达速度快；②手续简便，托运人可在车站一个窗口，一次办理好货物承运手续；③价格优惠；④货物运到时间有保证，安全系数高。

(2) 集装箱快运直达列车。从1992年起，铁道部组织开行了定点定线集装箱快运直达列车。开行通过编组站不解体的集装箱快运直达列车，体现了快速、高效、安全的特点，是提效扩能的有效措施。

(3) 鲜活货物快运直达列车。为了保证内地对港澳地区鲜活货物的及时运送，铁路每天分别从江岸西（或长沙北）、新龙华、郑州北各开行一列快运货物列车到深圳北站。从1962年至今，三趟快车已开行了40多年，保证了"及时、均衡、适量、优质"地供应港澳地区鲜活商品的特殊需要。

（四）国际铁路联运

1. 国际铁路货物联运的范围

参加《国际货协》的各国铁路（阿尔巴尼亚、朝鲜、越南铁路除外）开办国内货运营业的所有各站间，都办理国际铁路货物联运。我国各站营业限制按国内的《货物运价里程表》规定办理。朝鲜铁路按其公布的车站办理国际铁路货物联运（目前约有343个办理站），越南铁路目前办理国际铁路货物联运的车站为同登、老街、海防、安员、甲八、岘港、双神7个车站。

参加《国际货协》各铁路间的货物运送，是从发站以一份运送票据，由铁路负责直接或通过第三国铁路运往最终到站交付收货人。

由于《国际货协》参加国铁路轨距不同或铁路互不连接，所以联运货物的运送方式也不同：①在相同轨距各国铁路之间，可用发送国车辆直接过轨，不必换装而直通运送；②在不同轨距各国铁路之间，由接收路准备适当的车辆，货物在国境站换装或更换货车轮对后继续运送，也可采用变距轮对的方式运送；③在铁路不连接的《国际货协》参加国铁路之间，其货物运送可以通过参加国铁路某一车站予以转运。如阿尔巴尼亚与其他协约国铁路不连接，参加《国际货协》各国通过铁路向该国发运的货物，可以通过匈牙利的布达佩斯站或东欧某个国家铁路的车站，由托运人或收货人的代理人领取后，用其他运输工具继续运往阿尔巴尼亚。

由参加《国际货协》国家的铁路向未参加国运送货物时，托运人在发送路用《国际货协》票据办理至参加《国际货协》的最后一个过境铁路的出口国境站，由国境站站长或发、收货人委托的代理人办理转送至最终到站。

由未参加《国际货协》的国家铁路向参加《国际货协》的国家铁路发运货物时，与上述办理程序相反。

我国通过波兰格但斯克、格丁尼亚、什切青等港口站或波罗的海国家各港口站向欧洲一些国家发货，或蒙古、中亚各国通过中国铁路经大连、新港、黄埔等港口向韩国、日本和一些欧洲国家发货，以及相反方向运送时，发站和港口间用《国际货协》运单办理，并由托运人或收货人委托的代理人在港口站办理转发送。

2. 国际铁路货物联运的办理种类

国际铁路货物联运的办理种类分为整车货物、零担货物和大吨位集装箱货物。

(1) 整车货物。在这种情况下，托运人必须填写必要份数的“按一份运单直达运送的车辆清单”，并连同运单一起提出。

中俄铁路间运送的整车货物不应超过63t，用机械冷藏车（车组）运送的货物，每车重量不应超过44t；中哈铁路间运送的整车货物换装时不应超过63t，换车辆转向架时不应超过66t；中越铁路间运送的整车货物，按一车一票办理，对跨装、爬装及使用游车的货物，准许每车组（不超过5辆）为一票运送。

在其他方面，按货物发送国铁路国内现行规章办理。

(2) 零担货物。按一份运单托运的一批货物，重量不超过5000kg，按其体积或种类不需单独车辆运送的货物，即为零担货物。一件重量不足10kg，体积小于0.1m^{3}的货物不能按零担办理。根据参加运送各铁路间的商定，总重超过5000kg的货物，如按其体积不需要单独车辆运送，也准许按零担货物条件运送。

中朝铁路相互间和从朝鲜通过中国运往越南、蒙古及相反方向运送的零担货物，不受《国际货协》中有关每批零担货物重量不应超过5000kg的规定限制，而是每批重量不得超过29t，体积不得超过62m³。每件货物重量超过2t时，应使用敞车、平车、砂石车装运，2t以下的货物，不受车种限制。中朝间一件重量不足10kg的零担货物可以运送，不受《国际货协》规定的限制。

中越铁路相互间运送一批重量超过5000kg，但体积不超过32m³，或一件重量不足10kg，但体积不少于0.1m³的货物，如不需要单独车辆运送时，均可按零担货物办理。

(3) 大吨位集装箱货物。按一份运单托运的，用大吨位集装箱运送的货物或空的大吨位集装箱，即为大吨位集装箱货物。

所用大吨位集装箱必须是符合国际标准化组织第1系列集装箱外部尺寸和额定质量规定的6.1m、9.1m、12.2m国际标准集装箱，即20ft、30ft、40ft国际标准集装箱。

此外，国际铁路货物联运，按运送速度又可分为慢运和快运，根据有关铁路间的商定，整车货物或大吨位集装箱货物也可随旅客列车挂运。

目前，我国国内不办理国际联运货物快运。按快运条件发到我国的进口货物，在我国铁路暂按慢运办理。

3. 国际铁路货物联运的运输限制

(1) 不准运送的货物：①属于参加运送铁路的任一国家禁止运送的物品；②属于参加运送铁路的任何一国邮政专运的物品；③炸弹、弹药和军火，但体育和狩猎用的除外；④爆炸品、压缩气体、液化气体、在压力下溶解的气体、自燃品和放射性物质（指《国际货协》附件2《危险货物运送规则》各表中未列载的）；⑤一件重量不足10kg，并且体积不超过0.1m³的零担货物（中朝、中越铁路间运送按两国国境铁路议定书的规定办理）；⑥在换装联运中，使用不能揭盖的棚车运送的一件重量超过1.5t的货物；⑦在换装联运中，使用敞车类货车运送的一件重量不足100kg的零担货物，但不适用于《国际货协》附件2《危险货物运送规则》规定的一件最大重量不足100kg的货物。

(2) 不准在一辆车内混装运送的货物：①一种易腐货物与运输条件不同的另一种易腐货物；②易腐货物与非易腐货物；③危险货物同按照《国际货协》附件2《危险货物运送规则》的规定禁止在一辆车内混装的其他货物；④托运人装车的货物同铁路装车的货物；⑤根据发送路国内规章不准许在一辆车内混装运送的货物；⑥堆装运送的货物同其他货物。

四、铁路运输实务

（一）铁路货物运输的基本作业

铁路货物运输流程由货物发送作业、途中作业和到达作业三部分构成。

1. 货物发送作业

货物发送作业又称货物在发站的货运作业，包括托运人向作为承运人的发站申报运输要求，提交货物运单、进货、缴费，与发站共同完成承运手续；发站受理托运人的运输要求，审查货物运单，验收货物及其运输包装、收费，与托运人共同完成承运手续。承运时机因运输种类不同而异，整车货物是先装车后承运，零担和集装箱货物则是先承运后装车。

2. 货物运输途中作业

运输途中指途经区间和途经车站。途中作业包括重车运行及途中的货物常规交接与检查、特殊作业及异常情况的处理。货物常规交接与检查是指货物运输途中车站人员同列车乘务员或列车乘务员相互间在局（分局）规定地点和时间内办理的货车或货物的交接检查工作。

特殊作业有：零担货物在中转站的作业，整车分卸货物在分卸站的作业，加冰冷藏车在加冰所的加冰、加盐作业，托运人或收货人提出的货物运输变更的办理等。异常情况的处理是指货车继续运行或货物继续运送有碍运输安全或货物完整时须作出的处理，如货车装载偏重、超载或货物装载移位须进行的换装或整理；又如对运输阻碍的处理。

3. 货物到达作业

货物到达作业又称货物在到站的货运作业，包括收货人向作为承运人的到站查询、缴费、领货、接受货物运单，与到站共同完成交付手续；到站作为承运人向收货人发出货物催领通知，接受到货查询、收费、交货、交单，与收货人共同完成交付手续。

由铁路组织卸车或发站，由承运人装车到站，由收货人卸车的货物，到站在向收货人点交货物或办理交接手续后，即交付完毕；发站由托运人组织装车，到站由收货人组织卸车的货物，到站在货车交接地点交接完毕，即交付完毕。

（二）铁路运输的主要作业

1. 铁路托运程序

铁路运输部门根据托运人的需要完成向货车上装货、卸货、收集、发送等工作，称为铁路托运。大体包含以下内容：

(1) 托运人将需要铁路运输的货物交给铁路。

(2) 发货人与铁路运输人签订运输合同，办理运输业务。

(3) 经铁路运输的物品，按照货主的要求，办理向铁路运输起点站集中和终点站分发的业务活动。

(4) 在铁路运输从开始到完成的全过程中，完成各项装卸活动的组织和实施。

(5) 完成与上述活动相关的一切附带工作，如发放领取货物凭证、签订运输保险、部分物资的包装分类等。

(6) 铁路托运过程中严格执行有关规章制度。

2. 铁路货物运输承运货物的手续

(1) 受理和验货。车站接收托运人提出的货物运单时，应进行审查，看是否符合铁路运输条件，并审查应随同提出的证明文件是否齐备和有效；合格者制定搬入车站

或装车日期，零担运输还应注明运输号码。货物按期搬入时还应对照运单检查货物的名称和件数是否与运单记载相符、状态是否良好、包装和标记是否齐全。

（2）确定货物质量。铁路运输货物按件数和质量承运，但散堆装货物或一批数量多且货物价值不高的成件货物，按整车运输时，只按重量承运，不计件数。整车货物和使用集装箱运输的货物，由承运人确定重量；零担货物除标准重量、标记重量或有过秤清单，以及件重超过车站最大的称量的货物以外，由承运人确定重量并核收过称费。由托运人确定的整车或零担货物重量，承运人应进行抽查。

3. 对托运人采取保价、非保价、保险运输的规定

托运人根据自愿，可以办理保价运输，也可以办理货物运输保险，还可以既不办理保价运输，也不办理货物运输保险。承运人不得以任何方式强迫办理保价运输或货物运输保险。

4. 铁路应承担的赔偿责任

铁路应对承担的货物、包裹、行李自接受承运时起到交付时止发生的灭失、缺少、变质、污染或者损坏，承担赔偿责任。

5. 托运人托运超限货物时应提供的资料

托运超限货物时除按一般手续办理外，还应提供以下资料：

（1）托运超限货物说明书、货物外形的三维图示，并须以“十”号标明货物重心位置。

（2）自轮运转的超限货物，应有自重、轴数、轴距、固定轴距、长度、转向架中心销间距离、制动机形式以及限制条件。

（3）必要时应附有计划装载、加固计算根据的图纸和说明。

托运超长超限或超重货物时应向发站提供：

（1）货物外形尺寸图。

（2）应以“十”号标明货物重心位置及其有关尺寸。

（3）货物支重面的长度和宽度。

（4）计划装载、加固方案。

第二节　RFID 技术在铁路运输中的应用

一、在铁路运输中应用 RFID 技术的必要性

射频识别技术以其独特的优势，逐渐地被广泛应用于工业自动化、商业自动化和交通运输控制管理等领域。随着大规模集成电路技术的进步以及生产规模的不断扩大，射频识别产品的成本将不断地降低，其应用将越来越广泛。射频识别技术在国外发展非常迅速，射频识别产品种类繁多。在北美、欧洲、大洋洲、亚太地区及非洲南部，射频识别技术被广泛应用于工业自动化、商业自动化、交通运输控制管理等众多领域。

如汽车、火车等交通监控，高速公路自动收费系统，停车场管理系统，物品管理，流水线生产自动化，安全出入检查，仓储管理，动物管理，车辆防盗等。而在我国，由于射频识别技术起步较晚，应用的领域不是很广，除了在中国铁路应用的车号自动识别系统外，主要应用仅限于射频卡。

在货物的跟踪、管理及监控方面，澳大利亚和英国的西思罗机场将射频识别技术应用于旅客行李管理中，大大提高了分拣效率，降低了出错率。在几年前，欧共体就要求从 1997 年开始生产的新车型必须具有基于射频识别技术的防盗系统。而我国铁路行包自动追踪管理系统及铁路货运管理系统还只是在计划推广之中。

我国铁路货运管理信息化建设起步较晚，20 世纪 80 年代以前主要靠手工和电话通信手段来完成。20 世纪 90 年代以后，我国铁路货运在铁道部的统一部署下，通过实施宏观调节战略，在很短的时间里实现了铁路货运发展的历史性跨越，铁路货运硬件和管理、服务水平取得了长足的进步和巨大的成绩。铁路货运手续大大简化，安全性和效率显著提高，但同时客户对铁路货运需求也有提高，要求铁路货运不能再像过去简单地满足运送需求，而必须逐步转向提供优质服务。另外，随着我国市场经济的发展，我国铁路货运行业实现了从“事业型”到“产业型”的转变，要面对激烈的市场竞争，这就要求铁路货运必须提高管理水平，才能在目前各种运输方式激烈竞争的环境中立于不败之地。

铁路货运管理系统的主要目的就是为了从货运计划、进站、装车、运输、到达、卸车甚至保管等各个环节对铁路货运进行方便快捷的管理。铁路货运管理系统的开发完成，将会使得货物从发送、托运、收货的过程都可以被清楚地了解和把握，从而使存放、运送过程变得更加高效便捷。从而增强铁路货运企业的竞争力，实现铁路货运现代化。

二、RFID 技术在铁路集装箱上的应用

集装箱运输货物最先开始的操作发生在集装箱堆场，在这里首先由货主提出运货申请并到计划室填写运单，之后等待铁路通知，按规定时间将货物运送到货场进行验货、装箱等一系列操作，之后进行运单登账，最后打印货票，至此货主任务完成，集装箱留在堆场按铁路计划等待装车。

目前我国的集装箱堆场存在一系列问题，首先是箱号识别问题，大部分情况下集装箱进出堆场都是通过肉眼识别集装箱箱号，通过手工抄录该集装箱箱号来记录集装箱进出堆场的。该方式受人工因素影响识别错误率高，而且每到一个进出闸口都要安排专人识别和记录箱号，效率低下、成本高。另外，在堆场内，当操作工人将集装箱放置到位后，通过肉眼识别该集装箱箱号，将该集装箱放置的三维位置记录在纸张单据上，在交接班时将单据传递给录入员，再由录入员将集装箱位置信息录入堆场集装箱管理系统。这种方式一方面存在操作工人抄错箱号，特别是在夜间作业情况下，一般存在 1%的抄错率；另一方面，数据通过纸张单据在交接班时传递，存在数据录入的

延误和不及时，同时由于数据再次手工录入，带来再次的人工录入错误。

基于以上情况，我们考虑采用RFID技术来实现堆场内部集装箱的跟踪管理。首先我们在集装箱堆场的出入门安装RFID电子标签阅读器，从而使集装箱一进入堆场便开始对其实行跟踪管理，在堆场内部对集装箱的所有操作，包括：验货、装箱、移箱、装车等操作，进行实时监控；其次，在堆场的集装箱堆高设备上安装车载电脑终端，在电脑终端中安装有集装箱堆放图形化管理系统，该系统提供了堆场视图，定义了三维堆放空间，通过触摸屏触摸的方式，操作工人可以非常简便地挑拣或者输入集装箱箱号，拣定或者选择集装箱放置的位置并且可以通过箱号准确快速地找到集装箱；最后，在闸口、堆高车、控制室等节点上布置无线数据传输终端，集装箱堆放作业完成后，通过该堆高设备上的无线数据传输终端将数据实时远程传输到控制室和后台管理系统，从而完全避免了多次重复的数据手工抄写和录入，并避免了数据记录的不及时和录入的延误。

第三节　GPS技术在铁路运输中的应用

一、在铁路运输中应用GPS技术的必要性

随着我国铁路的提速、重载和高密度的发展，在列车间隙时间，使用小型机车进行线路维修已逐渐减少，大型养路机械维修必将是工务维修的发展方向。只有加快机械化施工进程，才能提高劳动生产率、降低作业人员的劳动强度。增加维护设备的能力是提高施工效率的保证。为了提高车辆的维修质量、提高车辆检修的效率，必须推行经济高效、先进合理的状态维修。状态维修，即预知维修制，它科学地分析并测试设备初始状态的好坏和运行条件的差别，通过采用新的检测设备与高新诊断技术来监督设备状态，以充分发挥设备的优势。它集机械、电子及计算机信息处理等新技术为一体，已显示出广阔的应用前景，并给传统的铁路维修制度带来了一场新的变革。铁路大型养路车在线监控系统的实质是将目前的定期、定型和分解型的维修方式改变为实时、在线式的状态监测。通过对车辆的技术诊断，随时掌握设备出现的故障及运转工况，有效地确立以功能为中心和非分解型的设备维修方式，确定需要维修的设备则立即施修，无须修理的则免维修，去掉了维修中的盲目性。大型养路车在线监控系统的设计融合了GPS卫星导航全球定位技术、GIS地理信息技术以及GPRS移动通信技术，将该监控系统运用于我国的铁路运输行业，可以大大提高铁路运输的安全性、可靠性，同时也可以改善服务质量和提高运输管理水平，因此具有重要的现实意义。

综上所述，采用科技手段管理铁路大型养路车既贯彻了铁道部“集中配置，统一管理”的大型机械化设备的管理要求，又保证了设备安全，解决了施工与运输的矛盾。当今如何使铁路大型养路车辆的管理科学化、提高车辆的运营安全、保障铁路维修质量，已成为一个亟待解决的重大课题。地理信息系统（GIS）、全球定位系统（GPS）、

遥感系统并称为三大技术。近年来，三大技术日渐成熟和普及。GPS已在发达国家形成一项大规模的信息产业，目前正在急剧发展之中，且GPS技术已实现B/S结构，组建技术不断成熟，二次开发能力得到提高，并实现了空间数据与属性数据一体化存储和查询。同时虚拟显示、分布式数据库、网络技术、数据仓库、多媒体技术等也不断进步，为GPS技术的广泛应用展示了更加光明的前景。

近年来，随着“数字地球”概念的深入与普及，许多行业与地域开始大规模的空间信息基础设施建设，同时也提出了“数字铁路”的概念。数字铁路在铁路基础信息结构上把铁路上车、机、工、电、辆、基建、行政指挥决策、运行管理等各个部门的大量的动态和静态的、多分辨率的、三维的数据按统一的地理坐标集成起来，使系统的各级决策层及管理、技术人员无论何时何地都可以按优先级别得到铁路任一地区、任一部门的信息。随着地理信息系统（GIS）在各行各业应用的不断深入，我国铁路系统已经开始进行铁路地理信息系统与GPS的研究和应用工作，以提高自身的管理和服务水平。建设GPS系统是铁路信息化的重要基础工作，也是铁路信息化水平的重要标志。铁道部信息化建设规划把铁路地理信息系统的建设作为铁路信息化建设的一项重要内容。铁路地理信息系统是一个为铁路规划、管理、决策及应用服务的以计算机网络为载体、GIS为软件平台的应用型技术系统。为利于中国铁路地理信息系统的设计与开发，了解国内外现有铁路地理信息系统的应用现状具有重要的现实意义。

铁路站场在铁路系统运营中起着举足轻重的作用，它担负着铁路客货运输的集中与分散，车站的设施必须保证顺利进行各种繁重的技术、商务作业。对整个铁路系统而言，站场行车设备的管理具有非常重要的意义，它是重要的基础管理信息资源，是运输生产、技术改造、行车指挥、保障行车安全及事故抢险救援等领导决策的重要依据。多年以来，由于管理技术跟不上，往往使设备管理成为铁路系统技术管理的薄弱环节。急需研制应用于铁路站场中基本的行车设施管理和行车指挥辅助支持的管理信息系统，基于GPS的铁路站场行车设备管理信息系统应运而生。

建立一个站场行车设备地理信息系统，结合其他铁路地理信息系统软件和铁路行车指挥管理软件对全路列车行车设备数据进行有效的管理，利用GIS可视化的特点，建设高质量、高效率、可视化、全路统一的开放性综合软件平台。通过地图与铁路信息相结合的方式，全面、直观、正确地反映运输对象和运输设备以及其他信息的状态、分布和技术特征，最大限度实现铁路站场信息资源共享，管理全国铁路的海量数据，为各级领导指挥运输生产提供大量直观的参考依据和辅助决策支持，为铁路车站行车指挥提供一个模拟平台。一方面能准确处理铁路线规划、设计、维护等铁路基础设施的数据；另一方面保证用户能实时在线获取数据信息，并为行车指挥和数据分析提供决策支持。为提高铁路数据信息利用率，缩短铁路行车组织和设备管理工作周期提供一个非常有效的途径，使之成为各级领导获取信息、实施计划、组织管理和指挥调度的重要工具，提高铁路信息化水平，推进铁路的改革与发展。

我国铁路部门开发了基于GPS的计算机管理信息系统。该系统可通过GPS和计算

机网络实时收集全路列车、机车、车辆、集装箱以及所运货物的动态信息，可实现列车、货物的追踪管理。只要知道某一货车的车种、车型和车号信息，就可以立即从近10万km的铁路网上流动着的几十万辆货车中查找到该货车，从而得到该货车现在何处运行或停在何处，以及其所载货物情况等信息。

二、GPS技术在铁路运输管理上的应用

我国铁路开发的基于GPS的计算机管理信息系统，可以通过GPS和计算机网络实时收集全路列车、机车、车辆、集装箱及所运货物的动态信息，可实现对列车、货物追踪管理。只要知道货车的车种、车型、车号，就可以立即从近10万km的铁路网上流动着的几十万辆货车中找到该货车，还能得知这辆货车现在何处运行或停在何处，以及所有的车载货物发货信息。铁路部门运用这项技术可大大提高其路网及其运营的透明度，为货主提供更高质量的服务。

GPS导航系统与电子地图、无线电通信网络及计算机车辆管理信息系统相结合，可以实现车辆跟踪和交通运输管理等许多功能，主要应用有：

(1) 车辆跟踪。利用GPS和电子地图可以实时显示出车辆的实际位置，并任意放大、缩小、还原、换图；可以随目标移动，使目标始终保持在屏幕上；还可实现多窗口、多车辆、多屏幕同时跟踪，利用该功能可对重要车辆和货物进行跟踪运输。

(2) 提供出行路线的规划和导航。规划出行路线是汽车导航系统的一项重要辅助功能，包括自动线路规划：由驾驶员确定起点和终点，由计算机软件按照要求自动设计最佳行驶路线，包括最快的路线、最简单的路线、通过高速公路路段次数最少的路线等；人工线路设计：由驾驶员根据自己的目的地设计起点、终点和途经点等，自动建立线路库。线路规划完毕后，显示器能够在电子地图上显示设计线路，并同时显示汽车运行路径和运行方法。

(3) 信息查询。为用户提供主要物标，如旅游景点、宾馆、医院等数据库，用户能够在电子地图上根据需要进行查询。查询资料可以以文字、语言及图像的形式显示，并在电子地图上显示其位置。同时，监测中心可以利用监测控制台对区域内任意目标的所在位置进行查询，车辆信息将以数字形式在控制中心的电子地图上显示出来。

(4) 话务指挥。指挥中心可以监测区域内车辆的运行状况，对被监控车辆进行合理调度。指挥中心也可随时与被跟踪目标通话，实行管理。

(5) 紧急援助。通过GPS定位和监控管理系统可以对遇有险情或发生事故的车辆进行紧急援助。监控台的电子地图可显示求助信息和报警目标，规划出最优援助方案，并以报警声、报警光提醒值班人员进行应急处理。

第四节　GIS 技术在铁路运输中的应用

一、在铁路运输中应用 GIS 技术的现状

目前，国外 GIS 在铁路上的应用主要分布在欧洲、北美洲和亚洲的日本等地区和发达国家，用于铁路基础设施管理、工务、电务、信号、运行调度、勘测设计、铁路客货运电子商务、模拟训练器、客车及车站旅客实时信息服务等领域。其中尤以铁路基础设施管理系统应用最为广泛。

国外 GIS 在计算机仿真方面的应用涉及机车司机的培训模拟器和信号模拟器，如 Amtrak 铁路公司使用的基于计算机的训练仿真器（Computer Based Training Simulator），能在模拟器上模拟挡风玻璃状况、路边景观和列车运行声音等，可以选择列车型号、天气状况，设计各种故障来考验受训者的应变能力（如突然刹车失灵），提供实际列车驾驶室的操作面板并通过面板控制列车。Microsoft、Amtrak、Burlington Northern Santa Fe（BNSF）、JRKyushu、Odakyu Electric Railway 等联合开发的微相训练仿真器（Microson Train Simulator），能提供超过 1000km 的铁路沿线景观、各种天气条件、声响以及铁路运行规则模拟。由 Corys 公司开发的网络仿真器（Netsim Network Simulator），是一个分布式实时模拟系统，为受训者提供 48km 的运行线路模拟。由德国 Vossfoh System Technik（VST 公司）开发的应用于德国铁路、奥地利联邦铁路、德国地方运输公司的模块化信号仿真系统（Modular Signaling Simulator System），为信号提供模拟平台，能模拟连锁操作情况、进路安排情况、列车按照时刻表运行情况以及各种突发故障情况。近年来，地理信息系统（GIS）、全球卫星定位系统（GPS）、遥感（RS）等技术日渐成熟和普及，虚拟现实、多媒体技术、高分辨率遥感、分布式数据库、数据仓库、海量数据处理、网络技术及宽带通信等技术也在突飞猛进，为 GIS 的广泛应用展示了更加光明的前景。随着近年来我国铁路信息化建设的开展与深入，在铁路列车管理系统、货运站管理系统、集装箱管理信息系统、货运营销计划管理系统、铁路运输统计信息系统、列车跟踪等方面取得了成就，尤其是 DMIS、TMIS 等大型管理信息系统的开发建设大大提高了铁路运输管理的现代化程度。这些管理信息系统都在不同程度上引入了 GIS 的概念，用直观的地理图形方式来管理、显示和分析与地理空间相关的各种数据，并建立了各自的 GIS 子系统。比较成功的如工务部门 PWMIS、自动生成工务线路综合图和工务大桥略图，目前已在乌鲁木齐、北京、济南和南昌铁路局得到推广应用。

二、在铁路运输中应用 GIS 技术的必要性

环境分析及动态预测。市场是动态的，市场营销需要动态管理，货运和客运均为动态事件，它们与外界环境密切相关，并随着周围环境（如地理位置、城市规划、产

业结构、宏观调控、政策法规等）的不断变化而变化。货运和客运的营销均需考虑地理因素的影响。地理信息系统可以通过地理编码功能，将销售数据与地图建立联系，用户单击地图上的任意对象，可同时看到与该对象相关联的所有数据，例如用户地址、月度运输计划、主要债务，以及用户、竞争对手分布图。甚至包括周边环境，例如面积、工农业产值、矿产资源、人口分布、人口数量、收入水平等。运用地理信息系统，利用上述环境信息数据，可以进行客货运销售分析，评估经济效益，或建立数学模型，预测货物流量和流向，并显示在地图上。用户可以根据预测结果，对运输模式及销售区域进行规划。此外，还可以对突发事件进行应急处理，如运用地理信息系统实现救灾物资和装备的查询、调配、运输路线选择及运输方式协调等。

没有可视化工具，决策者和市场营销人员仅凭感觉建立网点，企业决策者制定不出现实的目标，难以很好地分配人力及财力。运用地理信息系统，销售客户、销售期望值以及领先值可以储存在区域数据库中，管理和营销人员可以观察每个现有的和潜在的销售区域业绩，进而实现区域规划。例如，某车站行李员在建立代办点时，由于调查了解不足，导致行李房代办点较密集，而厂矿货物发生区代办点较少，不能很好地实现车站营销目标。运用地理信息系统，在相关区域内调查货源、货运量（包括其他运输形式的货运量），分析货物流向及流量，对于较大规模货运量的区域设置代办点，甚至设置货运专用线，对于较少规模货运量，可以进行整合，将不同区域的货运量集中在一起，统一进行运输，降低运输成本。

各种运输方式之间的市场竞争，实际上就是为客户服务的竞争。同样的运输费用，人们首选客户服务较好的运输方式。诸如地理位置选择、经济发展方向、竞争优势比较、人口密度统计以及其他有关数据信息，就成为铁路运输业获得市场和客户的关键。利用这些数据，要保证客户在选择运输或旅行方式时能够随时发现铁路车站和代办点的存在，并方便地找出解决需求的方法。联运代理商和物资专用线可根据这些信息了解客、货运需求。不管是对运输大户还是需要优质方便服务的分散客户，市场策划及营销人员、决策管理者，必须对他们的需求既要有预见性，又要作出及时、优质的反应。

三、GIS 技术在铁路运输中的具体应用

经调查，目前连云港市 GIS 运营商收取货车、危险品车信息服务费为 50 元/月，客车、城市出租和公交车为 80 元/月，车载设备费用另计，并提供相关软件，使用人（单位）根据实际情况选择采用 B/S 或者 C/S 模式管理车辆。相比现有车辆运营成本，无论是货车还是客车，信息费用包括车载设备费用均不算高，即使是私家车也在可接受范围内。且在长途客运、大件货物、危险品货物运输等过程中，GIS 在最佳路线选择、及时调度、突发情况救援等方面将发挥原有管理手段无法比拟的优势，会产生良好的经济效益。而在城市公交、出租车等领域，GIS 的功能除以上所述外，更涉及油耗、行驶里程、载客量等经营数据，将对降本增效起到有效的促进作用。

GIS 对于运输管理部门则能提供有效的监控手段，宏观地掌握交通运输的安全状况，为管理部门制定决策提供科学依据；通过以预防为主、事前监督来降低行车事故发生率；通过信息共享，强化运输管理手段和市场秩序，提高行业宏观调控和监管力度。即 GIS 技术的广泛应用将产生巨大的社会效益和经济效益。

目前国外在铁路仿真领域的研究工作主要集中在铁路路网能力仿真、客运线网优化仿真、车辆结构仿真、轮轨关系仿真等专题仿真研究方面，并且取得了一定的成果和较大的经济效益。比较成功的铁路仿真系统有英国 Ineontrol 研究所和 Railne 等铁路部门合作研究的 Simone 铁路路网能力仿真系统、Systra 公司开发的 RAILSIM 铁路线路能力优化仿真系统、AEA Technology Rail 公司开发的 VAMPIRE 轮轨关系仿真系统等。

在我国铁路科研领域，计算机系统仿真正逐渐得到重视，越来越多的科研人员和工程设计人员开始认识到在科研工作中采用这种现代化技术手段的重要性。目前我国在列车运行仿真的研究方面已有不少成果，例如，已经研制出了机车司机驾驶模拟系统，将机车牵引车辆的整个动态过程模拟出来，为训练司机提供了良好的教学环境。由北京理工大学和上海中岳公司及中国铁路通信信号集团公司联合开发出的列车自动运行仿真系统（SATM），实现了对轨道交通基本的信号控制系统和列车运行进行高准确度的数字化仿真模拟。SATM 已应用在城市轨道交通 ATC 仿真软件中，在上海地铁的建设中实现了现有上海地铁一、二号线轨道交通离线仿真，为上海地铁一、二号线轨道交通列车自动控制系统的操作人员提供了培训服务，并对现有上海市地铁一、二号线列车和在建的或计划中的城市轨道交通系统运行时刻表进行了优化处理和合理安排，提升了轨道交通的整体运输能力和管理水平。

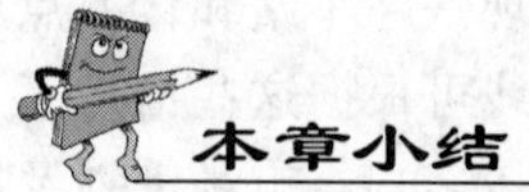

本章小结

本章介绍了铁路运输的概念及特点、铁路运输的组织管理以及铁路运输的实务；RFID 技术在铁路运输中的必要性以及应用领域；GPS 技术在铁路运输中的应用必要性以及应用领域；GIS 技术在铁路运输中应用的必要性以及应用领域。通过学习本章，使学生很好地掌握物联网在铁路运输中的运用。

思考题

1. 什么是铁路运输？
2. 在铁路运输中应用 RFID 技术有哪些作用？如何应用？
3. 在铁路运输中应用 GPS 技术有哪些作用？如何应用？
4. 在铁路运输中应用 GIS 技术有哪些作用？如何应用？

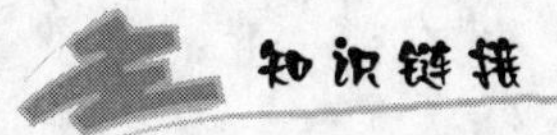

智能化铁路利用物联网成为铁路运输新方向

新的铁路的基础设施让数字铁路成为可能。未来“数字铁路”采用高新技术改造铁路系统，在服务、效率、安全方面取得的成功令人鼓舞。另外，铁运输系统体系框架的建立，将更好地指导铁路运输的发展，数字铁路的出现代表着铁路运输发展的一个新方向。

数字铁路基于运输系统、全球卫星定位系统、遥感及空间数据库信息化领域技术研究中国铁路基础设施。移动装备及铁路环境的数字化及实现铁路资源的全面管理，对于支持运输组织客货营销、经营管理及支持货主查询的直观展示，为各级管理都提供可视化的决策支持。

目前大力推进信息化是实现铁路信息化迫切的需求和必然的选择。在不同的发展时期，铁路的信息化的目标是不同的，而近几年中铁路信息化是铁路现代化建设重要目标之一。如何做好数字铁路已经成为21世纪铁路现代化的重要任务。

当前最热门的物联网是在计算机互联基础上，利用RFID无线通信技术形成世界上所谓“万世万物”的互联网。铁道部已经成功实施了一个信息系统（车号自动识别系统），其中采用了RFID技术，通过把RFID感应器安装到铁路、桥梁及一些关健的设施上，利用物联网使现有的信息网整合起来，实现对铁路的设备、基础设施全面的管理，实现铁路客运管理的智能化，推进信息组织建设。

（资料来源：http：//blog.c114.net/html/81/367081-62392.html）

第五章　航空运输物联网系统

教学目标

通过本章的学习，了解航空运输的基本概念；掌握RFID技术在航空运输中应用的必要性以及应用领域；GPS技术在航空运输中应用的必要性以及应用领域；GIS技术在航空运输中应用的必要性以及应用领域。

第一节　航空运输概述

航空运输，即使用飞机、直升机及其他航空器运送人员、货物、邮件的一种运输方式。具有快速、机动的特点，主要适合运载的货物有两类，一类是价值高、运费承担能力很强的货物，如贵重设备的零部件、高档产品等；另一类是紧急需要的物资，如救灾抢险物资等。下图是航空港的俯视效果图。

航空港的俯视效果图

一、航空运输的体系和特点

（一）体系构成

航空运输体系由以下各部分构成：

（1）运载工具——各种飞行器，主要是各种民用飞机。

（2）装卸场所——机场。

（3）运输通道——空中航线。

（4）管理系统——空中交通管理系统。

（二）航空运输的特点

航空运输是采用飞机运输货物的运输方式，它包括定期和不定期的货运航班、定期和不定期的客运航班进行的货物运输。航空运输之所以能快速发展，是因为其优越于其他运输方式。航空运输的特点主要有以下几个方面：

1. 速度快

这是航空运输的最大特点和优势。航空货物运输的这一特点最适合于鲜活易腐货物和季节性强的商品的运送，采用航空运输，可以为这类商品的运输和销售争取时间。另外，在市场行情瞬息万变的现代社会，企业需要及时对市场的变化作出非常灵敏的反应，这一社会发展趋势所引发的一些货物的运输时间约束性很强，需要航空运输的有力支持才可能实现。

2. 空间跨度大、直达性好

相对其他运输方式，在有限的时间内，飞机的空间跨度是最大的。由于飞机在空中较少受自然地理条件的影响和限制，故航空线路可以将地面上任何距离的两个地方连接起来，可以定期或不定期飞行。尤其对于执行灾区援助、供应和边远地区急救等紧急任务，航空运输成为必不可少的手段。

3. 舒适、安全

由于飞机在高空飞行，因此不受低空气流的影响，平稳、舒适。现代民航客机的客舱宽敞，噪声小，机内有供膳、视听等设施，旅客乘坐的舒适程度较高。由于科学技术的进步和对民航客机航行的严格要求，航空运输的安全性比以往大为提高。

4. 货物的破损率低、安全性好

与其他运输方式相比，航空货运的地面操作流程的环节比较严格，这就使货物破损的情况大大减少，货物装上了飞机之后，在空中也不容易损坏；另外，由于航空运输管理制度比较完善，空运时间短，被偷窃机会少。因此，在整个航空货物运输环节中，货物的破损率低、安全性好。

5. 基本建设周期短、投资少

发展航空运输，从设备条件上讲，只要添置飞机和修建机场就可以基本满足。这与修建铁路和公路相比，建设周期短、占地少、投资少、见效快。

6. 载运重小

因为飞机本身的载重容积的限制，航空运输不能承运大型、大批量的货物，只能承运小批量、体积小的货物。

7. 运价比较高

飞机的造价高，购置、维修费用高，能耗大，实现运输的成本比其他运输方式要高得多。因此，对于货物价值比较低、时间要求不严格的货物，通常在考虑运输成本问题的基础上，会采用非航空货物运输的其他运输方式。

8. 易受气候条件的限制

因飞行条件要求高，航空运输受气候的影响非常大，如遇大雨、大风、雾等恶劣天气，航班就不能得到有效保证。

二、航空运输的作用

随着社会、经济发展和技术进步，航空运输逐渐发展起来，并在现代社会经济生活中占据了越来越重要的地位，发挥着不可替代的作用。

1. 航空运输是交通运输体系的一个重要组成部分

随着社会经济的发展和生活水平的提高，工作节奏越来越快，航空运输将成为国际、洲际间旅行的主要工具。航空运输和其他交通运输方式分工协作、相辅相成，共同满足社会对运输的各种要求。

2. 航空运输带动了飞机制造业及相关行业和技术的发展

国际航空运输业的不断发展，使飞机制造业保持了长盛不衰的势头，也给相关设备的生产厂家提供了广阔商机。航空技术属于高新技术领域，也使得通信、导航、监视等设备与技术不断更新和完善。

3. 航空运输促进了全球经济、文化的交流和发展

航空运输是国家经济领域的一个重要行业，使得国际间的经济、文化、科技交流往来十分方便，这样有利于国家或地区间的相互协作和共同发展，有利于经济发达国家或地区到经济不发达国家或地区投资开发。

三、设施设备

（一）机场

机场是供飞机起飞、着陆、停驻、维护、补充物资及组织飞行保障活动所用的场所。

1. 机场的分类

(1) 按航线性质分，机场可分为国际航线机场（国际机场）和国内航线机场。

国际机场有国际航班进出，并设有海关、边防检查（移民检查）、卫生检疫和动植物检疫等政府联检机构。

国内航线机场是专供国内航班使用的机场。我国的国内航线机场包括“地区航线

机场”。地区航线机场是指我国内地城市与港、澳等地区之间定期或不定期航班飞行使用的机场，并设有相应的类似国际机场的联检机构。

(2) 按机场在民航运输网络中所起作用划分，机场可分为枢纽机场、干线机场和支线机场。

国内国际航线密集的机场称为枢纽机场。在我国内地，枢纽机场仅有北京、上海、广州三大机场；干线机场是指各直辖市、省会、自治区首府以及一些重要城市或旅游城市（如大连、厦门、桂林和深圳等）的机场，共有 30 多个。干线机场连接枢纽机场，客运量较为集中。而支线机场则空运量较少，航线多为本省区内航线或邻近省区支线。

(3) 按机场所在城市的性质、地位划分，机场可分为Ⅰ类机场、Ⅱ类机场、Ⅲ类机场和Ⅳ类机场。

(4) 按旅客乘机目的划分，机场可分为始发/终程机场、经停（过境）机场和中转（转机）机场。

始发/终程机场中，始发和终程旅客占旅客的大多数，始发和终程的飞机或掉头回程架次比例很高。目前国内机场大多属于这类机场。

(5) 按服务对象划分，机场可分为军用机场、民用机场和军民合用机场。

2. 组成

(1) 飞行区。飞行区是机场内用于飞机起飞、着陆和滑行的区域，通常还包括用于飞机起降的空域在内。飞行区由跑道系统、滑行道系统和机场净空区构成。相应设施有目视助航设施、通信导航设施、空中交通管制设施以及航空气象设施。

(2) 航站区。航站区是飞行区与机场其他部分的交接部。航站区包括：旅客航站楼、站坪（停机坪）、车道边、站前停车设施（停车场或停车楼）等。

(3) 进出机场的地面交通系统。通常是公路，也包括铁路、地铁（或轻轨）和水运码头等。其功能是把机场和附近城市连接起来，将旅客和货邮及时运进或运出航站楼。进出机场的地面交通系统的状况直接影响空运业务。

(4) 其他设施。机场的其他设施还包括供油设施、应急救援设施、动力与电信系统、环保设施、旅客服务设施、保安设施、货运区及航空公司区等。

（二）飞机

1. 按用途分类

由于飞机的性能、构造和外形基本上是由用途来决定的，故按用途分类是最主要的分类方法。现代飞机按用途主要可分为军用机和民用机两类，还有一类专门用于科研和试验的飞机，可称为研究机。下面主要介绍民用机。

(1) 客机。客机用于运载旅客和邮件，联络国内或国际间的城市。客机可按大小和航程进一步分为：洲际航线上使用的远程（大型）客机；国内干线上使用的中程（中型）客机；地方航线（支线）上使用的近程（轻型）客机。目前各国使用的客机大多是亚音速机。超音速客机有两种，其最大巡航速度为音速的两倍。中型客机使用较广泛，既有喷气式的，也有带螺旋桨的，如“三叉戟”。

（2）货机。货机主要用于运送货物，一般载重较大，有较大的舱门或机身可转折，便于装卸货物；货机修理维护简易，可在复杂气候下飞行。

（3）教练机。教练机（民用）用于训练民航飞行人员，一般可分为初级教练机和高级教练机。

（4）农业机、林业机。农业机、林业机用于农业喷药、施肥、播种、森林巡逻、灭火等，大部分属于轻型飞机。

（5）体育运动机。体育运动机用于发展体育运动，如跳伞运动等，可作机动飞行。

（6）多用途轻型飞机。这类飞机种类与用途繁多，如用于地质勘探、航空摄影、空中游览、紧急救护、短途运输等。

农业机、林业机、体育运动机、多用途轻型飞机均属于通用航空（Geneml Aviation）范畴。在美、英等国，通用航空一般指既不属于军用航空，也不属于定期民用客货运输的航空活动。

2. 组成

飞机有四个基本组成部分：机体、推进装置、飞机系统和机载设备。

（1）机体。飞机机体由机翼、机身、尾翼（组）和起落架等组成。

（2）推进装置。发动机是飞机飞行的推进装置，主要有活塞式发动机和燃气涡轮发动机两种。目前，活塞式发动机仍是时速小于300kin轻型飞机最经济的推进系统。

（3）飞机系统。飞机系统包括飞机操纵系统、液压传动系统、燃油系统、空调系统、防冰系统等。

（4）机载设备。机载设备主要是为驾驶员提供有关飞机及其系统的工作情况的设备。通过机载设备，驾驶员能随时得到飞行所必需的信息，并可为飞机维修人员提供有关信息。现代大型运输机驾驶舱内的机载设备包括飞行和发动机仪表、导航、通信和飞行控制等辅助设备。机载设备随着飞机性能不同而有所区别。

（三）通信与导航设备

通信与导航设备主要包括三部分：通信设备、导航设备和监视设备。

1. 通信设备

民航客机用于和地面电台或者其他飞机进行联系的通信设备主要包括：高频通信系统、甚高频通信系统（VHF）以及选择呼叫系统（SELCAL）。

2. 导航设备

民航客机的导航主要依赖于无线电导航系统。主要的设备有甚高频全向无线电信标/测距仪系统（VOR/DME）、无方向性无线电信标系统（NDB）、仪表着陆系统（ILS）等。

3. 监视设备

目前实施空中交通监视的主要设备是雷达。它是利用无线电波发现目标，并测定其位置的设备。雷达系统一般分为两种类型：一次雷达（包括气象雷达、航行雷达、

多普勒雷达及监视雷达）和二次雷达。

（四）航路、航线、航班

1. 航路

民航运输服务是航空器跨越天空在两个或多个机场之间的飞行。为了保障飞行安全，必须在机场之间的空中为这种飞行提供相对固定的飞行线路，使之具有一定的方位、高度和宽度，并且在沿线的地面设有无线电导航设施。这种经政府有关部门批准的飞机能够在地面通信导航设施指挥下沿具有一定高度、宽度和方向在空中作航载飞行的空域，就称为航路（Air Way）。

在欧美国家，航路空域按其高度分为三种：一是低空航路空域，宽 16km，平均海拔在 4423m 以下；二是中空航路空域，宽 26km，高度在平均海拔为 4423m～7320m；三是高空航路空域，宽度没有规定，高度在平均海拔 7320m 以上，专供喷气飞机使用。我国民用航路的宽度规定为 20km。

2. 航线

民航运输企业在获得航空运输业务经营许可证之后，可以在允许的一系列站点（即城市）范围内提供航空货邮运输服务。由这些站点形成的航空运输路线，称为航线（Air Route）。航线由飞行的起点、经停点、终点、航路、机型等要素组成。

3. 航班

按照民航管理当局批准的民航运输飞行班期时刻表、使用指定的航空器、沿规定的航线在指定的起讫、经停点停靠的货邮运输飞行服务，称为航班（Flight Service）。航班用航班号标识其具体的飞行班次。我国的民航飞行航班号一般采用两个字母的航空公司代码加四位数字组成。例如，航班号为 CA1482，其中“CA”指中国国际航空公司，“1”为该航空公司所在民航地区管理局的数字代码，“4”为此航班飞抵的终点站所在民航地区管理局的数字。

四、航空货物运输方式

国际航空运输有班机运输、包机运输、集中托运和航空急件传送等方式。

（一）班机运输

班机（Schedule Airline）是指在固定的航线上定期航行的航班，这种飞机固定始发站、目的站和途经站。一般航空公司的班机都使用客货混合型飞机（Combination Carrier），一方面搭载旅客，另一方面运输小批量货物。但一些较大的航空公司在一些航线上开辟定期的货运航班，使用全货机（All Cargo Carrier）运输。

班机运输具有以下特点：

（1）迅速、准确。由于班机运输具有固定航线、固定的始发港和目的港、中途挂靠港，并具有固定的班期，它可以准确、迅速地将货物送到目的港。

（2）方便货主。托运人、收货人可以准确掌握货物的起运、到达时间，对于贸易合同的履行具有较高的保障。

(3) 舱位有限。由于班机运输大多采用客货混合机型，随货运量季节的变化会出现舱位不足现象，不能满足大批量货物及时出运的要求，往往只能分批运送。不同机型的货物舱位大小各异，如波音 747 的货物舱位为 8t～10t。

由于班机有固定的航线、固定的始发港和停靠港，并定期开航，收发货人可以确切地掌握起运和到达的时间，保证货物能够安全、迅速地运到世界各地投入市场。因此，颇受贸易界人士的欢迎，尤其是对国际市场上急需的商品、鲜活易腐货物和贵重货物的运输是非常有利的。然而，由于班机大多使用的客货两用型飞机主要以客运为主。所以货运舱位有限，不能满足大批量货物及时出运的要求，只能分期、分批运输。

(二) 包机运输

当货物批量较大，而班机又不能满足需要时，一般就采用包机运输方式。包机运输（Chartered Carrier）可分为整架包机和部分包机两种。

1. 整架包机

整架包机是指航空公司或包机代理公司，按照与租机人双方事先约定的条件和运价，将整架飞机租给租机人，从一个或几个航空站装运货物至指定目的地的运输方式。它适合于运输大批量货物，运费一次一议，并随着国际航空运输市场的供需情况的变化而变化，但是中国民航的包机运费，则是以每飞行千米固定费率核收费用的，并对空放每飞行千米收运价 80%的空放费。因此，大批量货物使用包机来回程都有货载，运费比较低，比只使用单程载货的运费要低。这种租机要在货物装运前一个月与航空公司联系，以便航空公司安排飞机运载和向起降机场及有关政府部门申请入境并办理有关手续。

整架包机的优点：①解决班机舱位不足的矛盾；②货物全部由包机运出，节省了时间和多次发货的手续；③弥补没有直达航班的不足，且不用中转；④减少货损的现象；⑤在空运旺季缓解航班紧张状况；⑥解决海鲜、活动物的运输问题。

2. 部分包机

部分包机是指几家航空货运代理公司（或发货人）联合包租一架飞机，或者由包机公司把一架飞机的舱位分别卖给几家航空货运代理公司。这种部分包机方式适合于 1t 以上但不足整机的货物，运费较班机低，但是运输的时间却比班机长。

包机运输满足了大批量货物进出口运输的需要，同时，包机运输的运费比班机运输形式低，且随国际市场供需情况的变化而变化，给包机人带来了潜在的利益。但是包机运输是按往返路程计收费用，存在着回程空放的风险。与班机运输相比，包机运输可以由承租飞机的双方议定航程的起止点和中途停靠的空港，因此，更具有灵活性。但是包机时间比班机长，尽管部分包机有固定时间表，经常因其他原因不能按时起飞。同时，各国政府为了保护本国航空公司利益常对从事包机业务的外国航空公司实行各种限制。当需要降落非指定地点外的其他地点（如申请入境、通过领空和降落地点）时，一定要向当地政府有关部门申请，同意后才能降落。

（三）集中托运

集中托运方式是指航空货运代理公司把若干批单独发运的货物组成一整批，向航空公司办理托运，填写一份总运单将货物发运到同一站，由航空货运代理公司在目的地的指定代理人负责收货、报关，并将货物分别交予各收货人的运输方式。这种集中托运方式在国际航空运输业中开展比较普遍，也是航空货运代理的主要业务之一。

航空公司采用公布的不同重量标准多种运费费率，而且采用递减原则，托运的每批货物越多或越重，则按每千克或每磅收取的费率就越低。这就使航空货运代理公司可以把从不同的发货人那里收集的小件货物集中后，使用航空公司较低的运价，从而赚取运价的差额。将货物集中托运，延伸了航空公司的服务，能够为货主提供方便。发货人将货物交予航空货运代理后即可取得货物分运单，并可持分运单到银行尽早办理结汇。

（四）航空快递

航空快递是指具有独立法人资格的企业将进出境的货物从托运人所在地通过自身或代理的网络运达收货人的一种快速运输方式，是目前国际航空货运中最快捷的运输方式。它不同于航空邮寄和航空货运，而是由一个专门经营该业务的公司和航空公司合作，派专人以最快的速度在货主、机场、用户之间运送货物。

1. 航空快递的特点

航空快递与其他运输方式相比，具有如下特点：

(1) 航空快递以运送文件单证和小包裹为主。

(2) 航空快递由于中间环节少，速度快于普通的航空货运。

(3) 航空快递中存在一种比普通航空货运分运单应用更为广泛的交付凭证——POD（Proof of Delivery）。

(4) 办理快递业务的大都是国际性的跨国公司，如 DHL、UPS、FedEx 等。

2. 航空快递的主要业务形式

(1) 机场到机场。在这种形式中，托运人在飞机始发机场将货物交给航空公司，然后打电话通知目的地收货人到机场取货。采用这种方式的一般是海关当局有特殊规定的货物。

(2) 桌到桌或门到门。这是航空快递公司最常用的一种服务形式。首先由发件人在需要时电话通知快递公司，快递公司派人上门取件，然后将所收到的快件集中在一起，根据其目的地分捡、整理、制单、报关，然后发往世界各地。到达目的地后，再由当地的分公司办理清关、提货手续，并送至收件人手中。

(3) 派专人送货。派专人送货是指快递公司派专人随机押送，在最短时间内将货物直接送到收件人手中。这种形式服务周到，但费用较高。

（五）联运方式

联合运输方式是包括空运在内的两种以上运输方式的联合运输。具体的做法有陆空联运（火车一飞机联合运输，Train-Air；卡车—飞机联合运输，Truck-Air，均简称为 TA)、陆空陆联运（Train-Air-Truck，TAT）等。我国空运出口货物通常采用陆空联运方式，这是因为，我国幅员辽阔，然而国际航空港口岸主要有北京、上海、广州等，虽然省会城市和一些主要城市每天都有班机飞往上海、北京、广州，但是班机所带货量有限，费用比较高。如果采用国内包机，费用更加高昂。因此，在货量较大的情况下，往往采用陆运方式运至航空口岸，再与国际航班衔接。此外，由于汽车具有机动灵活的特点，在运输时间上更可掌握主动，因此，一般都采用 TAT 联运方式组织出运。

五、航空货物运输种类及其办理条件

（一）国内航空货物运输服务的种类

在航空货物运输发展的过程中，航空公司为了区分运送物品的特征以及适应航空运输市场竞争的需要，通常将广义的航空货物运输服务分为三种，即普通货物运输、邮件运输和快递运输。

1. 航空普通货物运输

航空货物，通常是指需要航空运送的普通物品。自 20 世纪 70 年代大型喷气运输机投入运营以来，航空货物运输周转量显著增长。由于航空运输成本远高于任何一种基于地面的运输方式，因此航空运输主要以时效性要求高、颠簸容易受损的精密仪器设备的运输，或路程远、交通不便的运输等为主。

2. 航空邮件运输

自飞机问世以来，人类首先尝试利用飞机进行的货物运输就是利用飞机运送邮件。航空邮件服务的出现，使人类的交流更加便捷。随着现代电子通信网络的发展，航空邮件市场受到前所未有的冲击，航空邮件运输周转量在航空货物运输市场上所占的份额极小。

3. 航空快递运输

航空快递运输，是指航空快递企业利用航空运输，收取发件人托运的快件，并按照向发件人承诺的时间将其送交指定地点或者收件人。快递企业能掌握运送过程的全部情况，并能将即时信息提供给有关人员。航空快递是航空货运市场竞争的产物。

随着航空运输市场的发展和竞争，航空邮件、航空快递与航空货运等服务之间的差别越来越小。

（二）国内航空货物运输的办理条件

1. 普通货物的办理条件

（1）非宽体飞机载运的货物，每件货物重量一般不超过 80kg，体积一般不超过 40cm×60cm×100cm。宽体飞机载运的货物，每件货物重量一般不超过 250kg，体积一般不超过 100cm×100cm×140cm。超过以上重量和体积的货物，承运人可依据机型及出发地和目的地机场的装卸设备条件，确定可收运货物的最大重量和体积。

（2）每件货物的长、宽、高之和不得小于 40cm。

2. 特种货物的办理条件

(1) 急件运输条件。托运人要求急运的货物，经承运人同意，可以办理急件运输，并按规定收取急件运费。

(2) 微生物制品运输条件。凡对人体、动植物有害的菌种、带菌培养基等微生物制品，未经民航总局特殊批准不得承运。凡经人工制造、提炼，进行无菌处理的疫苗、菌苗、抗菌素、血清等生物制品，如托运人提供无菌、无毒证明可按普通货物承运。微生物及有害生物制品的仓储、运输应当远离食品。

(3) 植物和植物产品运输条件。植物和植物产品运输须凭托运人所在地县级（含）以上的植物检疫部门出具的有效“植物检疫证书”。

(4) 骨灰和灵柩的运输条件。骨灰应当装在封闭的塑料袋或其他密封容器内，外加木盒，最外层用布包装。灵柩托运的条件有：

①托运人应当凭医院出具的死亡证明及有关部门出具的准运证明，并事先与承运人联系约定。

②尸体无传染性。

③尸体经过防腐处理，并在防腐期限以内。

④尸体以铁质棺材或木质棺材为内包装，外加铁皮箱和便于装卸的环扣。棺内敷设木屑或木炭等吸附材料，棺材应当无漏缝并经过钉牢或焊封，确保气味及液体不致外溢。

⑤在办理托运时，托运人须提供殡葬部门出具的入殓证明。

(5) 危险货物的运输条件。危险货物的运输必须遵守中国民用航空总局有关危险货物航空安全运输的管理规定。

(6) 动物的运输条件。动物运输必须符合国家有关规定，并出具当地县级（含）以上检疫部门的免疫注射证明和检疫证明书；托运属于国家保护的动物，还需出具有关部门准运证明；托运属于市场管理范围的动物要有市场管理部门的证明。托运人托运动物，应当事先与承运人联系并订妥舱位。办理托运手续时，须填写活体动物运输托运申明书。须专门护理和喂养或者批量大的动物，应当派人押运。动物的包装，既要便于装卸又需适合动物特性和空运的要求，能防止动物破坏、逃逸和接触外界，底部有防止粪便外溢的措施，保证通风，防止动物窒息。动物的外包装上应当标明照料和运输的注意事项。有特殊要求的动物装舱，托运人应当向承运人说明注意事项或在现场进行指导。

(7) 鲜活易腐物品的运输条件。托运人托运鲜活易腐物品，应当提供最长允许运输时限和运输注意事项，订妥舱位，按约定时间送机场办理托运手续。政府规定需要进行检疫的鲜活易腐物品，应当出具有关部门的检疫证明。包装要适合鲜活易腐物品的特性，不致污染、损坏飞机和其他货物。客运班机不得装载有不良气味的鲜活易腐物品。需要特殊照料的鲜活易腐物品，应由托运人自备必要的设施，必要时由托运人派人押运。鲜活易腐物品在运输、仓储过程中，承运人因采取防护措施所发生的费用由托运人或收货人支付。

(8) 贵重物品的运输条件。贵重物品包括：黄金、白金、铱、铑、钯等稀贵金属及其制品；各类宝石、玉器、钻石、珍珠及其制品；珍贵文物（包括书、画、古玩等）；现钞、有价证券以及毛重每千克价值在人民币2000元以上的物品等。

贵重物品应当用坚固、严密的包装箱包装，外加“井”字形铁箍，接缝处必须有封志。

(9) 特种管制物品的运输条件。枪支、警械（简称“枪械”）是特种管制物品；弹药是特种管制的危险物品。托运时应当出具下列证明：

①托运人托运各类枪械、弹药必须出具出发地或运往县、市公安局核发的准运证或国家主管部委出具的许可证明。

②进出境各类枪支、弹药的国内运输必须出具边防检查站核发的携运证。枪械、弹药包装应当是出厂原包装，非出厂原包装应当保证坚固、严密、有封志。枪械和弹药要分开包装。枪械、弹药运输的全过程要有严格的交接手续。

(10) 押运货物的运输条件。根据货物的性质，在运输过程中需要专人照料、监护的货物，托运人应当派人押运，否则，承运人有权不予承运。押运货物需预先订妥舱位。押运员应当履行承运人对押运货物的要求并对货物的安全运输负责。押运员应当购买客票和办理乘机手续。承运人应当协助押运员完成押运任务，并在押运货物包装上加贴“押运”标贴，在货运单储运注意事项栏内注明“押运”字样并写明押运的日期和航班号。

3. 航空快递的运输条件

(1) 航空快件发件人向航空快递企业交运航空快件时，航空快递企业要求发件人出具单位介绍信或其他有效证件的，发件人应予提供。

(2) 航空快件包装内，不得夹带禁止运输或者限制运输的物品，保密文件和资料等航空快件必须经过安全检查。

4. 航空邮件的运输条件

(1) 航空邮件内不得夹带危险品及国家限制运输的物品。

(2) 航空邮件应当进行安全检查。

5. 货物包机、包舱运输的条件

(1) 申请包机，凭单位介绍信或个人有效身份证件与承运人联系协商包机运输条件，双方同意后签订包机合同。包机人与承运人应当履行包机合同规定的各自承担的责任和义务。包机人和承运人执行包机合同时，每架次货物包机应当填制托运书和货运单，作为包机的运输凭证。包机人和承运人可视货物的性质确定押运员，押运员凭包机合同办理机票并按规定办理乘机手续。

(2) 包用飞机的吨位，由包机人充分利用。承运人如需利用包机剩余吨位应当与包机人协商。

(3) 包机合同签订后，除天气或其他不可抗力的原因外，托运人和承运人均应当

承担包机合同规定的经济责任。包机人提出变更包机前，承运人因执行包机任务已发生的有关费用应当由包机人承担。

（4）包用飞机，承运人按包机双方协议收取费用。

（5）申请包舱或包集装板（箱）的合同签订及双方应当承担的职责和义务，参照包机的有关条款办理。

六、航空运输组织

（一）国际航空运输协会

国际航空运输协会（IATA）是各国航空运输企业之间的联合组织，会员必须是国际民用航空组织的成员国颁发的定期航班运输许可证的航空公司。

国际航空运输协会总部设在加拿大的蒙特利尔，执行总部设在瑞士日内瓦，同时在日内瓦设有清算所，为各会员公司统一财务上的结算。

1. 国际航空运输协会的目标和任务

国际航空运输协会的目标是调解有关商业飞行上的一些法律问题，简化和加速国际航线的客货运输，促进国际航空运输的安全和世界范围内航空运输事业的发展。

其具体任务是：

（1）设定实施分级联运，使一张票据可通行全世界。

（2）协议规定运送人承运时在法律上应负的责任和义务。

（3）协议议定客货运段，防止彼此间的恶性竞争。

（4）协议建立各种业务一定的作业程序。

（5）协议制定各文书的标准格式，以节省人力和物力。

（6）协议会员间相互利用装备，并提供新的技术知识。

（7）设置督察人员，以确保决议的切实执行。

（8）允许授例竞争，以保护会员公司的利益。

2. 国际航空运输协会的机构

（1）全体会议。全体会议是国际航空运输协会的最高权力机构，每年举行一次，每一正式会员拥有一票表决权。全体会议的决定以多数票通过。在全体会议上，审议的问题只限于那些涉及国际航空运输协会本身的重大问题。

（2）执行委员会。执行委员会是协会的代表机构，对外全权代表国际航空运输协会。它的成员必须是正式会员的代表，任期分别为一年、两年和三年。执行委员会的职责包括管理协会的财产、设置分支机构、制定协会的政策等。目前执行委员会有 30 名成员。

（3）专门委员会。协会分为运输、财务、法律和技术委员会。每一委员会由专家、地域代表及其他人员组成并报执委会和大会批准。目前运输委员会有 30 名成员，技术委员会有 30 名成员，财务委员会有 25 名成员，法律委员会有 30 名成员。

3. 国际航空运输协会的主要工作

(1) 运价协调。国际航空运输协会通过召开运输会议确定运价，经有关国家批准后即可生效。国际航空运输协会制定了一整套完整的标准和措施以便在客票、货运单和其他有关凭证以及对旅客、行李和货物的管理方面建立统一的程序，这也就是所谓的“运输服务”，它主要包括旅客、货运、机场服务三个方面，也包括多边联运协议(MITA)。为便于工作，协会又将全球划分为三个区域，即一区——北美洲、中美洲和南美洲；二区——欧洲、中东地区和非洲；三区——亚洲、澳大利亚和太平洋地区。

(2) 代理人事务。国际航空运输协会在 1952 年就制定了代理标准协议，为航空公司与代理人之间的关系设置了模式。协会举行一系列培训代理人的课程，为航空销售业造就合格人员。

(3) 法律。首先，国际航空运输协会的法律工作主要是为世界航空的平稳运作而设立出文件和程序的标准；其次，是为会员提供民用航空法律方面的咨询和诉讼服务；再次，在国际航空立法中，表达航空运输承运人的观点。

(4) 技术。国际航空运输协会在技术领域进行着大量的工作，主要包括：航空电子和电信、工程环境、航行、医学、机场、简化手续以及航空保安工作。

(二) 国际民用航空组织

国际民用航空组织 (ICAO) 是各国政府之间组成的国际航空运输机构。1944 年 12 月 7 日，近 50 个国家在美国芝加哥会议签署了《国际民用航空公约》。1947 年正式成立有权威的国际民用航空机构的先驱。1947 年 5 月 13 日，国际民用航空组织正式成为联合国的一个专门机构，现有 161 个成员国，该组织下设航行、航空运输、联合供应空中航行设施、财务和关于非法干扰国际民用航空及其设施委员会，另有常设的法律委员会协调工作。总部设在加拿大的蒙特利尔，最高权力机关至少 3 年举行一次全体成员大会，常设机构是理事会。理事会由大会选出的 33 名会员国代表组成，我国于 1974 年正式加入该组织，也是理事国之一。理事会有权就条约和公约的解释问题，请求设在海牙的国际法院发表咨询意见，凡成员国卷入争端而不能协商解决时，可要求理事会作出裁决。其具体任务有：

(1) 满足全世界人民从航空事业中获取安全与经济的效用。

(2) 鼓励各国为发展国际民航事业的航路、航站及助航设备而努力。

(3) 确保全世界民航事业安全而有秩序地发展壮大。

(4) 鼓励各国为和平用途改进航空器的使用技术。

(5) 促进国际民用航空器的飞行安全。

(6) 确保各缔约国的权利获得完全的尊重，并在国际民航方面获得平等的机会。

(7) 促进各国和平交换空中通过权。

(8) 避免各缔约国间的差别待遇。

(9) 促进各国民航业务的全面发展。

（三）国际电讯协会

国际电讯协会（SITA）是联合国民航组织认可的一个非营利组织，是航空运输业世界领先的电信和信息技术解决方案的集成供应商。它成立于1949年，目前在全世界拥有650家航空公司会员，其网络覆盖全球180个国家。SITA的发展带动了全球航空业使用信息技术的能力，并提高全球航空公司的竞争能力。SITA不仅为航空公司提供网络通信服务，还可为其提供共享系统。

SITA为适应航空运输的快速发展，其发展策略由原来的网络提供者转变为一个整体方案的提供者，未来的SITA将为航空业提供互联网与公司内部网络之间完整的整合性解决方案、工作站整合、委派服务、机场系统以及各种解决方案，届时SITA将成为业界公认的整合式LAN/WAN环境及工作站整合服务的提供者，并成为端对端服务的领导者。

虽然SITA存在很多优势，但同时也存在着某些劣势：

（1）SITA系统成本太高。

（2）SITA系统的稳定性比较差，一旦出现差错，对全企业将产生很大影响。

（3）数据无法共享，导致信息无法与其他系统交流。

（4）SITA系统本身是一个大系统，而货运系统是其中的一个子系统，因此功能设计上有缺陷。

（5）SITA系统的界面不友好，操作太复杂。SITA系统的界面不是Windows界面，导致普通工作人员难以操作。

七、航空货运实务

航空货物运输生产的任务，就是承运人按照货运单上的发运日期和航班要求，组织运力将货物运达目的地。

航空货运生产过程大致分为货物收集、进港、运送、到港和交货等阶段。从生产性质上来看，航空货物运输生产可以分为两大部分：一部分是以货物收集为中心的货运市场组织和管理，另一部分是以货物运送为中心的货物进港、货物运送、货物出港和交付过程。

（1）运输生产计划。根据航空货运市场调查和预测，估算航空货物在各航空港之间的流量和流向，确定本公司的市场目标和市场份额。在此基础上，制订货物运输生产计划，主要包括运力计划、运输量计划、周转量计划、收入计划及运输综合计划等。

（2）货物进出港生产组织与管理。航空货物运输市场销售部门接收的交运货物，一般在航空港组织进港和出港生产。相当一部分航空公司委托航空港进行进出港的组织和管理，大型航空公司一般在基地航空港自行组织货物进出港生产。

货物进出港是一个组织严密的生产过程，有严格的工序控制和定时要求，有严格的操作规范和重量指标，包括载重标准、舱位标准、安全标准等。涉及的部门多，需要统一组织和协调与密切合作。对于旅客航班的货运生产工序与客运同步进行，以保

证航班正点。

(3) 吨位控制与配载。航空货物运输需要通过吨位控制来提高载运率。换言之，货运既要考虑货物的体积，还要考虑货物的重量。因此，吨位控制的任务是通过舱位预订与分配来提高货舱的载运率，避免吨位浪费、超售或装运过载。

由于航空货运可以采用全货机或客货混装型飞机运输。因此，吨位控制和配载管理的原则不完全相同。

采用全货机方式运输时，吨位控制和配载过程比较单一，主要控制货物体积（不能超高、超长）、形状（易于固定），不能超重。

客货混装方式运输时，必须先考虑运送旅客，因此货运吨位控制和配载要在保证客运的前提下进行。首先要根据乘客的座位分布情况，按照飞机的配载要求，进行货物的重量和位置控制，在保证飞机飞行平稳安全的前提下充分提高飞机载运率。

吨位控制与配载管理是一件非常重要的工作。必须科学地、严格地按照飞机的性能指标进行控制，在保证飞机飞行安全的前提下，充分提高生产效率和经济效益。

第二节　RFID 技术在航空运输中的应用

一、在航空运输中应用 RFID 技术的必要性

随着经济全球化的迅速发展，物流业越来越受到世界各国的重视。物流跟踪在物流业中占据越来越重的地位，它在提高物流质量方面起到了举足轻重的作用。射频识别（Radio Frequency Identification，RFID）（以下通称“RFID 技术”）技术作为物流跟踪的前沿技术，越来越受到大家的关注。20 世纪 90 年代以来，RFID 技术得到了快速的发展。RFID 技术，是一种利用射频通信实现的非接触式自动识别技术。它已经迅速渗入经济发达国家和地区的很多领域，并得到了相关技术与应用标准的国际化的积极推动。目前，RFID 技术在经济发达国家的物流业中得到了迅速发展，预计在不远的将来，RFID 将为中国物流业带来一场技术与成本的革命。

二、RFID 技术在航空运输管理上的应用

近年来，中国的物流领域正处在高速发展期，而 RFID 技术可以显著降低供应链管理和物流管理的成本，有助于降低各种意外造成的损失，有助于减小一些体积较小的商品被盗的可能性等，在客户管理和物流供应链管理方面带来了一场革命。中国作为人口大国，经济规模不断扩大，正成为全球制造的中心，RFID 技术有着广阔的应用市场。针对物流这一快速发展的行业，中国已初步开展了 RFID 相关技术的研发及产业化工作，并在部分领域开始了应用，但由于基础薄弱，缺乏核心技术，应用分散，不具备规模优势。RFID 技术的发展与应用是一项复杂的系统工程，涉及众多行业和政府部门，影响到社会、经济、生活的诸多方面，在广泛开展国际交流与合作的基础上实现

自主创新，需要政府、企业、研发机构间的统筹规划、大力协同，最大限度地实现资源合理配置和优势互补。为此科技部会同国家发改委、信息产业部、交通部、海关总署、国家质量监督检验检疫总局、国家标准化管理委员会以及中国标准化协会、中国物流与采购联合会等共同组织各部门的专家编写了 RFID 技术的推广政策，从 RFID 技术发展现状与趋势、中国发展 RFID 技术战略、中国 RFID 技术发展及优先应用领域、推进产业化战略和宏观环境建设五大方面为中国 RFID 技术与产业未来几年的发展提供系统性指南。国航公司、山航公司、大韩航空、全日空航空等航空公司均在此设立了办事处。美国康捷空、UPS 等世界 500 强企业货运营业部也落户其中。随着中国改革开放的进一步深化，特别是加入 WTO 之后，各家航空公司对航空物流更加重视，战略上从“轻货重客”转变为“客货并举”，近年来，随着航空货运业务在全球的快速发展和自动分拣技术的普遍应用，在航空货物物流中对提高货运的效率、降低分拣差错率都提出了更高的要求。而 RFID 技术的独特之处获得了在航空物流领域内的青睐。具体来说，RFID 应用的主要优势包括可以增加行李/货物的可见性、降低运营成本、提高客户服务水平及客户满意度。RFID 技术在航空货运管理上的应用可以为用户带来从货物代理收货到机场货站、安检、打板以及地服交接等环节效率的提高和差错率的降低，并可监控货物的实施位置。这为航空货运行业进一步提高运能、合理利用运力资源、改善服务质量提供了可靠的技术手段。

第三节　GPS 技术在航空运输中的应用

一、GPS 技术在航空运输中应用的必要性

中国民用航空总局航空安全技术中心 2005 年 12 月提出通用飞机空地指挥系统，此系统利用卫星定位系统（GPS）与地理信息系统（GIS）结合来确定飞机在空中的位置。其原理是飞机上的 GPS 接收机将飞机的位置（经度、纬度、时间）数据传给飞机上的机载计算机，机载计算机将接收到的 GPS 信息通过机载数传电台向地面发送。地面计算机的屏幕上绘有机场的空域范围及飞机应该飞行的路径，地面计算机将接收到的信息通过坐标转换（WGS84—Beijing 1954），在地面计算机屏幕的相应位置显示出来，这样，就可以在地面计算机的屏幕上清楚地看出飞机偏离航线的情况及几架飞机的相互位置。

在国内民航的大型机场，飞机的指挥调度系统是通过二次雷达来实现，即飞机上装有应答机，机场安装二次雷达，二次雷达将接收到的应答机信号进行解算，解算出飞机的位置和高度，在二次雷达的显示屏上显示飞机的位置、高度以及飞机的编号，管制员通过每一架飞机在屏幕的位置和高度进行指挥调度。但二次雷达的价格昂贵，安装一部二次雷达需要花费几千万元人民币，并且飞机上必须配备二次应答机。这些对中小型机场和通用飞机更是不可能的。

目前在一些通用机场的做法是通过“摆棋子”来指挥调度。即每一个棋子写有飞机的编号，管制员与飞行员不断地通话，由飞行员来回答飞机的位置，管制员将写有该飞机编号的“棋子”放在图纸的相应位置上，管制员通过“棋子”在图纸的不同位置来进行指挥调度。这种做法使管制员与飞行员工作量大大增大，而且易于出错。

精密时间是现代高科技发展的必要条件）精密时间的应用涉及从基础研究领域（天文学、地球动力学、物理学等）到工程技术领域（信息传递、电力输配、深空跟踪、空间旅行、导航定位、武器精密时间是现代高科技发展的必要条件），精密时间的应用涉及从基础研究领域（天文学、地球动力学、物理学等）到工程技术领域。近20年来，随着我国国民经济的飞速发展，国防建设步伐的不断加快，特别是在航天和战略武器试验、电信技术和交通运输业的加速发展，都对它们所依赖的高精度时间同步提出了更高的要求。授时系统就是使仪器或计算机与国际标准时间达到精确同步。通常，可以用原子钟来保证仪器的时间与国标时间达到精确同步，但是原子钟价格昂贵。所以在民用航空系统中，GPS授时系统没有出现前，都是采用传统的用计算机时钟作为时统，计算机时钟由晶体振荡器和软件计数器组成，晶体振荡器产生稳定的周期的振荡，这样1s就可以通过振荡的次数来表示：软件计数器则记录时间码，即总的秒数。晶体振荡器以一定间隔使计算机产生一次中断，然后使软件计数器增加一定量来改变时间码。由于计算机本身的晶体振荡器的频率稳定度有限，使得计算机时钟精确度不高。

二、GPS技术在航空运输管理中的应用

随着民用航空运输业的迅猛发展，对空中交通管制现代化水平提出了更高的要求。航管部门，作为空中交通指挥部门，主要负责对航空器和航班的调动和管制，保障飞行安全。由于航空器具有高速运动的特性，航管部门为了能够精确、快速地对航空器进行指挥和控制，必须在航管通信中拥有准确的时间基准。目前，许多航空器上已经安装了飞机通信寻址与报告系统（ACARS）设备。通过ACARS设备，航空器能获取准确的全球定位系统（GPS）时间。对应的航管信息系统采用分布式结构，传统上以计算机作为时统。由于它精确度差，受外界影响大，已不宜在航管信息系统中作为时统使用。探索一种简便、可靠、准确的航管信息时统新方法是一个迫切需要解决的问题。随着GPS技术的发展，由于GPS卫星装载了高精度的铯原子钟，全球定位系统（GPS）可在全球范围内提供精确的UTC时间码和秒定时脉冲，利用GPS接收机接收卫星的UTC时间码和秒脉冲，通过软件从串口将UTC时间码和秒脉冲读到计算机，用以校准计算机时钟的频率和时间，就可以得到比计算机时钟精确得多的时间系统，所以，利用GPS作为时统就在很多的领域得到了广泛的应用。由此，利用GPS授时作为时统可以避免使用价格昂贵的原子钟，节省很多的成本，又可以得到比计算机时钟精确得多的且能很好地满足民航系统对时统需要的时间系统。

第四节　GIS 技术在航空运输中的应用

一、在航空运输中应用 GIS 技术的必要性

在经济全球化、航空自由化的背景下，民用航空运输业取得了前所未有的发展。民用机场的功能在不断扩大，机场的概念也拓宽了，不再只是飞机起降的场所，而成为了客货的集散地，甚至是一个经济实体。在这种情况下，机场管理的内容也更为复杂，安全管理、净空管理、运行管理、机坪管理、地面勤务管理、飞行区管理、客运管理、货运管理、服务质量管理、土地与规划管理、环境管理、经营管理、物业管理等，不一而足。尤其是在机场的安全管理上，社会媒体给予了更多的关注。然而自1970 年以来，世界航空运输量的迅猛增长导致了航班的增加，给空中及地面交通都造成了拥挤，表现为飞机与飞机之间、飞机与服务车辆之间的冲突，在这种情况下机场的运行效率降低了，安全性也下降了。面对这样的情形，一些人提出了相关的解决办法，如扩大机场的规模，但是这样做势必会导致资金投入过大、周期长，而且见效也比较慢的后果；在原有基础上充分发挥或增加机场的容量成了被大多数人看好的解决方法。然而，在增加机场容量的同时，对机场地面飞机和机动车的移动管理也变得更复杂了，这不仅是飞机、机动车数量和移动频繁的问题，而且还有建筑物的阻挡、地面的复杂程度、地面飞机和机动车距塔台的距离及场面管制员的视角等因素的影响。因此，采取增加机场容量这一方案的前提是，我们必须对以上可能造成安全隐患的因素加以监测和控制，使其对机场安全的威胁最小。机场作为航空运输的重要环节之一，其安全管理涉及飞行安全、空防安全、地面安全、消防安全等多个部门。

据有关方面的统计，飞行事故中有 70%～80%是发生在机场或机场附近区域。所以，加强机场安全的防范是机场正常运行首要考虑的问题。在计算机、通信和数字技术等高科技迅猛发展的今天，在民用航空领域实施富含高科技的雷达监测系统是很有必要的。特别是从一个现代化大型国际机场的安全管理和运行管理来看，设计和安装一个完善、先进的安全防范系统尤其重要。但是目前被广泛运用的雷达监测系统存在一些问题，机场雷达探测范围多是通过二维的图形或图表来反映的，不能准确反映在三维地形环境中雷达发射的电磁信息的分布态势。

由于输电线路及其杆塔位置不仅与地理空间条件密切相关，而且线路工程图庞大、数据类型多而复杂，而地理信息系统（Geographic Information System，GIS）具有反映地理空间关系、统计各种空间及属性信息的能力。

对人类的很多活动而言，导航及定位都是至关重要的。美国国防部在 20 世纪 70 年代初开始设计 GIS，起初的设计目的只是为了协调飞机、导弹、轮船以及军队的调动与配置，认为军方在这些活动中必须在全球性定位或导航方面具有超高级精确度，整个 GIS 研究项目一直到 1993 年才最后完成。在 1991 年的海湾战争中，GIS 就已崭露头角，取得预期效果，它为空中轰炸和地面炮火提供准确目标，甚至能让当时美军指挥官手持 GIS 地面接收机极其正确地引导部队成功穿越了渺无人烟的沙漠。

二、GIS 技术在航空运输管理上的应用

由于微电子技术的迅速发展，现在的 GIS 接收机可缩小到几个集成电路的体积，使得系统结构变得十分经济、实用和简便。结合 GPS 的使用，GIS 这种新技术正在应用到各类部门中去，它不仅仅为运输工具在定位和导航等实用领域方面得到重要应用，而且还在跟踪、记时和绘制地图等方面都具有广阔的应用前景。对于美国国防部原先的 GIS 设计人员而言，GIS 的发展之快和用途之广，是始料未及的。例如，PDA（Personal Digital Assistant）个人数字助理，是近来继传呼机、手机之后，迅速崛起的新兴电子消费性产品，即智能电脑工具。同样，在民航系统中人们也早就在研究 GIS 的应用，近年来随着世界经济和我国经济的高速发展，我国经济体制改革和对外开放的不断深入，我国的航空运输量逐年递增，空中交通以惊人的速度发展，从事民用航空的飞机越来越多，民航的航路开辟的越来越多，对空管工作的要求越来越高。一方面繁忙的空中交通由空管局统一调度管制，另一方面机场的跑道、滑行道及停机坪上的飞机和车辆的交通在可以预见的将来，也会十分繁忙，而站坪这部分的交通管制在中国现有的机场都是简单地依靠目视指挥，辅以一些内通设备来完成，而这种传统的管理手段也就导致了机场运营效率的低下。目前国际上通常的做法是使用机场站坪的车辆监控系统，可以很好地解决站坪管理落后的情况，提高站坪指挥的效率，国内的机场就有北京、上海、广州等地在使用，目前 ITS（智能车辆导航系统）发展迅速，有很多成型的产品问世并投入使用，但是，对于民航系统的特殊要求，很多地方都不能满足，经多方考察论证，沈阳空管局决定自主开发，这样在节约大量的成本同时可以根据自身的特点开发出更加适合自身情况的软件。

本章小结

本章介绍了航空运输的概念及特点、航空运输的组织管理；RFID 技术在航空运输中的必要性以及在铁路运输应用领域；GPS 技术在航空运输中的应用必要性以及应用领域；GIS 技术在航空运输中应用的必要性以及应用领域。通过学习本章，使学生很好掌握物联网在航空运输中的运用。

思考题

1. 什么是航空运输？
2. 在航空运输中应用 RFID 技术有哪些作用？如何应用？
3. 在航空运输中应用 GPS 技术有哪些作用？如何应用？

4. 在航空运输中应用 GIS 技术有哪些作用？如何应用？

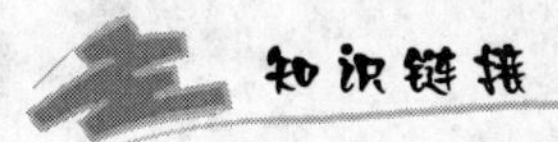

中国将启用“物联网电子货单”

由中国民航信息网络公司与清华大学深圳研究院共同开发的“物联网电子货单”平台即将完成部署，近期将在内地航空业投入运作。

该电子货单平台的建设将推进航空公司货运系统、机场物流系统、代理人货运系统的整合，实现国内货运系统和国外货运系统的整合，提高中国航空物流信息化水平，提升航空物流企业的整体竞争力。接受工业和信息部委托开展航空电子货单信息平台建设的中航信负责人介绍，电子货单平台建设是推进航空物联网建设的重要环节，该平台投入运营后，可提供数据交换、电子文件管理、单证管理、运输选择、运单数据采集等服务。

（资料来源：http：//www. bokee. net/bloggermodule/blog _ viewblog. do？ id=4829525）

第六章　水路运输物联网系统

教学目标

通过本章的学习，了解水路运输的含义、特点、类型以及运输方式，掌握RFID技术、GPS技术以及GIS技术在水路运输中的应用内容。

第一节　水路运输概述

一、水路运输的发展

地球上的陆地被广阔的海洋所分割和包围，大陆间只有通过空中或海洋交通才能彼此沟通，而海上运输以其运量大、成本低的优势，始终占据主要地位。

海上货物运输按船舶经营方式可以分为班轮运输和租船运输两种。在19世纪以前，航运业仍以帆船为主，国际间贸易往来的规模也较小，甚至贸易和航运业合二为一而难以分开，海上航运业仅仅以运送属于自己或合伙经营的国际贸易货物为主。因此，船舶航行的航线和发船间隔取决于承运人自身的贸易运输需要，并不固定。直到19世纪，因人口和加工场数量的增加，农业生产技术的改进，以及煤炭用于工业用燃料等原因导致的运量急剧增加，才使得贸易与航海相脱离，出现了专门承运属于他人货物为主的船舶营运业。但当时船舶所载运的货物仍以大宗货物为主，并且还是以不定期船营运方式为主进行经营的。

18世纪末，在美洲和澳大利亚相继发现了大金矿后，世界黄金供给来源大幅度增加，有力地刺激了工业生产，并迅速促进了国际间的贸易。金矿的发现，还引起了欧洲向美洲和澳大利亚大量移民。为了适应越来越多的海外移民、邮件和供应品以及国际贸易货物的运输需求，在一些货源充足且稳定的航线上出现了班轮运输，从而使原来只是单一的不定期船运输的海运船舶经营方式分化成班轮运输和不定期船运输两种并存的船舶经营方式。1818年，美国“黑球”轮船公司首先开辟了纽约—利物浦之间的帆船定期班轮航线，揭开了世界定期班轮运输史的序幕。1824年，英国通用轮船公司成立，在伦敦、汉堡和鹿特丹之间开辟了班轮航线，开始了以蒸汽机为动力的班轮运输。1839年，英国“半岛与东方轮船公司”拓展了中东、远东、澳大利亚班轮航线。

此后，日本、德国、法国等国的船公司纷纷经营班轮运输，班轮航线日益增多。

随着班轮运输的发展，班轮市场出现竞争，并逐渐由竞争走向垄断。当某一航线同时有几家船公司经营班轮运输时，各船公司往往以降低运价来揽载货源。为了避免各船公司之间无休止的竞争，维护共同的利益，同一航线上参加经营的两个以上的船公司，通过在运价和其他经营活动方面签订协议而组成国际航运垄断组织，即班轮公会。19 世纪后半叶，航运界出现了以垄断航线经营为目的的第一个班轮公会组织，它是由英国七家船公司在印度加尔各答贸易中成立的班轮公会，专门经营英国至加尔各答的航线。此后，班轮公会发展很快，世界各条航线上几乎都出现了班轮公会，其中具有代表性的“远东班轮公会”是一个相当庞大的国际航运垄断组织，会员公司包括英国、瑞典、挪威、丹麦、荷兰、原联邦德国、美国、法国、日本等几十个国家的各大船公司。

20 世纪 60 年代，集装箱运输进入了班轮运输，这不仅意味着装卸方式的改革，而且还意味着件杂货运输又实现了一次具有划时代意义的革命（如图 6－1 所示）。由于集装箱船舶在港停留时间和航速方面具有明显的优势，因此，其营运效率大大高于传统的件杂货船舶。但与此同时，集装箱运输对班轮经营也产生了相当深刻的影响，主要反映在集装箱化使航线上运力过剩、竞争加剧，使船公司经营走向集团化。集装箱运输集团化是通过几家船公司组成集装箱运输的联营集团而实现的。20 世纪 90 年代，经营包括贯太平洋、贯大西洋和欧洲—远东航线的“全球联营体”，风行世界集装箱班轮业。自 1994 年 9 月美国总统轮船公司、日本大阪三井、荷兰渣华、中国香港东方海外和马来西亚国际五家班轮公司宣布组成第一个全球联营体以来，相继又形成了有十几家班轮公司组成的多个全球联营体。这些联营体运作后，形成了太平洋、欧洲等主要班轮航线主要由几个大型全球联营体和几个独立承运人经营的局面。

图 6－1　集装箱船

我国的班轮运输始于19世纪70年代，当时招商局开始在沿海和长江经营班轮运输。20世纪初，三北、宁绍、民生等轮船公司在长江和其他内河开始经营班轮业务。1961年，中国远洋运输总公司成立，开始建立中国的远洋运输船队和国际班轮航线，结束了外轮垄断我国国际班轮运输的局面。目前，我国已开辟了至世界各大主要港口的件杂货和集装箱班轮航线。

为了规范我国航运市场的交易行为，1996年11月，我国成立了第一个国家级水运交易市场——上海航运交易所。交通部将以此为起步力争在全国建成较为完整的航运市场。

1997年9月，上海港又率先推出了集装箱国际中转业务，这是当今世界主要集装箱大港普遍开展的一项业务，其主要任务是将第三国的货物吸引到本国港口中转。上海港启动集装箱中转业务这一重大举措，将随着洋山深水港的建设步伐迈向新高。

二、水路运输的含义及其特点

（一）水路运输的含义

水路运输是以船舶为主要运输工具，以港口或港站为运输基地，以水域包括海洋、河流和湖泊为运输活动范围的一种运输方式。水运至今仍是世界许多国家最重要的运输方式之一。水路运输为目前各主要运输方式中兴起最早、历史最长的运输方式。其技术经济特征是载重量大、成本低、投资省，但灵活性小，连续性也差。较适于担负大宗、低值、笨重和各种散装货物的中长距离运输，其中特别是海运，更适于承担各种外贸货物的进出口运输。

（二）水路运输的特点

水路运输与其他几种运输方式相比，主要有运量大、成本低、效率高、能耗少、投资省的优点，同时也存在速度慢、环节多、自然条件影响大、机动灵活性差等缺点。具体地说，有以下几个方面：

（1）水运可以实现大吨位、大容量、长距离的运输。我国常用的25000t级的运煤船，一艘船就相当于12列运煤火车或上万辆运煤汽车的载货量。

（2）能源消耗低。运输1t货物至同样距离而言，水运所消耗的能源最少。

（3）运输成本低。水上运输工具主要在自然水道上航行，航路是天然的，只需花少量资金对其进行整治，维护船标设施和管理，就可供船舶行驶。水运的运输成本为铁路运输的1/25～1/20，公路运输的1/100。

（4）水运在整个综合运输系统中通常是一个中间运输环节，它在两端港口必须依赖于其他运输方式的衔接和配合，为其聚集和疏运货物。

（5）水运的运输速度较其他运输方式要慢。一方面因为船舶航行于水中时的阻力较大；另一方面是因为要实现大运量运输，货物的集中和疏散所需时间也长。

（6）水运的外界营运条件复杂且变化无常。海运航线大都较长，要经过不同的地理区域和不同的气候地带，内河水道的水位和水流速度随季节不同变化很大，有些河

段还有暗礁险滩，因而水运受自然因素的影响较大。而且水运具有多环节性，需要港口、船舶、供应、通信导航、船舶修造和代理等企业以及国家有关职能部门等多方面的密切配合才能顺利完成。因而，水运管理工作是较为复杂和严密的。

(7) 海运具有国际性。一是商船有权和平航行于公海和各国领海而不受他国管辖和限制，有权进入各国对外开放的，可供安全系泊的港口，故使海运在国际交通中极为方便；二是各国的商船可在国际海运上进行竞争。当然，海运是世界性的商务活动，除必须遵守各国的海运法规外，也要尊重国际法律。

三、水路运输的类型

水路运输有多种分类方法。

（一）按贸易种类划分

水路运输可以分为外贸运输和内贸运输。

外贸运输是指本国同其他国家和地区之间的贸易运输；内贸运输是指本国内部各地区之间的贸易运输。

（二）按航行区域、水路运输划分

水路运输可以分为远洋运输、沿海运输、内河运输和湖泊（包括水库）运输。

远洋运输是指国际之间的运输，以外贸运输居多；沿海运输是指几个邻近海区间或本海区内的运输，以内贸运输为主；内河运输是指在一条河流（包括运河）上或通过几条河流的运输，一般为国内运输；湖泊运输是指一个湖区内的运输，大多属于国内运输。

（三）按运输对象划分

水路运输可以分为旅客运输和货物运输。

旅客运输是指以旅客和部分货物为载运对象的运输，有单一客运（包括旅游）和客货兼运之分。货物运输是指以货物为载运对象的运输，按货类分有散货运输和杂货运输两类，前者是指无包装的大宗货物如石油、煤炭、矿砂等的运输；后者是指批量小、件数多或较零星的货物运输。

（四）按船舶营运组织形式划分

水路运输可分为定期船运输（即班轮运输）、不定期船运输和专用船运输。

定期船运输是指选配适合具体营运条件的船舶，在规定航线上，定期停靠若干固定港口的运输；不定期船运输系指船舶的运行没有固定的航线，而是按照运输任务或按租船合同所组织的运输；专用船运输系指企业自置或租赁船舶从事本企业自有物资的运输。

四、水路运输方式

（一）内河运输

内河运输是现代化运输的重要组成部分。在欧洲，货物运输的43%是通过内河航运完成的。美国密西西比河的运量，已相当于 11 条铁路的运量。德国西部、比利时的内河货运量分别占全国总运量的 25%和 17%。近年来世界上主要发达国家大力发展现代化的内河运输。

1. 内河运输的特点

(1) 积极进行内河航道的建设。目前一些发达国家为了充分发挥内河运输的优势，使航线四通八达，纷纷制订计划整治内河航道，使之连成水网。

(2) 各国采用分节驳船推队，即用一艘推轮顶推数个乃至数十个无动力驳船，从而达到省人力、降低成本、增加单次运量的效果。现在英国的内河运输几乎全用驳船，顶推船大多在千吨以上。如图 6 - 2 所示。

(a)

(b)

图 6 - 2　驳船

(3) 世界一些国家都在发展现代化河海直达船舶，并日趋完善且向大型化发展。

(4) 各国对水资源进行综合利用，并已经取得显著的经济和社会效益。

内河航运是现代综合运输体系中的重要组成部分，是水资源合理开发和综合利用的主要内容之一。

2. 内河运输的作用

近几年来，内河沿线的公路加快建设的步伐。内河沿线综合运输网将进一步完善，多种运输方式并存且相互竞争的局面正在形成。内河沿线铁、公路网的发展在一定时期内无疑会分流内河航运的货源，但是，现代经济对运输的需求是大量的，也是多种多样的：各种运输方式各有其优点和缺点，各有其存在和发展的货源基础。

与铁路、公路相比，长江航运存在着速度慢、时效性不强的弱点的同时，又存在着投资少、运力大、成本低、能耗低的优势。运送没有时效性要求的大宗货物和集装箱货物，尤其是需要量稳定，连续发送就能满足其需要，且价格不高。运输费用占整个售价较大比例的大宗货物，内河航运具有明显的优势。

因此，从根本上来说，内河航运作为综合运输体系的一个重要组成部分，在流域综合运输体系中仍将占据自己应有的地位，具有不可替代的重要作用。

（二）海上运输

1. 海上运输的特点

在国际货物运输中，运用最广泛的是海上运输（Ocean Frans-port）。目前，其运量在国际货物运输总量中占80％以上。海洋运输之所以被如此广泛采用，是因为它与其他国际货物运输方式相比．主要有下列明显的特点：

（1）通过能力大。海洋运输可以利用四通八达的天然航道，它不像火车、汽车受轨道和道路的限制，故其通过能力很大。

（2）运量大。海洋运输船舶的运载能力，远远大于铁路运输车辆和公路运输车辆。如一艘万吨船舶的载重量，一般相当于250～300个车皮的载重量。

（3）运费低。按照规模经济的观点，因为运量大，航程远，分摊于每货运吨的运输成本就少，因此运价相对低廉。

海洋运输虽有上述优点，但也存在不足之外。例如，海洋运输受气候和自然条件的影响较大，航期不易准确，而且风险较大。此外，海洋运输的速度也相对较慢。海洋运输按照船舶经营方式的不同，可分为班轮运输（Liner Transp）和租船运输(Shipping by Chartering)。

2. 海上运输的作用

（1）海洋货物运输是国际贸易运输的主要方式。国际海洋货物运输虽然存在速度较低、风险较大的不足，但是由于它的通过能力大、运量大、运费低以及对货物适应性强等长处，加上全球特有的地理条件，使它成为国际贸易中主要的运输方式。我国进出口货物运输总量的80％～90％是通过海洋运输进行的，由于集装箱运输的兴起和发展，不仅使货物运输向集合化、合理化方向发展，而且节省了货物包装用料和运杂费，减少了货损货差，保证了运输质量，缩短了运输时间，从而降低了运输成本。

（2）海洋货物运输是国家节省外汇支付，增加外汇收入的重要渠道之一。在我国运费支出一般占外贸进出口总额的10％左右，尤其大宗货物的运费占的比重更大，贸易中若充分利用国际贸易术语，争取我方多派船，不但节省了外汇的支付，而且还可以争取更多的外汇收入。特别把我国的运力投入到国际航运市场，积极开展第三国的运输，为国家创造外汇收入。目前，世界各国，特别是沿海的发展中国家都十分重视建立自己的远洋船队，注重发展海洋货物运输。一些航运发达国家，外汇运费的收入成为这些国家国民经济的重要支柱。

（3）发展海洋运输业有利于改善国家的产业结构和国际贸易出口商品的结构。海洋运输是依靠航海活动的实践来实现的，航海活动的基础是造船业、航海技术和掌握技术的海员。造船工业是一项综合性的产业，它的发展又可带动钢铁工业、船舶设备工业、电子仪器仪表工业的发展，促进整个国家的产业结构的改善。我国由原来的船舶进口国，近几年逐渐变成了船舶出口国，而且正在迈向船舶出口大国的行列。由于我国航海技术的不断发展，船员外派劳务已引起了世界各国的重视。海洋运输业的发展，我国的远洋运输船队已进入世界10强之列，为今后大规模的拆船业提供了条件，不仅为我国的钢铁厂冶炼提供了廉价的原料、节约能源和进口矿石的消耗，而且可以出口外销废钢。由此可见，由于海洋运输业的发展，不仅能改善国家产业结构，而且会改善国际贸易中的商品结构。

（4）海洋运输船队是国防的重要后备力量。海上远洋运输船队历来在战时都被用做后勤运输工具。美、英等国把商船队称为："除陆、海、空之外的第四军种"，苏联的商船队也被西方国家称之为"影子舰队"。可见，它对战争的胜负所起的作用。正因为海洋运输占有如此重要的地位，世界各国都很重视海上航运事业，通过立法加以保护，从资金上加以扶植和补助，在货载方面给予优惠。

（三）班轮运输

1. 班轮运输的定义

班轮运输是在不定期船运输的基础上逐渐发展起来的。所谓班轮是指按照规定的时间，在一定的航线上，以既定的港口顺序，经常地从事航线上港口间运输的船舶。它是当今国际海洋运输中不可缺少的主要运输方式之一。

2. 班轮运输的特点

（1）船舶按照固定的船期表（Sailing Schedule）、沿着固定的航线和港口来往运输，并按相对固定的运费率收到运费，因此，它具有"四固定"的基本特点。

（2）由船方负责配载装卸，装卸费包括在运费中，货方不再另付装卸费，船货双方也不计算滞期费和速遣费。

（3）船、货双方权利、义务与责任豁免，以船方签发的提单条款为依据。

（4）班轮承运货物的品种、数量比较灵活，货运质量较有保证。

因此，少量货物或杂货，通常使用班轮运输。

（四）租船运输

1. 租船运输的定义和特点

租船运输又称不定船期运输，是相对于班轮运输而言的另一种船舶营运方式。它与班轮运输不同：没有预定的船期表，航线和停靠港口也不固定，须依据船舶所有人和承租人双方签订的租船合同安排船舶就航的航线。因此船舶就航的航线、运输货物的种类、航行时间等都按承租人的要求，由船舶所有人确认而定，运费或租金也由双方根据租船市场的行市在租船合同中加以约定。租船运输通常适用于大宗货物的运输。

2. 租船运输的方式及特点

租船方式主要有定期租船和定程租船两种，最近几年也发展了一些其他形式。

（1）定期租船（Time Charter）。又称期租船，是指按一定期限租赁船舶的方式，即由船东（船舶出租人）将船舶出租给租船人在规定期限内使用，在此期限内由租船人自行调度和经营管理。租期可长可短，短则数月，长则数年。这种租船方式不以完成航次数为依据，而以约定使用的一段时间为限。

定期租船的特点是：在租赁期间，船舶交由租船人管理、调动和使用。货物的装卸、配载、理货等一系列工作都由租船人负责，由此而产生的燃料费、港口费、装卸

费、垫舱物料费等都由租船人负担。租金是按月（天或日历月）以每一夏季载重吨为计算单位计收。租金一经约定即固定不变。船方负担船员薪金、伙食等费用，并负责保持船舶在租赁期间的适航状态（Seaworthy）以及因此而产生的费用和船舶保险费用。所谓适航状态一般是指使船舶能够正常运转，具有航海安全能力，能够适用接受和保管货物。

(2) 定程租船（Voyage Charter，Tip Charter）。又称程租船或航次租船，它是根据船舶完成一定航程（航次）来租赁的，租船市场上最活跃，且对运费水平的波动最为敏感的一种租船方式。一般可分为：按单航次、来回航次、连续单航次和连续来回航次等方式租赁船舶。在国际现货市场上成交的绝大多数货物（主要包括液体散货和干散货两大类）都是通过航次租船方式运输的。程租船的“租期”取决于航次运输任务是否完成，由于航次租船并不规定完成一个航次或几个航次所需的时间，因此般舶所有人对完成一个航次所需的时间是最为关心的，他特别希望缩短船舶在港停泊时间。而承租人与船舶所有人对船舶的装卸速度又是对立的，所以在签订租船合同时，承租双方还需约定船舶的装卸速度以及装卸时间的计算办法，并相应地规定延滞费和速遣费率的标准和计算方法。

定程租船的特点是：无固定航线、固定装卸港口和固定航行船期，而是根据租船人（货主）的需要和船东的可能，经双方协商，在程租船合同中规定；程租船合同需规定装卸率和滞期、速遣费条款；运价受租船市场供需情况的影响较大，租船人和船东双方的其他权利、义务一并在程租船合同中规定。定程租船以运输货值较低的粮食、煤炭、木材、矿石等大宗货物为主，是指由船舶所有人负责提供一艘船舶在指定的港口之间进行一个航次或几个航次运输指定货物的租船；船舶的营运调度由船舶所有人负责，船舶的燃料费、物料费、修理费、港口费、淡水费等营运费用也由船舶所有人负担；船舶所有人负责配备船员，负担船员的工资、伙食费。航次租船的“租金”通常称为运费，运费按货物的数量及双方商定的费率计收。规定计算运费的方法有三种：按装货吨数计算；按卸货吨数计算；按包干运费，包价支付。

程租船合同的主要条款：合同当事人、船舶概况位置及装卸港口、船舶受载期及解约日、货物种类及数量、运费及支付办法、装卸费分担条款、船舶所有人责任条款、装卸时间条款、签发提单办法、佣金、留置权，共同海损条款、赔偿条款、免责条款。

(3) 光船租船（Bareboat Charter），又称船壳租船，净船期租船。这种租船不具有承揽运输性质，它只相当于一种财产租赁。光船租船是指船舶所有人将船舶出租给承租人使用一定期限，但船舶所有人提供的是空船，承租人要自己任命船长、配备船员，负责船员的给养和船舶（经营管理所需的一切费用）。也就是说，船舶所有人在租期内除了收取租金外，不再承担任何责任和费用。因此，一些不愿经营船舶运输业务，或者缺乏经营管理船舶经验的的所有人也可将自己的船舶以光船租船的方式出租，虽然这样的利润不高，但船舶所有人可以取得固定的租金收入。光船租船的特点是：船舶所有人只提供一艘空船，全部船员由承租人配备并听从承租人的指挥，承租人负责船舶的经营及营运工作，并承担在租期内的时间损失，即承租人不能“停租”；除船舶的资本费用外，承租人承担船舶的全部固定的及变动的费用；租金按船舶的装载能力、租期及商定的租金率计算。光船租船是通过船舶所有人与承租人订立光船租船合同，由船舶所有人将船舶的占有权和使用权转移给承租人，船舶所有人仍然保留船舶的所有权。所以说，光船租船合同是财产租赁合同而不是海上运输合同。

（4）光船租购。光船租购合同是光船租赁合同的一种特殊形式，是指船舶出租人向承租人提供不配备船员的船舶。在约定的期间内，由承租人占有和使用，并在约定期间届满时将船舶所有权转移给承租人，而由承租人支付租购费的合同。光船租购实际上相当于分期付款购买船舶，船东在收到全部付款前对船舶拥有正式的所有权，租船人支付每期租金相等于分期付款，租期结束船价全部付清，船舶就属于租船人所有。当然，光船租购的租金率要比光船租赁的租金率高，这是因为在光船租购下，租期届满时承租人无须将船舶交还船东，船东要在租期内收回船舶的成本和利润。由此，光船租购合同所要达到的目的是买卖船舶，光船租购是实现船舶买卖的途径，因此光船租购具有船舶融资租赁的性质，在多数情况下，光船租购相比较传统的贷款购买船舶是更为经济的一种融资方式。光船租购一般租期相对较长，承租人负担租赁物的维修、保养、保险及纳税费用，出租人拥有租赁物的所有权，承租人拥有使用权，原则上不得中途解约，租期届满时承租人有购买、续租的优先权。

（5）包运租船（Contract of Affreightment），又称为运量合同。包运租船是指船舶所有人以一定的运力，在确定的港口之间，按事先约定的时间、航次周期、拟航次以较均等的运量，完成全部货运量的租船方式。

包运租船的特点是：①包运租船合同中不确定船舶的船名及国籍，仅规定船舶的船级、船龄和船舶的技术规范等，船舶所有人只需比照这些要求提供能够完成合同规定的运力即可，这对船舶所有人在调度和安排船舶方面是十分灵活、方便的；②租期的长短取决于货物的总量及船舶航次周期所需的时间；③船舶所承运的货物主要是运量特别大的干散货或液体散装货物，承租人往往是业务最大和实力强的综合性工矿企业、贸易机构、生产加工集团或大石油公司；④船舶航次中所产生的时间延误的损失风险由船舶所有人承担，而对于船舶在港装、卸货物期间所产生的延误，则通过合同中订有的“延滞条款”的办法来处理，通常是由承租人承担船舶在港的时间损失；⑤运费按船舶实际装运货物的数量及商定的费率计收，通常按航次结算。

（6）航次期租船（Trip Charter on Time Basis），又称日租租船，它是一种以完成一个航次运输为目的，但租金以航次所需的时间（天）为计算标准。这种租船方式不计滞期、速遣费用，船方不负责货物运输的经营管理。在装货港和卸货港的条件较差，或者航线的航行条件较差，难以掌握一个航次所需时间的情况下，这种租船方式对船舶所有人比较有利。因为采用这种租船方式可以使船舶所有人避免难以预测的情况而使航次时间延长所造成的船期损失。

五、水路运输的发展趋势

（一）客运方面

发展中国家和一些岛国的水路客运仍将在现有水平上有所发展；发达国家的水路客运将以旅游为主。

（二）货运方面

大宗货物的散装运输，件杂货的集装箱运输，将是水路货物运输发展的主要趋向。世界各国对石油、煤炭、矿石、粮食等大宗货物实行散装运输已很普遍，对件杂货采用集装箱运输的比重日益增加。近年来，一些国家开始研究对煤炭、矿石实行浆化运输。

（三）船舶方面

海洋运输船舶今后仍将沿着专用和多用途并举的方向发展。内河运输船舶则视航道条件、货物种类和批量大小，发展分节驳顶推船队和机动货船，在一些地区拖带船队将继续使用。客运船舶除旅游客船外，高速的水翼客船和气垫客船将得到发展。

（四）港口方面

港口建设将同工业区的发展紧密结合，将建设大量深水专业化码头。装卸设备和工艺将向高效率和专用化方向发展。通过疏浚，进出港航道和码头前沿水深将获得改善，将开辟较宽广的船舶调头区和锚泊地。突堤码头将会拓宽，以保证有足够的仓库和堆场。顺岸码头后方将辟出足够的陆域。水陆联运、水水联运将得到发展，以增大港口的集疏运能力。

（五）航道方面

在通航河流上应以航运为主，结合发电、灌溉、防洪、供水、渔业等方面进行综合开发和利用。航运网的规划和建设会受到充分重视。将重视现场观测，采用河道港口工程模型试验，应用电子计算机来确定航道疏浚和整治以及港口工程的设计和施工。

（六）经营管理方面

船舶选型、装卸工艺和设备选型以及运输组织方案的确定，均将从全局出发，以提高经济效益为前提，通过技术经济论证进行分析比较，选出最优方案。应用系统工程、全面质量管理等方法进行科学管理，用现代化管理手段——电子计算机搜集、储存、处理水运经济管理工作中的信息，进行水路运输计划的综合平衡和技术经济预测，力求在水路运输生产过程中以最少的物化劳动和活劳动的消耗获得良好的经济效益。

第二节　RFID技术在水路运输中的应用

很多港口开始设立RFID通行卡，RFID通行卡又名无线射频技术，通过此卡可读取该船舶及所载货物的信息、航行路线、证照信息、违章信息等，再通过航船舶综合监管系统，对这些信息进行自动比对，即提高了执法人员工作效率，也有效避免河道拥堵现象，省时省力，还避免了重复检查。通过系统自动识别，船舶如有缺陷时会自动提醒，港航管理人员会上船检查。这样既方便了船户，使无缺陷船舶一路畅通无阻，又减少了港航管理人员的工作量。除此之外，通过在水面上部署传感器网，可实现对水面环境变化的实时监测；通过在堤岸、坝体上部署传感器网，可实时测量水面变化时堤岸、坝体的应力改变，以预测可能发生的崩塌灾害。再如，通过在运载体上部署各种传感器及RFID读写装置，可实现对水上物流实体（运载体和货物）包括位置、关键设备运转工况、周边环境等各种信息的实时监控和安全预警，当船舶发生应急事件时，船载设备可自动向海事管理部门发出故障详细信息，应急人员可以在指挥中心，通过分析来自其他传感网传送的大量数据，迅速得出可视化模型并作出科学决策。

第三节　GPS技术在水路运输中的应用

GPS在水运工程和导航等领域的应用起步，现在在时间及技术上都是适宜的。由于定位精度取决于所用接收机及附属软件的性能和工作的方式，所以在不同的部门GPS应用系统，应有不同的需求，大体上可分为三类：

(1) 船舶航行，100m的导航精度是可以接受的。购置单频导航型主要考虑经、纬度显示直观，有偏航、航路指示、通道数不少4～6个等。在海上二维定位，起码需跟踪到三颗卫星，能跟踪到更多的卫星，位置数据更可靠。需要差分数据的用户，接收机选型时还应兼顾接收差分改正数所应具有的功能。

(2) 港口、航道测量以及航标作业等低动态定位的部门，定位精度一般要求2～5m，必须采用GPS方式，购置单频6～12通道的接收机，能解决离岸百千米以上海域的定位，这与各类岸上布台的无线电定位系统相比，免除了岸上设台，经济、快速、方便的优点突出。在开阔的海域，GPS有可能逐渐替代圆—圆、双曲线等各类无线电定位系统。

(3) 港口工程测量，航务、航道勘测等部门要求有毫米、厘米级的精度，需要购置双频能进行载波相位测量的接收机，通道数要有8～12个。可用于各等级的控制测量、变形监测、岛陆联测、航标塔站定位、施工定点等。其特点是相邻站点间无须通视，免除建造高标之烦，野外观测时间不受限制，三维控制网建立简单易行，按需设站，减免一些用不着的过渡点。GPS使用的局限性是测站周围的空间方向不能有遮挡，在建筑群、森林等地区的使用，会受到限制，需配合其他手段测量定位。但凡是开阔的地域，使用GPS均能取得良好的技术、经济效益。

第四节　GIS技术在水路运输中的应用

我国是一个水资源较为丰富的国家，江河湖泊纵横交错，海岸线蜿蜒绵长，江、河、湖、海相连成网，适航河流多，里程长，具有开展内河运输得天独厚的自然地理条件。经过新中国成立50年的建设和发展，我国内河水运基础设施有了很大改善，内

河运输能力得到了迅速增长，为国民经济的发展作出了巨大贡献。

但是由于受经济结构调整、公路和铁路等运输方式的竞争以及水路运力宏观调控不到位等因素的影响，从而造成当前船舶运力过剩、航运企业普遍效益低下甚至严重亏损。因此，必须进行运力运量供求平衡的研究，使运力结构得到调整，才能让水运资源更好地发挥作用，提高航运企业的活力，使航运业持续、稳定、协调发展，这是当前水运管理部门急需解决的重大问题。内河运量是指在一定时期内通过内河运输这一特定的运输方式所运送的货物或旅客数量，内河运力是指运输船舶的生产能力，即船舶在一定时期和一定的技术水平条件下，所能运输货物的最大能力。两者之间的平衡问题涉及许多因素：河床、河岸的地形地貌，水道的水文特征；港口、航道通过能力、船舶大小、通航密度、临跨河建筑、锚地、港口吞吐量等航运相关要素；港口交通、水电、通信网等社会经济要素；描述这些要素必然涉及大量属性数据和空间数据的存储和处理。而多年来港航管理部门一直遵循着传统的管理模式：挂图、表格、统计数据等，提供给决策者的往往是一些表征水路特征、运力运量的统计数据，而作为决策者是根本无法在短时间内从多张表格之间发现联系，从而影响了决策的时机，造成这种局面的很大程度上在于表格数据的抽象性、片面性以及忽略了许多有价值的信息，从而给最终用户呈现出不全面的分析结果。因此，必须为运力运量供求平衡规划和港航资源管理寻求一种新的现代化的方法和技术，而 GIS 作为一门新兴技术，因为其有着多种录入地理数据的方式、高效的空间数据和属性的维护能力及强大的检索查询功能，与传统管理信息系统为在管理过程中实时获取信息和分析决策提供了有效的工作平台和技术。

过去 GIS 往往被认为是一项专门技术，其应用主要限于测绘、制图、资源和环境管理等领域，随着电子地图、网络导购导游系统、汽车或船舶 GPS 导航系统进入人们的工作和生活，GIS 的研究和应用，目前已涉及资源管理、自动制图、设施管理、城市规划、人口和商业管理、交通运输、石油和天然气、教育、军事九大类别的 100 多个领域。GIS 在我国水运行业的主要有以下应用：

(1) 许多航道航运港口部门已经或正在利用 GIS 技术建立网络型基础信息管理系统，实现港口、航道、水域的信息共享。

(2) 利用 GIS 进行航道规划和综合治理：对航道规划各个侧面进行综合分析，可以模拟航道演变的自然过程的发生、发展，对未来做出定量的趋势预测；利用 GIS 空间分析手段从航道地理数据库中提取地形、地貌、水文特征、航运状况等数据进行处理变换和综合分析，获取隐含于航道空间数据中的关系：利用 GIS 空间分析算子建立航道管理和治理相关的分析模型。这类 GIS 具有一定的实用价值。如长江航道局和华宇公司合作开发的 CWA2000 航道演变分析系统，利用 GIS 中成熟的数字高程模型技术、三维显示、空间叠置分析等技术，实现长江航道的三维淤变迁状况显示、计算等功能，加快了科学管理长江航道的步伐。

(3) 由于物流管理中的货物产地、运输路线、中转仓库、客户分布等信息都与空间位置有关，所以利用GIS进行港航物流管理，实现对运输线路、方式的优化，对粮棉等季节货物航运的优化，资源调度、仓库和无堆场运输等，零担配整、资源配货，这是电子物流的新兴技术，也是目前GIS在港口应用的一个趋势。

（4）将GIS与GPS（全球卫星定位系统）、GSM（移动通信网）有机地结合在一起，实现船舶动态监控，实时了解货物的位置；船舶入港自动引航，利用GIS数据采集手段建立矢量电子地图和水下地形图，系统处理和分析通过GPS接收的卫星信号，计算船舶偏离航道中心的方向、位置和水深，为船舶入港的正确行驶提供必要信息。

本章小结

本章主要介绍了水路运输的基本知识；RFID技术在水路运输中应用内容；GPS技术在水路运输中应用内容以及GIS技术在水路运输的应用内容。通过本章的学习，学生更好地了解物联网技术在水路运输中应用范围和应用内容。

思考题

1. 什么是水路运输？包括哪些运输方式？有何特点？
2. RFID技术在水路运输中如何进行使用？
3. GPS技术在水路运输中如何进行使用？
4. GIS技术在水路运输中如何进行使用？

第七章　集装箱运输物联网系统

教学目标

通过本章的学习，了解集装箱运输的概念、优点、单证等基本内容，掌握RFID技术、GPS技术、GIS技术在集装箱运输中的应用内容。

第一节　集装箱运输概述

一、集装箱概述

（一）集装箱的内涵

集装箱（Container），又称“货柜”、“货箱”，原意是一种容器，具有一定的强度和刚度，专供周转使用并便于机械操作和运输的大型货物容器。因其外形像一个箱子，可以集装成组货物，故称集装箱。由于集装箱运输很好地解决了传统运输中货物装卸操作重复劳动多、装卸效率低、运输手续烦琐、运输工具周转迟缓等问题，20世纪70年代以来，世界上大多数国家在航运中都日益广泛地开展集装箱运输，并已初步形成一个世界性的集装箱国际标准化组织根据集装箱在装卸、堆放和运输过程中的安全需要，规定了作为一种运输工具的货物集装箱的基本条件：

（1）能长期反复使用，具有足够的强度。

（2）途中转运不用移动箱内货物，可以直接换装。

（3）可以进行快速装卸，并可以从一种运输工具直接方便地换装到另一种运输工具。

（4）便于货物的装满与卸空。

（5）至少具有1m^3（即35.32立方英尺）的容积。

最初集装箱的结构、规格、尺码、大小各不相同，直接影响了集装箱在国际上的流通。为此，国际标准化组织根据集装箱的各种技术参数研制了从ANC三个系列共13种标准规格的集装箱。其中最常用的是20尺集装箱（IC型）和40尺集装箱（IA型）。此外，为了运输超过一个集装箱的载重或尺寸的超重、超长货物，可以把两个集装箱连接起来使用，甚至可以加倍装载一个集装箱所能装载的重量或长度的平台集装箱。

（二）集装箱的类型

按其用途不同，集装箱可分为以下六种：

（1）杂货集装箱（Dry Container），又称通用集装箱，适于装载各种干杂货，包括日用百货、食品、机械、仪器、医药及各种贵重物品等，是最常用的标准集装箱。国际标准化组织建议使用的13种集装箱均为此类集装箱（见图7-1）。

图7-1　杂货集装箱

（2）冷藏集装箱（Refrigerated Container），附有冷冻机，用以装载冷冻货物或冷藏货物，其温度可以在－28℃～＋26℃调节，在整个运输过程中，启动冷冻机可以保持指定的温度（见图7-2）。

图7-2　冷藏集装箱

（3）散货集装箱（Bulk Container），用以装载大豆、大米、麦芽、面粉、饲料以及水泥、化学制品等各种散装的粉粒状货物的集装箱。使用这种集装箱可以节约包装费用，提高装卸效率（见图7-3）。

图 7-3　散货集装箱

（4）开顶集装箱（Open Top Container），可以使用起重机从顶部装卸货物的集装箱。适用于装载玻璃板、钢制品、机械等重货。为了使货物在运输中不发生移动，一般在箱内鏖板两侧各埋入几个索环，用以穿过绳索捆绑箱内货物。

（5）框架集装箱（Plat Form Based Container），没有箱顶和箱壁，箱端壁也可以卸下，只留箱底和四角柱来承受货载，既可以从上面也可以从侧面用铲车进行装卸。这种集装箱用以装载不适合装在杂货集装箱或开顶集装箱里的长大件、超重件、轻泡货、重型机械、钢管、裸装机床和设备。

（6）罐装集装箱（Tank Container），主要用于酒、油类、化学品等液体货物的装运，并为装载这类货物设置了特殊的结构和设备（见图 7-4）。

图 7-4　罐装集装箱

除了上述各种集装箱外，还有一些特种专用集装箱，如可分为多层装货的专供运送汽车的集装箱；可通风并带有喂料、除粪装置的用于运送活牲畜的牲畜集装箱等。

二、集装箱货物的交接

由于集装箱是一种新的现代化运输方式，目前国际上对集装箱运输尚没有一个行之有效并被普遍接受的统一做法。

1. 集装箱货物装箱与交接方式

根据集装箱货物装箱数量和方式，可分为整箱（Full Cotainer Load，FCL）和拼箱（Less than Container Load，LCL）两种。整箱是指货主自行将货物装满整箱以后，以箱为单位托运的集装箱。一般在货主有足够货源装载一个或数个整箱的情况下，货主一般向承运人或集装箱租赁公司租用一定数量的集装箱。空箱运到工厂或仓库后，在海关人员的监管下，货主把货装在箱内，加锁、铅封后交承运人并取得场站收据，最后凭收据换取提单或运单。

拼箱是指承运人（或代理人）接受货主托运的数量不足整箱的小票货运后，根据货类性质和目的地进行分类整理，把去同一目的地的货物，集中到一定数量拼装入箱。由于一个箱内有不同货主的货拼装在一起，所以叫拼箱。通常在货主托运数量不足装满整箱时采用。

拼箱货物的分类、整理、集中、装箱（拆箱）、交货等工作均在承运人码头、集装箱货运站或内陆集装箱转运站进行。

集装箱的交接方式概括起来有以下四种：

（1）整箱交，整箱接

货主在工厂或仓库把装满货后的整箱交给承运人，收货人在目的地同样以整箱接货，换言之，承运人以整箱为单位负责交接。货物的装箱和拆箱均由货方负责。

（2）拼箱交，拆箱接

货主将不足整箱的小票托运货物在集装箱货运站或内陆转运站交给承运人，由承运人负责拼箱和装箱运到目的地货站或内陆转运站，由承运人负责拆箱。拆箱后，收货人凭单接货，货物的装箱和拆箱均由承运人负责。

（3）整箱交，拆箱接

货主在工厂或仓库把装满货的整箱交给承运人，在目的地的集装箱货运站或内陆转运站由承运人负责拆箱，各收货人凭单接货。

（4）拼箱交，整箱接

货主将不足整箱的小票托运货物在集装箱货运站或内陆转运站交给承运人。由承运人分类调整，把同一收货人的货集中拼装成整箱，运到目的地后，承运人以整箱交，收货人以整箱接。

上述各种交接方式中，以整箱交、整箱接效果最好，也最能发挥集装箱的优越性。

2. 集装箱货物交接地点

根据贸易条件所规定的交接地点，集装箱货物的交接一般可分为以下四种方式：

(1) 门到门，即在整个运输过程中，完全是集装箱运输，并无货物运输，适宜于整箱交、整箱接。

(2) 门到场站，即从门到场站为集装箱运输，由场站到门是货物运输，适宜于整箱交、拆箱接。

(3) 场站到门，即从门至场站是货物运输，由场站至门是集装箱运输，适宜于拼箱交、整箱接。

(4) 场站到场站，这种运输分式的特征是除中间一段为集装箱运输外，两端的内陆运输均为货物运输，故适宜于拼箱交、拆箱接。

三、集装箱运输的概念及其发展概况

(一) 集装箱运输的概念

集装箱运输（Container Transport），是指以集装箱这种大型容器为载体，将货物集合组装成集装单元，以便在现代流通领域内运用大型装卸机械和大型载运车辆进行装卸、搬运作业和完成运输任务，从而更好地实现货物“门到门”运输的一种新型、高效率和高效益的运输方式，现有运输工具有集装箱船等（见图 7-5）。

图 7-5　集装箱船

(二) 集装箱运输的发展概况

集装箱运输（见图 7-6）虽然是一种现代化的运输方式，但其发展却经历了漫长的过程。集装箱运输的发展可分为以下几个阶段：

1. 集装箱运输发展的初始阶段（19 世纪初至 1966 年）

集装箱运输起源于英国。早在 1801 年，英国的詹姆斯·安德森博士就提出将货物装入集装箱进行运输的构想。1845 年英国铁路曾使用载货车厢互相交换的方式，视车厢为集装箱，使集装箱运输的构想得到初步应用。19 世纪中叶，在英国的兰开夏开始出现运输棉纱、棉布的一种带活动框架的载货工具，这是集装箱的雏形。

图 7－6　集装箱运输

正式使用集装箱来运输货物是在 20 世纪初期。1900 年，在英国铁路上首次试行了集装箱运输，后来相继传到美国（1917）、德国（1920）、法国（1928）及其他欧美国家。

1966 年以前，虽然集装箱运输取得了一定的发展，但在该阶段集装箱运输权仅限于欧美一些先进国家，主要从事铁路、公路运输和国内沿海运输；船型以改装的半集装箱船为主，其典型船舶的装载量不过 500TEU（20ft 集装箱换算单位，简称“换算箱”）左右，速度也较慢；箱型主要采用断面为 8ft×8ft，长度分别为 24ft、27ft、35ft 的非标准集装箱，部分使用了长度为 20ft 和 40ft 的标准集装箱；箱的材质开始以钢质为主，到后期铝质箱开始出现；船舶装卸以船用装卸桥为主，只有极少数专用码头上有岸边装卸桥；码头装卸工艺主要采用海陆联运公司开创的底盘车方式，跨运车刚刚出现；集装箱运输的经营方式是仅提供港到港的服务。以上这些特征说明，在 1966 年以前集装箱运输还处于初始阶段，但其优越性已经得以显示，这为以后集装箱运输的大规模发展打下了良好的基础。

2. 集装箱运输的发展阶段（1967—1983 年）

1967—1983 年，集装箱运输的优越性越来越被人们所承认，以海上运输为主导的国际集装箱运输发展迅速，是世界交通运输进入集装箱化时代的关键时期。

1970 年约有 23 万 TEU，1983 年达到 208 万 TEU。集装箱船舶的行踪已遍布全球范围。随着海上集装箱运输的发展，各港纷纷建设专用集装箱泊位，世界集装箱专用泊位到 1983 年已增至 983 个。世界主要港口的集装箱吞吐量在 20 世纪 70 年代的年增长率达到 15%。专用泊位的前沿均装备了装卸桥，并在鹿特丹港的集装箱码头上出现了第二代集装箱装卸桥，每小时可装卸 50TEU。码头堆场上轮胎式龙门起重机、跨运

车等机械得到了普遍应用，底盘车工艺则逐渐趋于没落。在此时期，传统的件杂货运输管理方法得到了全面改革，与先进运输方式相适应的管理体系逐步形成，电子计算机也得到了更广泛的应用，尤其是1980年5月在日内瓦召开了有84个成员国参加的国际多式联运会议，通过了《联合国国际货物多式联运公约》。该公约对国际货物多式联运的定义、多式联运单证的内容、多式联运经营人的赔偿责任等问题均有所规定。公约虽未生效，但其主要内容已为许多国家所援引和应用。

虽然在20世纪70年代中期，由于石油危机的影响集装箱运输发展速度减慢，但是这一阶段发展时期较长，特别是许多新工艺、新机械、新箱型、新船型以及现代化管理，都是在这一阶段涌现出来的，世界集装箱向多式联运方向发展也孕育于此阶段之中，故可称之为集装箱运输的发展阶段。

3. 集装箱运输的成熟阶段（1984年以后）

1984年以后，世界航运市场摆脱了石油危机所带来的影响，开始走出低谷，集装箱运输又重新走上稳定发展的道路。有资料显示，发达国家件杂货运输的集装箱化程度已超过80%。据统计，至1998年世界上约有各类集装箱船舶6800多艘，总载箱量达579万TEU。集装箱运输已遍及世界上所有的海运国家，随着集装箱运输进入成熟阶段。世界海运货物的集装箱化已成为不可阻挡的发展趋势。

集装箱运输进入成熟阶段的特征主要表现在以下两个方面：

（1）硬件与软件的成套技术趋于完善。干线全集装箱船向全自动化、大型化发展，出现了2500TEU～4000TEU的第三代和第四代集装箱船。一些大航运公司纷纷使用大型船舶组织了环球航线。为了适应大型船停泊和装卸作业的需要，港口大型、高速、自动化装卸桥也得到了进一步发展。为了使集装箱从港口向内陆延伸，一些先进国家对内陆集疏运的公路、铁路和中转场站以及车辆、船舶进行了大量的配套建设。在运输管理方面，随着国际法规的日益完善和国际管理的逐步形成，实现了管理方法的科学化、管理手段的现代化。一些先进国家已从原来仅限于港区管理发展为与口岸相关各部门联网的综合信息管理，一些大公司已能通过通信卫星在全世界范围内对集装箱实行跟踪管理。先进国家的集装箱运输成套技术为发展多式联运打下了良好的基础。

（2）开始进入多式联运和“门到门”运输阶段。实现多种运输方式的联合运输是现代交通运输的发展方向，集装箱运输在这方面具有独特优势。先进国家由于建立和完善了集装箱的综合运输系统，使集装箱运输突破了传统运输方式的“港到港”概念，综合利用各种运输方式的优点，为货主提供“门到门”的优质运输服务，从而使集装箱运输的优势得到充分发挥。“门到门”运输是一项复杂的国际性综合运输系统工程，先进国家为了发展集装箱运输将此作为专门学科，培养了大批集装箱运输高级管理人员、业务人员及操作人员，使集装箱运输在理论和实务方面都得到逐步完善。

四、集装箱运输的优点

与传统的货物运输相比，集装箱运输具有以下优点：

(一) 提高装卸效率

集装箱运输是将单件货物集合成组，装入箱内，使运输单位增大，便于机械操作，从而提高装卸效率。例如，一个20尺型的国际标准集装箱，每一循环的装卸时间仅为3min，每小时装货或卸货可达400t，而传统货船每小时仅能装卸35t。

(二) 简化货运手续，加速车船周转，降低货运成本

由于集装箱运输有利于采取多式联运，特别是“门到门”运输，货物在发货地装箱，经验关铅封后，一票到底，途中无须拆箱，便于直接换装，减少了中间环节，简化了货运手续，加快了货运速度，缩短了货运时间，从而减少营运费用，降低运输成本。

(三) 提高货运质量，减少货损货差

集装箱结构坚固，强度很大，对货物具有很好的保护作用。即使经过长途运输或多次换装，也不易损坏箱内货物，而且一般杂货集装箱均为水密，不怕风吹雨淋日晒，也不怕中途被偷窃。

(四) 节省货物包装用料

集装箱本身实际上起到一个强度很大的外包装作用，货物装在集装箱内，不受外界的挤压碰撞，故货物本身的外包装就大大简化，节省包装费用。

(五) 是其他现代运输方式的基础

以集装箱为运输单位，可大大简化理货、搬运、储存、保管和装卸等操作环节；同时由于集装箱运输机械化、自动化程度高，装卸效率高，且运输手续简化，其他现代运输方式，如多式联运、大陆桥运输，均采用集装箱为运输工具。可以说，世界集装箱运输的发展促进了其他更高效率的现代运输方式的发展，是其他现代运输方式的基础。

五、集装箱运输的关系人

集装箱运输体系中，主要包括以下工作机构（统称关系人）：

(1) 经营集装箱货物运输的实际承运人，包括经营集装箱运输的船公司、联营公司、公路集装箱运输公司、航空集装箱运输公司等。

(2) 无船承运人，即经营集装箱货运的揽货、装箱、拆箱、内陆运输及经营中转站或内陆站业务，但不掌握运载工具的专业机构。它在承运人与托运人之间起着中间桥梁作用。

(3) 集装箱租赁公司，它专门经营集装箱的出租业务。

(4) 联运保赔协会，一种由船公司互保的保险组织，对集装箱运输中可能遭受的一切损害进行全面、统一的保险。是集装箱运输发展后所产生的新型保险组织。

(5) 集装箱码头（堆场）经营人，是具体办理集装箱在码头的装卸、交接、保管的部门，它受托运人或其代理人以及承运人或其代理人的委托提供各种集装箱运输服务。

(6) 集装箱货运站，即在内陆交通比较便利的大中城市设立的提供集装箱交接、中转或其他运输服务的专门场所。

六、集装箱运输中的主要单证

(一) 场站收据 (Dock Receipt, D/R)

它是按发货人或其代理人，根据船公司或其他运输经营人制定的规定格式填制的国际集装箱运输专用出口单证。它跟随货物一起运至集装箱码头堆场或集装箱货运站，由接收货物的人在收据上签字后交还给发货人，证明托运的货物已收到。若集装箱外表或拼箱货包装外表有异状，应加批注。场站收据的作用相当于传统运输中的大副收据，它是发货人向船公司换取提单的凭证。

标准格式的场站收据，一般一套有十联：

第一联：集装箱货物托运单——货主留底备查；

第二联：集装箱货物托运单——船代留底备查；

第三联：集装箱货物托运单——货运代理留底备查；

第四联：场站收据附本——装货单；

第五联：场站收据附本——大副联；

第六联：场站收据；

第七联：海关副本；

第八联：港口费收结算联；

第九联：留底；

第十联：留底。

(二) 集装箱装箱单

集装箱装箱单记载集装箱货物的具体货运资料（货名、数量和毛重、集装箱类型、唛头、起运港/抵运港/卸货港、集装箱箱号和封号等）及箱内积载情况，是集装箱货运的辅助舱单。在很多国家，它也用做向海关结关的单证。

无论是货主自行装载的整箱货，还是由集装箱货运站负责装载的拼箱货，负责装箱的人都要制作装箱单。

装箱单的主要作用有：①在装货地点作为向海关申报货物出口的代用单据；②作为发货人、集装箱货运站与集装箱码头堆场之间的货物交接单；③作为承运人通知集装箱内所装货物的明细表；④在卸货地作为办理集装箱保税运输手段的单据之一；⑤该单据上所记载的货物与集装箱的总重量是计算船舶吃水量、稳定性的基本数据。

(三) 设备交接单

集装箱所有人或租用人委托集装箱装卸区、中转站或内陆站与货方即用箱人或其代表之间交接集装箱及承运设备的凭证。交接单由承运人或其代理人签发给货方，据以向区、站领取或送还重箱或轻箱。交接单第一张背面印有交接使用条款，主要内容是规定集装箱及设备在货方使用期间产生的费用，以及设备和所装货物发生损坏、灭失的责任划分，以及对第三者发生损害赔偿的承担。设备交接一般在区、站大门口办理。设备包括集装箱、底盘车、台车及电动机等。设备交接单分“出门”和“进门”两种形式。

（四）集装箱选择与使用前的检查

集装箱在使用前，必须进行严格检查。一个有缺陷的集装箱，轻则导致货损，重则可能在装卸中发生严重人身伤亡。装箱前的检查应注意：

（1）证书检查。要具有适航证书，即具备适航能力。

（2）内部检查。检查人员进入集装箱内，关紧门后，目测检查集装箱内的四周封闭程度，有无漏光处，箱门的橡皮垫是否水密好，箱内是否清洁、干燥，有无气味，地板有无破损，骨梁焊接处是否完好，有无塌落或脱焊现象。

（3）外部检查。检查集装箱外表有无损伤、变形、破口等异状。

（4）箱门检查。集装箱的箱门和箱柱不变形，开门、关门自如，四柱、六面、八角完好无损。

第二节　RFID 技术在集装箱运输中的应用

目前，集装箱的识别和交接是以箱号为准。而人工的数据采集难免会出现差错，倒圈在集装箱装卸时常会因箱号看错而发生集装箱装卸错误，延误了交货期限，带来很大损失。集装箱的运输管理需要一种更加自动化、智能化、能够实时更新数据的技术。RFID 技术无疑具备了这些特点。它提高了集装箱信息传递的准确性和安全性，加快了集装箱周转速度，具有很高的经济效益。

一、在集装箱运输中应用 RFID 技术的必要性

集装箱运输是大宗货物运输最理想的方式，也是目前标准化程度最高的一种运输方式。因其运输私密性好、包装不破损、运输成本低、环境适应性强、装载密度高、码垛规范、节省包装及检验手续等特点而备受客户和商家青睐，已成为运输现代化的重要形式。伴随着现代社会物流业的迅猛发展，集装箱运输作为现代综合运输的一个重要形式，在物流组织中显示出越来越重要的作用。虽然集装箱运输有着一系列优点，且在现代物流业中发挥着越来越重要的作用，但其存在的问题也不能不引起重视。

1. 货物失窃损失大

随着集装箱运输的快速发展和集装箱运量的不断增加，世界上许多国家和地区集装箱货物被偷盗问题变得越来越严重。据统计，全球因集装箱失窃事件造成的损失达300 亿～500 亿美元，包括间接损失在内，全球每年损失 2000 亿美元，2004 年美国达拉斯市所发生的一起价值 500 万美元的集装箱被盗事件，更使发货公司损失惨重，其业务几乎处于停顿状态。集装箱货物失窃所带来的损失由此可见一斑。

2. 传统识别精度低

在整个集装箱运输的过程中，集装箱的识别就是通过它的唯一标识——箱号来鉴别的，集装箱的交接也同样是以箱号为准。传统集装箱识别方式精度不高，人工数据采集不仅易出差错，而且花费时间也相对较长。目前，传统识别方式获取的信息有35%是不准确的或不实时的，根本无法准确及时追踪到集装箱的4W（Whose，What，Where，When）信息。而采用OCR方式进行监管，则需要用16个摄像头同时拍摄，成本非常高，但识别率仅达80%～90%，还要受天气条件的影响，雨雾中的识别率还要低许多。集装箱识别精度不高直接影响到整个供应链的效率。

3. 安全高效有冲突

据统计，全世界约有2000万只集装箱，每年进行了约2亿箱次的跨国运输。以国际第三大集装箱航运中心上海港为例，2005年集装箱吞吐量达到1800万TEU，也就是平均每天有近5万TEU的货物经过上海港。港口运输模拟实验表明，当对集装箱的随机抽检率达到10%时，整个港口就会陷入瘫痪状态。

如果减少抽查的随机性，又无法有效地防止犯罪分子用集装箱走私或者运输毁灭性武器发动恐怖袭击（根据美国联邦调查局预计：在美国境内运输的每4只集装箱中，至少有1只被动过手脚）。大型的集装箱X光机，虽然能透视箱内所装的货物，但透检一只集装箱就需要6min，满负荷工作每天充其量也只能透检240只，而且X光机只负责“看”，辨别违禁仍要靠人的肉眼，这又降低了可靠性。一台X光机需要人民币3000万元，昂贵的价格使港口与边境关口不可能大量购置这类设备。集装箱安全和运输高效率之间冲突严重。这些问题对集装箱运输产生了不良影响，也使一些集装箱运输的主要关系方遭受了巨大损失，严重削弱了整个供应链的效率。为了防止货物失窃，避免恐怖分子利用集装箱装运毁灭性武器进行恐怖袭击，进而为了提高运输效率、安全性和服务质量，以及整个供应链的可视性与透明性，降低恐怖活动对全球物流供应链的威胁，集装箱运输迫切需要一种能够实时更新数据的技术来及时、精确地采集和处理信息，RFID技术无疑成为最佳选择。

二、RFID在集装箱运输中的应用特殊性

RFID技术在集装箱运输中的应用具有很强的特殊性：

(1) 工作环境恶劣。电子标签随集装箱在海上、码头、堆场等场所流动，工作环境比较恶劣：温度高（>800℃）、温差大、空气湿度大、酸碱腐蚀严重、振动冲击大。

(2) 识别要求较高。由于集装箱移动较快，对于电子标签识别参数提出了更高的要求：识别速度高（移动速度>100km/h）、距离远（>6m）、准确率高（>99%）、数据容量大（>8Kbits）等。考虑到集装箱运输环境等特殊应用要求，在集装箱运输中宜选用高频（如916MHz、2.45GHz、5.8GHz）、有源电子标签。

(3) RFID作为一种新的非接触性的自动识别技术，具有使用寿命长、读取距离大、数据可加密、存储量大和存储数据可以更换等优点，其提供的信息更丰富、更直

接，适用于自动化控制和多目标识别、运动目标识别等，并且由于该技术难以被仿冒、侵入，具备较高的安全防护能力，还应用于真伪识别领域。

三、RFID 在集装箱运输管理上的应用

随着对标准化更高的要求，集装箱运输在逐渐取代原有的传统运输方式。全球运输“集装箱化”的比重不断提高，尤其是在国际贸易中，集装箱运输已经成为一种主要的运输方式，发达国家的海上杂货运输基本实现集装箱化。而且集装箱运输也是目前标准化程度最高的一种运输方式。每个集装箱都有它唯一的标识（箱号），在整个运输链条中，集装箱的识别就是通过它的箱号来鉴别的；集装箱的交接也同样是以箱号为准。而人工的数据采集难免会出现各种各样的差错，同时数据采集需要的时间相对也较长。

比如，在集装箱码头常会因箱号看错发生集装箱装错船的事件，结束延误了船期，并给货主带来了很大的损失。即使操作人员在这方面十分小心，因为时间的延迟也会影响到整个供应链的效率。这些都与现代化的管理方式不相匹配。为了增加市场竞争实力，提高运输效率和服务质量，实现集装箱运输的现代化，集装箱的运输管理需要一种更加自动化、智能化，能够实时更新数据的技术。RFID 技术无疑具备了这些特点，虽然还有一些地方不完全尽如人意。

（一）集装箱的自动识别

20 世纪 80 年代末，一些发达国家研制出技术先进的集装箱自动识别系统，随着技术的不断完善，国际上已有大量的集装箱自动识别系统投入使用，而基于 RFID 技术的自动识别系统就是其中之一。在集装箱上使用的 RFID 标签按照其获取电能方式的不同可以分为两种类型：

（1）被动式（passive）标签：被动式标签内部不带电池，要靠外界提供能量才能正常工作。被动式标签具有永久的使用期，常常用在标签信息需要每天读写或频繁读写多次的地方，而且被动式标签支持长时间的数据传输和永久性的数据存储。它的缺点主要是：数据传输的距离要比主动式标签短。因为被动式标签依靠外部的电磁感应而供电，它的电能就比较弱，数据传输的距离和信号强度就会受到限制，需要敏感性比较高的信号接收器（读写器）才能可靠识读。

（2）主动式（active）标签：主动式标签内部自带电池进行供电，它的电能充足，工作可靠性高，信号传送的距离远。另外，主动式标签可以通过设计电池的不同寿命对标签的使用时间或使用次数进行限制，它可以用在需要限制数据传输量或者使用数据有限制的地方，比如，一年内，标签只允许读写有限次。主动式标签的缺点主要是：标签的使用寿命受到限制，而且随着标签内电池电量的消耗，数据传输的距离会越来越小，影响系统的正常工作。

将记录有集装箱号、箱型、装载的货物种类、数量等数据的标签安装在集装箱上，再经过安装有识别设备的公路、铁路的出入口、码头的检查门时，读写器发出无线电

波，RFID 标签自动感应后将相应的数据返回到读写器，从而将 RFID 标签上保存的信息传输到 EDI 系统，实现了集装箱的动态跟踪与管理，提高了集装箱运输的效率和信息的共享。这种系统一般使用的是被动式的 RFID 技术，在集装箱码头的应用较多。通过这种系统的使用不仅加快了车辆进港提箱的速度，而且对车辆提箱进行了严密的管理，并有效降低了值班人员的劳动强度，减少了人为因素造成的差错。但由于目前使用 RFID 技术的集装箱还不是很广泛，而且需要对原有的系统平台做比较大的改造，所以，在国内集装箱码头使用比较多的是基于视频技术的自动识别系统（见图 7－7）。

图 7－7 集装箱自动识别系统

（二）电子封条与货运追踪

以往的集装箱封条都是人工式的封条，它对集装箱内的货物安全可以起到一定的保护作用。人工式封条分为指示性的封条和障碍性的封条，两者的区别主要在于：用于铅封的材质牢固程度不同，障碍性的封条更难被破坏，打开它常需要专用的工具，而不像指示性封条只用普通的工具即可去除。在集装箱放行或交接时需要检查封条的状态，封条状态的任何变化都会在交接的文书上进行记录，从而确定责任的划分。虽然这种人工式的封条能够起到一定的保护作用和简单的状态记录，但它并不能实时地提供有关具体状态改变（遭到破坏）的时间、地点和破坏者的信息，而电子封条却可以提供更多的类似信息。电子封条一般采取的是物理封条与 RFID 组件的混合形式。如前所述，大多数电子封条也同样用到被动式的和主动式 RFID 技术。

被动式的电子封条的主要特点是：使用距离短、成本低、一次性的。它们本身没有电力。由于被动式封条不能提供持续的电力来检测封条的状态，所以它们也不能检测和记录损害行为发生的时间，而仅仅只能在通过装有阅读装备的供应链节点时提供它们完整与否的信息主动式的电子封条更复杂一些，需要更高的初始成本，只有当价格明显下降的时候才可能反复使用。主动式封条带有电池，它所具备的功率能够允许其更大范围地使用和发挥更大的功能。主动式封条能实时检测损害的行为，并将其加入到事件日志当中。它在结合GPS技术后，能在集装箱状态发生变化时实时将状态变化发生的时间、地点以及周围的环境信息传输到货主或相应的管理人员的机器上。更有一些封条能够在损害行为发生时提供即时的求救信号，它主要用在安装特别装备的码头。

目前这类电子封条国内还比较少见，主要是在美国使用。因为低成本和操作的简易性，被动式封条是美国在“9·11”恐怖事件前首选的防止偷盗的安全解决方案。主动式封条因其更强的安全性能，使得它在“9·11”恐怖事件后得到更多的使用和推广。自“9·11”恐怖事件后，为防止恐怖组织利用船舶携带大规模毁灭性武器或恐怖分子进入美国，确保对其贸易至关重要的海运安全、畅通，美国政府不断强化其港口和航运的安保措施。CSI（集装箱安全协议）就是美国政府基于此项考虑而出台的一项措施，根据协议，美方对来自纳入CSI对应港口的货柜实行优检，货物在美国的通关时间可大幅缩短。目前，全球前20大港已有鹿特丹、汉堡、新加坡、横滨、中国香港等19个大港被列为美国CSI的对应港口。

2005年深圳港也加入该协议，从深圳港出口的所有输美货柜，将安装电子封条，通过数据读取仪从电子封条上获取数据，然后将集装箱信息实时传送到特设的信息平台。当货柜受到损坏、运输线路变更或延迟等意外情况发生时，集装箱管理者可通过计算机、手机或PDA迅速接收系统的自动报警，第一时间了解相关情况。就目前来看，感兴趣的企业并不是很多，因为这需要港口配备相关信息网络平台及大量定位器、电子封条等外设，集装箱的运输成本会明显增加。但从长远来看，这种电子封条提高了集装箱运输的安全程度，提高了运输过程的透明度，可以减小运输周期，供应链效率也将大幅提高，这将使综合运输成本大幅降低。随着技术的成熟、成本的降低，这种技术家的前景十分值得我们期待。

目前，在推广RFID技术时遇到标准化及数据收集设备与信息系统的接口等问题；RFID在全球使用的无线频段还不统一；使用的标签和读写器的类型各异，数据交换标准也不统一；对供应链的执行系统（港口信息系统、车辆调度系统、仓储管理系统等）没有定义好接口。在未来几年的时间内，随着这些问题的逐步解决，射频识别技术在集装箱运输上的应用将通过提供更精确、更详细、更及时的运输货物的实时信息，从而使运输链乃至整个供应链达到更好的能见度。射频识别将以更加经济的方式获取货物流动的信息，它将可能完全取代条码的地位，同时它也将在很大程度上改变业务流程，以及供应链执行和管理系统今天所扮演的角色。射频识别技术将提高运营边际收益、加速存货流转和改善整个供应链服务水平。借助射频识别技术的供应链将在运营成本和执行效率方面大大超过其竞争对手。

四、应用案例

深圳市金鸿基集装箱堆场有限公司位于深圳市盐田东海道，是鸿基集团旗下的物

流与仓储方面的重要企业。其客户包括众多国际知名船务公司。作为一个为众多船务公司存放、处理集装箱空箱的堆场，金鸿基每天会处理成百上千个集装箱以及拖车的进出。对集装箱、车辆的登记，以及对集装箱的堆放位置的管理是一项重要的工作。基于金鸿基堆场的操作流程，香港大学（HKU）电子商业科技研究所（ETI）联合上海交通大学深圳研究院，以及深圳市金谷科技有限公司于 2005 年 6 月为其开发基于 RFID 技术的集装箱堆场管理试点系统。

简而言之，在此试点项目中，当有空的集装箱运到时，我们采用一个 RFID 标签关联起每个箱的持箱人、类型、尺寸、箱号等信息。并透过无线通信方式，进行办公室和堆场作业叉车之间的数据通信。在随后的堆场操作中，可以借助 RFID 标签对集装箱的堆放、提取位置进行核实，以及对箱号的自动记录。

具体来说，当有空的集装箱运到时，拖车司机把送箱单交给办公室处理。办公室录入箱的持箱人、类型、尺寸、箱号等信息，并根据堆场当前的堆放状态，以及集装箱的堆放规则，为该集装箱计算出一个堆放位置。同时，采用一个 RFID 标签与该箱的信息关联起来。在办完送箱单后，司机把该标签带回并粘贴到集装箱上。同时，通过无线通信的方式，把该次入库信息传送到堆场的叉车。叉车司机就可以提前知道一个什么样的车将要送一个什么样的柜到什么位置。当拖车开到指定的位置时，当叉车抓住该柜时，装在叉车上的 RFID 阅读系统会读到贴在该柜上的标签。如果该柜和之前通知的柜一致，则叉车司机就可以把该柜放到指定的位置，并按“完成”键，向办公室确认该位置已经放了之前指定的柜。如果读到的柜和之前通知的柜不一致，则向办公室发送“出错”信息。办公室根据出错情况进行调整，直到指定的柜与指定位置都匹配。在完成放柜操作后，拖车司机可以把车直接从闸口开出去。

当空的拖车到堆场提取一个集装箱时，拖车司机把提箱单交给办公室处理。办公室录入提箱单上信息，并根据持箱人、类型、尺寸等从系统中计算出一个提箱的位置以及该箱的箱号。并告诉司机把拖车开到该位置。同时，通过无线通信的方式，把提箱信息发送给叉车。让叉车司机提前知道一个什么样的车将要到什么位置取一个什么样的柜。当拖车开到指定的位置后，叉车司机从指定的位置抓起柜。在这个时候，可以通过叉车上的 RFID 阅读器读到贴在柜上的 RFID，并核实柜号是否一致。如果一致，就放到拖车上；如果不一致；就向办公室发送“出错”信息，让办公室修改相应的工作指令，直到指定的柜号与指定的位置完全匹配。拖车提柜并抵达闸口后，安装在闸口的 RFID 阅读系统就通过读到柜上的 RFID 标签，在出闸系统上显示出该柜应该由哪辆车提取。如果系统上显示的车牌同实际车牌一致，则按“放行”按钮，闸口管理人员就取下柜上的标签，让车出闸；否则，就退回堆场进行调整，直到指定的柜与指定的车牌完全匹配。在提柜操作完成后，堆场管理人员可以查询该次出柜的柜号、位置等及更新后的堆场堆放情况。

总的说来，该 RFID 系统针对堆场管理中的出入记录以及位置管理问题，省去了多手工记录、事后录单所带来的不准确性及滞后性，以及避免了每日定期去堆场巡视堆

放情况的工作，提高了堆场的处理效率、处理精度以及实时性。

第三节 GPS 技术在集装箱运输中的运用

一、GPS 技术在场地集装箱轮胎吊上的应用

GPS 是全球卫星定位系统（Global Positioning System）的简称，它通过空中均匀分布的 24 颗卫星进行定位，保证了定位信号在全球任何地方任意时间的可靠接收。近 10 年来，GPS 定位技术得到迅速发展，已在船舶远洋导航、飞机航路导航、汽车自主导航、地质勘测等方面得到了广泛的应用。

目前，许多起重机制造厂商通过研究开发，将 GPS 技术应用到 RTG（Rubber Tyre Gantry，集装箱轮胎吊）场地集装箱轮胎吊的定位上，已在很多港口的码头上使用，并在逐步推广。在一般情况下，使用普通的 GPS 可达到米级的定位精度，但是，如果在其他仪器及一定的使用区域条件下其定位精度可达到厘米级。例如，在码头的港区范围内使用差动 GPS（DGPS）运用载波相位差分（RTK）技术，其定位精度即可达到±1.5cm。

（一）GPS 在 RTG 上的应用背景

随着国际贸易的发展和集装箱数量的迅猛增长，集装箱装卸设备的需求量在不断增加，特别是 RTG 的需求量更是增长迅速。而且 RTG 的技术参数也在日益变大，如起升高度从堆三过四提高到堆六过七，起升速度由 15m/min 提高到 23m/min 起重量由吊具下 30.5t 增加到 60t 同时，其自动化要求也越来越高，如小车和起升的半自动运行，堆场集装箱箱位的自动化管理等。但是，由于 RTG 本身的制约，却一直存在着两个比较难以解决的问题。

1. 位置监控

由于没有固定的轨道，RTG 无法用传统的编码器来检测其相对于堆场的位置，从而使码头管理软件无法得知当前集装箱的堆放位置，因而不利于实现箱位的自动化管理。随着集装箱数量的增加，RTG 每天的装卸量很多，如果使用传统的人工输入集装箱的信息，工作量将很大，既影响作业效率，同时人工输入的错误是难免的。因此，如何通过监控 RTG 的位置来实现集装箱箱位的自动化管理，成为人们研究的课题。

2. 大车纠偏

因为没有固定轨道，且由于 RTG 本身结构的限制，在行驶大车时，司机必须不断地进行纠偏，这一方面使司机作业易疲劳，另一方面随着堆箱层数的增加如堆六过七，司机将感到越来越难看清跑道的基准线，尤其在晚上行大车时将更加困难。

自 RTG 问世以来，厂家和科研单位即在不断地研究如何解决上述两个问题。比较有成效的大车位置监控方法是在 RTG 跑道上每隔 3～4m 埋设代码传感器，并在机上装上感应设备，通过每个传感器的不同代码来鉴别 RTG 在堆场上的位置，然后再通过

RTG 自身的编码器来检测和控制箱位。其缺点是：

(1) 需在码头上预埋传感器，工作量大，代价高。

(2) 因传感器间隔埋设，无法连续监测大车位置。

(3) 传感器损坏时不易更换。

(4) 容易因 RTG 振动产生错误信号，可靠性差。

自动纠偏通常采用两种方法：

(1) 同上述大车位置监控系统相结合，通过感应设备检测与代码传感器的偏离来计算车轮的偏移。

(2) 在跑道上画黑白分明的两条基准线，并在机上装设两个摄像头，通过摄像头检测到的基准线的信号来判断车轮的偏移。前者的缺点如上所述。代价高、可靠性差；后者的缺点是基准线易受污染，且系统无法同大车位置监控相结合。

如何使 RTG 既保持转场灵活的优点，又能像轨道式集装箱龙门起重机（RMG）一样保证大车运行稳定可靠，准确报告箱位，使箱位管理具有高度自动化。技术的不断发展和应用，使上述想法成为可能。

(二) GPS 在 RTG 的功能

GPS 应用于 RTG，结合了 GPS 设备和 RTG 本身大车编码器的性能，通过 GPS 可以实现 RTG 在堆场上 X/Y 方向的定位，而编码器则实现了 GPS 定位的校验和推导功能，两者相互补偿，既提高了定位信号的更新速度，弥补 GPS 定位刷新率较低的不足，又消除了编码器长时间工作产生的累计误差，保证定位的精确性。

RTG 上应用的 GPS 主要可实现如下功能：

(1) 箱位自动管理功能。较早的码头，其箱位管理是由中控通过对讲机通知司机作业的位置和箱号，司机作业完成后再报知中控，由中控通过人工将箱号和箱位等信息输入电脑。目前，很多码头已经采用了无线传输技术，中控计划员只需要将计划作业的集装箱的位置输入电脑，司机通过司机室的触摸屏得知要作业的集装箱的位置和箱号，作业完成后只要在触摸屏上确认即可将信息传输到中控，RTG 和中控室之间的通信是通过无线传输的。如采用了 GPS 的技术，即可利用 RTG 的三维位置，随时发布 RTG 的操作信息，譬如作业箱量、作业位置 RTG 状态等，信息通过无线系统发送到中控室，由中控室主机自动记录统计，实时获得 RTG 的各种操作数据，及时更新堆场集装箱的分布情况，从而节省大量的人工登记工作，并消除各种误差，实现了自动信息化管理，有利于信息保存归档。

(2) 大车自动纠偏功能。利用 GPS 的位置信号，通过 PLC 软件编程，为 RTG 建立一条虚拟的轨道。可实现大车直线行走。既免除了传统 RTG 司机需要长时间低头进行手动纠偏的疲劳作业，也消除了 RTG 行大车时同集装箱或其他车辆相撞的隐患。

(3) 大车自动行走功能。利用 RTG 当前的位置和要求作业集装箱的目标位置，结合大车自动纠偏和位置监控功能，可以实现 RTG 在同一跑道上的大车自动行走，司机只需要轻触大车自动运行按钮，RTG 即可以自动行走到需要作业的指定位置，这个功能只限于 RTG 在同一跑道上的自动行走，对于需要转场作业的 RTG 来说不易实现。

（4）防误操作功能。利用 RTG 的精确位置，并结合小车和起升机构的位置，组成 RTG 吊具的三维信息，根据码头堆场的实际布置。可转换成具体的集装箱大车箱位、小车堆位和层高等信息。此信息同需要作业的集装箱信息比较。只有信息一致才允许 RTG 作业，如信息不符，则禁止吊具动作，这样就可以避免 RTG 吊错集装箱。

（三）GPS 在 RTG 上的系统配置

目前市场上存在着不同规格和精度的 GPS 接收设备，譬如接收设备有单频和双频的，处理精度有 m、dm、cm 和 mm 级的，更新速率有 20Hz、10Hz 及更小的，还有内置处理技术分为 DGPS 和 RTK 的。这些规格的不同决定了 GPS 设备的精度、可靠性、稳定性和响应速度，因此，考虑到 RTG 的位置监控要求精度高和自动纠偏要求可靠性高的特点，应选用具有载波相位差分 RTK 技术的 GPS 这样可以保证 RTG 的位置信号可以达到厘米级精度，其配置如下：

（1）整个项目配备一个 GPS 基准站，具体包括一个双频接收器和一个调制无线电发射电台，用于提供基准位置信号给 RTG 上的 GPS 移动站，每台 RTG 配置一个 GPS 移动站，具体硬件包括两个 GPS 接收器和一个公共无线接收电台，用于检测当前起重机所处位置，并接收基准站差分信号，从而获得 cm 级的检测精度。位置信号将在主机运算后送至 RTG 上 PLC 进一步进行箱位管理和自动纠偏等处理。

（2）为保证 RTG 的箱位管理和自动纠偏的可靠性，可以采用双 GPS，当其中任何一个 GPS 失效时，另外一个 GPS 可以继续工作。

（四）RTG 上应用 GPS 的条件限制

在 GTG 上应用 GPS 可以实现 cm 级且长时间的连续位置检测，但却受到两个条件的限制：

（1）码头的地理位置。堆场周围不应该有阻挡视线的东西如高楼、大山等，否则会影响 GPS 能够接收的卫星数量。

（2）无线电信号。GPS 的差分电台有较固定的频率（最好是能申请到专用频率），不能受到频率干扰，否则，GPS 需要重新计算（需几秒钟时间），所需时间视干扰时间定。因此，港区周围不能有无线电频率干扰。

由于 GPS 应用于 RTG 上，是近几年刚研究出来的先进技术，且其定位精度要求高，技术含量大，许多可实现的功能还有待研究和开发，虽然目前还没有得到广泛应用，但是世界上著名的起重机制造厂家，如上海振华港机（集团）股份有限公司(ZPMC)、诺尔起重机（中国）系统有限司（NOELL）等，已经在有些码头上试验成功并投入运行，相信在不久的将来，GPS 将成为 RTG 技术发展的一个新潮流，一定会在 RTG 上得到广泛应用。

二、GPS 在集装箱自动引导车定位导航方面的应用

目前，国内外应用于集装箱自动引导车的定位导航系统定位导航技术主要有：电

磁感应埋线技术、激光检测技术、超声检测技术、光反射检测技术、惯性导航技术、图像识别技术和坐标识别技术等。

AGV20集装箱水平自动引导车定位导航系统主要由GPS定位系统、惯性导航系统、激光精确定位装置组成。GPS定位系统提供车辆的自主导航所需的实时高精度位置数据，系统工作时，基准站的GPS天线架设在位置坐标已知的点位上，接收所在点位GPS信号，基准站GPS接收机结合已知本地精确坐标值，处理差分改正信息，并利用时分方式通过数传链路广播发送到用户站；各用户站根据接收到的基准站数据进行实时差分定位数据解算，并将解算后的定位信息输出给AGV20的自主决策系统。惯性导航装置依据陀螺仪检测的方位角弥补由于GPS定位系统遮挡时的车辆位置测算及辅助导航。GPS与惯性导航装置组合定位方法有效解决了实时性的定位要求。

激光精确定位系统提供车辆在行进路线中关键点处的准确定位和校核。集装箱自动导引车行驶到行进路线的关键点处，如集装箱堆场的起重机附近时，由于起重机和堆场存放的集装箱的遮挡，GPS定位导航系统的信号受到影响，同时，由于集装箱自动导引车的停放位置需要精确定位，而GPS定位系统和惯性导航装置的共同作用的精度又不能满足要求时，激光精确定位装置对集装箱自动导引车进行定位，从而实现运动中的准确导航。车辆导航终端根据车辆当前位置和路径信息进行分析处理，向车辆控制终端发送行驶控制指令，车辆控制终端根据指令控制车辆行驶。

第四节　GIS技术在集装箱运输中的运用

GIS技术在集装箱运输中的运用比较广泛，下面就以地理信息技术在军用集装箱中的运用为例作为介绍。

一、在集装箱运输中应用GIS技术的必要性

地理信息技术的日臻成熟为GIS在军用集装箱运输领域内的广泛应用创造了一定的技术基础，它不仅具有对空间和属性数据采集、输入、编辑、存储、管理、空间分析、查询、输出和显示等功能，而且可为系统用户进行预测、监测、规划管理和决策等提供可视化支持。可见，将其应用于军用集装箱运输领域中，可大大加强对军用集装箱运输过程的全面控制和管理，实现高效、快捷的军用物资运输保障。

二、GIS技术在军用集装箱运输管理中的应用

（一）军用集装箱运输的概况

集装箱运输是世界运输史上的一场革命，以先进、科学、高效的管理模式，被视为现代运输业发展的标志。作为一种先进、高效的运输方式，因迅速、安全、便利、保密、节约的特点，具有极高的军事利用价值，成为各国军队后勤运输争先发展的方向。因此，发达国家军队都投入大量的人力、物力、财力发展军用集装箱运输系统，

做到基本与国际集装箱运输同步发展，甚至在有些领域还走在了民用集装箱运输的前列。在伊拉克战争中，美英联军能实现快速、高效的后勤运输保障，在很大程度上得益于这种现代化运输方式的应用。集装箱运输的现代化不仅指集装箱运输手段（运载工具、装设设备等）和运输技术达到或接近世界先进水平，而且指箱务管理（包括集装箱运输的组织、运输计划的编制、运输方案的选择、评价指标的确定等）的科学化。在当今信息时代，信息战争已成为未来战争发展的趋势，信息化的军用物资集装箱运输保障也必将成为时代发展的客观要求。在未来信息化战争中，后勤保障将是全时信息流引导的全域物资流，也就是“战场需要什么，就能够准确、及时地得到什么”。因此，后勤系统必须全面、准确、动态地掌握散布在整个战场上的各个后勤仓库、运输保障分队、作战部队以及各个运输环节之间的物流流动状况，以此制订详细的物资筹措和运输计划，根据战场态势及时调整军用物资集装箱运输保障策略。因此，信息技术的广泛应用，将更加推动军用集装箱运输用面向对象的空间数据模型和基于关系数据库的空间数据库来实现数据的无缝集成，空间数据索引采用基于改进 R－Tree 的空间数据索引结构，属性数据索引采用 B＋树数据结构；网络数据传输采用 3 层结构模型，并采用 Java Applet 进行开发，这样与平台无关又具有较好的安全性，使海量空间数据的存储、分析和共享成为可能。

（二）GIS 的军用集装箱运输管理系统模型设计

GIS 的军用集装箱运输管理系统应集成以下主要模型：车辆路线模型、网络运输模型、分配集合模型、设施定位模型、空间查询模型等。

（1）车辆路线模型。用于解决一个起始点、多个终点的军用集装箱物资运输中如何降低运输作业费用，并保证服务质量的问题。包括决定使用多少军用集装箱运输车辆、每辆车的最优行驶路线等。

（2）网络运输模型。用于解决寻找最有效的分配军用集装箱货物路径问题，也就是运输网点布局问题。如将军用集装箱物资从 N 个仓库运到 M 个部队，每个部队都有固定的需求量，因此需要确定由哪个仓库提货送给哪个部队，并且使运输代价最小。

（3）分配集合模型。根据各个要素的相似点把同一层上的所有或部分要素分为几个组，用以解决确定运输服务范围等问题。如某一联勤分部要设立 X 个运输分队，需要这些运输分队应覆盖某一地区，而且要使每个运输分队的运输任务量大致相等。

（4）设施定位模型。用于确定一个或多个设施的位置。在运输系统中，仓库和运输线共同组成了运输网络，仓库处于网络的节点上，节点决定着线路，如何根据运输能力与运输任务之间的实际情况并结合军事经济效益等原则，在既定区域内设立多少个仓库，确定每个仓库的位置、规模，以及仓库之间的运输关系等，运用此模型均能很容易地得到解决。

（5）空间查询模型。用于在电子地图上对战区内地形地貌、公路等级、山脉、河流、桥梁、居民点、哨所、油库站、仓库、卫勤保障点、车辆维修保障点、军地运力等基本信息进行空间查询和管理。

（三）系统功能的实现

根据系统需求和模型设计，基于 GIS 的军用集装箱运输管理系统可实现以下主要功能：

（1）车辆和物资跟踪：利用导航定位技术和电子地图可以实时动态显示出集装箱运输车辆或物资的实际位置，并能查询出车辆和物资的状态，以便及时进行合理调度和管理。

（2）提供运输路线规划和导航。规划出运输线路，使显示器能够在电子地图上显示设计线路，并同时显示汽车运行路径和运行方法。

（3）信息查询。对配送范围内的主要建筑、运输车辆、用户等进行查询，查询资料可以用文字、语言及图像的形式显示，并在电子地图上显示其位置。

（4）模拟与决策。如何利用后勤仓库、运输车辆、运输计划、保障区态势和地理数据等建立模型来进行军用集装箱运输网络的布局模拟，并以此来建立决策支持系统，提供更有效、直观的决策依据。

当今，随着信息技术的飞速发展，GIS 技术在军用集装箱运输领域的应用将越来越成熟，必将为提高军用集装箱运输保障能力起到巨大的推动作用。

本章小结

本章主要介绍了集装箱的概念、集装箱交接的方式、集装箱运输的概念、集装箱运输的特点、集装箱运输的关系人以及集装箱运输的主要单证；RFID 技术在集装箱运输中的必要性以及应用内容；GPS 技术在集装箱运输中的应用内容；GIS 技术在集装箱运输中的应用内容。通过学习，学生能够很好地了解集装箱运输的基本概念以及掌握物联网技术在集装箱运输中的应用内容。

思考题

1. 什么是集装箱？什么是集装箱运输？
2. 集装箱运输的基本单证有哪些？
3. RFID 技术在集装箱运输中能够起到哪些作用？
4. 如何在集装箱运输中应用 RFID 技术？
5. 如何在集装箱运输中应用 GPS 技术？
6. 如何在集装箱运输中应用 GIS 技术？

知识链接

集装箱RFID的应用，中国有望引领国际

2005年12月3日，“浙海325号”轮从烟台港正式起航驶向上海，在这艘看似平常的集装箱班轮上，装载着300多只首次贴有电子标签的集装箱。这次“两港一航”的工业性试验，开启了中国第一条装有电子标签的集装箱航线，完全实现了集装箱运输环节的自动识别和实时信息交换。而此前，在港口间集装箱航线应用电子标签，世界上还没有过成功先例。

首航雪中开拔

上海港的集装箱吞吐量2005年达到1808万TEU，连续3年排名世界第三。然而，集装箱在运输过程中的信息传递还依赖传统的方式，集装箱的流向、流转和识别基本还处于人工、半人工状态。管理水平和信息化水平不高，已经成为制约集装箱运输的关键。

上海国际港务（集团）股份有限公司工程技术部科技主管董廷龙说，上海港务早在七八年前就使用了图像识别技术来监控每只集装箱。虽然在集装箱运输过程中对卡车采用了条码、图像软件识别技术和无源电子标签等技术，但是由于识别距离近、可靠性差，而且只能识别卡车，无法识别集装箱，更不能实时跟踪记载集装箱运输过程中的物流信息，因此无法满足更高层次的管理需求，条码自动检测设备见图7-8。

5年前，上海国际港务（集团）股份有限公司副总裁包起帆就开始考虑，如何在集装箱运输过程中，把信息流和物流结合在一起。董廷龙说，当初也曾买来国外技术试验，但是行不通。为此，上海港务和上海锐帆科技信息有限公司等几方联合成立课题组，开发部署一体化的集装箱自动识别技术应用系统。

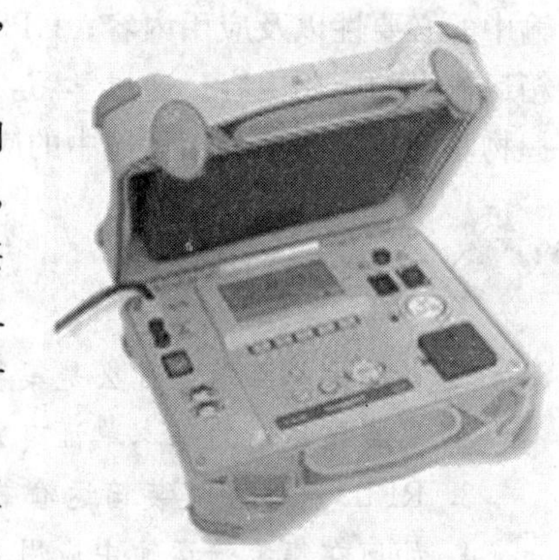

图7-8　条码自动检测设备

在RFID应用中，集装箱电子标签有着非常典型的行业特征。包起帆分析认为，在整个电子标签应用领域，集装箱电子标签系统的作业环境最为复杂，技术难度最大，各项技术指标、工艺性指标、功能性需求都远不同于其他领域；此外，集装箱电子标签的应用是处在一个巨大的物流网络环境下，该网络涉及多个国家、多个地区、多个部门的合作。

上海锐帆科技信息有限公司销售总监耿波也承认，开始做的时候确实比较困难。虽然国外有过集装箱电子标签的应用经验，但由于属非民用用途，价格贵，照搬过来

并不现实。因此在标签、芯片、读写器、天线等装置乃至整个管理过程上，都需要课题组消化国外技术，开发出自己的技术和产品。

从2005年年底“两港一航”试验正式开启，到2006年1月19日，示范线累计完成5294个集装箱试验。董廷龙回忆说，第一次试验当天，正值烟台遭遇50年来的低温——－40℃，大风大浪还夹着大雪。不过，集装箱上的电子标签都运行正常，因为这些标签即便是泡在水里半小时，运行起来也没问题。

由于中国的内贸集装箱运输发展迅速，有数据显示，内贸货物吞吐量已经达到内外贸总量的64.4％。包起帆认为，内贸集装箱在中国增长潜力巨大，因此电子标签技术推广的意义深远。耿波觉得，如果真能推广出去，单就国内内贸港的集装箱量而言，都配上电子标签那个数目将大得惊人。

让悬空箱自动现身

耿波告诉笔者，上海港务的内贸集装箱电子标签应用示范，开启了国内先河。它采用电子标签，记录集装箱运输过程中的物流信息，能实现全过程自动识别，将信息流和物流融为一体，并对集装箱运输的物流和信息流进行实时跟踪。

据了解，上海港务建设内贸集装箱电子标签自动识别应用系统时，把它分为三级体系。其中，集装箱电子标签自动识别系统，完成集装箱信息的实时采集和自动识别；港区无线通信系统，完成在港区大环境下的数据无线传输通信，将前端电子标签系统的数据传输到后端的集装箱信息实时交换系统；而集装箱信息实时交换系统，完成后端对集装箱信息的实时处理和管理，并进行EDI数据交换，以实现起运港和目的港之间的集装箱信息实时交换。

耿波表示，原先是想将港口原有信息系统和RFID应用相配合，但是这样的话有可能造成业务流程的中断，所以干脆重新开发一套系统。

在董廷龙的印象中，使用了集装箱电子标签之后工作环节减少了，最明显的就是单证管理。“之前都是手工填写表格、单据，有时一个集装箱的货物因为分属多家，会有多张单据，有些小港口管理比较落后，单证抄来抄去容易出现差错，所以环节越少越好。”

原先对任何港口来说，错箱、漏箱都是不可避免的事故。比如说，有4个箱子放在一起，要将最底层的那个箱子装船，操作工人就必须移开上面3个，再把它们放回原位时，就有可能出现1号位置的箱子被放到3号的错误，几次下来也许会找不到所要的箱子。现在通过手持读写器，进行装货、岸边巡视等，居然解决了令人头疼的悬空箱问题，让上海港务产生了意外的欣喜。

耿波告诉笔者，箱子不上船，货轮就不可能出发，延误一天的赔偿费就有可能达到上百万元。以往通过人工方式，根据集装箱编号一个个查找，在一个大堆场中，没有半天时间的话肯定找不下来，不幸的话找一天都有可能找不到。而现在只要拿着手持设备，乘坐堆场内的机动车，只要经过悬空箱的“藏身”之地，失踪的悬空箱信息就会跳出来。

完全自主知识产权

“上海内贸集装箱电子标签应用示范所使用的所有技术和产品，都具有国内完全自主的知识产权。”包起帆表示。据悉，目前已经有5项技术申请了国家专利，包括集装箱电子标签装置、低功耗的有源电子标签通信模式、一种电子标签安全通信的方法、一种集装箱电子封条和一种用于集装箱电子标签与电子封条的连接方法。比如，低功耗的创新把有源电子标签的使用周期，从最早的一两年提高到后来的3～5年，现在则可以达到8～10年。

董廷龙介绍，使用电子封条的最终目的，是看集装箱从起运港到目的港，途中是否被打开过。一些传感设备借助温度、光线等，通过导线，会将门的开关信息记录到电子标签上。对海关来说，如果中途有箱子开过，那就是重点查验对象，没有就可走绿色通道。董廷龙说，现在记录可以精确到“×月×日×点×分开过箱子”。

耿波告诉记者，目前通过导线连接只是第一代产品，正在开发的第二代产品是封条和电子标签一体化，这个U形的一体化产品正好扣在门上，面板会有一些简单的开启记录。“这个一体化装置可独立应用，不一定需要一个系统来支撑，还可以在开环状态下应用。”

在上海港应用的集装箱电子标签里，有一个特殊的设备叫集装箱电子标签“哨兵”，用来在堆场、桥吊、龙门吊、机床、叉车等场合，配合无线读写器，完成对集装箱电子标签的唯一性自动识别。“堆场的岸桥和场桥都是很大的吊车，其中场桥的高度在20～30m，如果是进口的岸桥，就会有70～80m。当抓斗下去锁定集装箱，既要保证能读到目标集装箱的信息，还要保证不受相邻位置集装箱信息的干扰。”“哨兵”的技术创新，正是起到了这种作用。

据悉，就在上海内贸集装箱应用电子标签进行示范的同时，课题组也把相关技术制定成行业标准和国家标准草案，争取扩展到国际集装箱运输中使用，并向国际集装箱标准化委员会推荐，使中国在该领域拥有更多的自主知识产权和话语权。

包起帆认为，中国在港口集装箱吞吐量、集装箱产量、集装箱港机设备制造等方面已经名列世界第一，完全有可能使中国的电子标签应用技术引领国际水平和国际标准。

（资料来源：义乌物流网．www.1556.net.）

第八章 邮政运输物联网系统

通过本章的学习，了解邮政运输的概念、国际邮政运输的概念以及国际邮政运输的组织机构；掌握RFID、GPS、GIS技术在邮政运输中的应用。

第一节 邮政运输概述

一、邮政运输的发展历程

邮政运输是邮政的动脉和生命线。长期以来，我国的邮政运输尤其是干线邮政运输主要依附于铁路、民航等公共交通运输部门，运输能力、生产组织及邮运时限都处于被动地位造成邮件运递时限过长，制约了邮政业务的发展。随着社会经济生活的日益活跃，信息在社会生活中的作用更为重要，邮电部门逐渐认识到邮件传递速度的快慢不仅是邮政发达程度和通信质量高低的重要标志，而且也是邮政在竞争中取胜的基本条件。解决我国邮件传递慢问题的根本出路在于摆脱邮政运输的依附性，组建相对独立包括航空、铁路、公路运输等多种手段综合利用的快速高效干线邮运网。

长期以来，由于历史的某些客观原因，邮运网路的规划和建设基本上是根据铁路客运枢纽站的位置考虑和布局，新增干线邮路主要以铁道邮路为主，逐渐形成了干线邮路交接点多，省内、省际邮件都依靠干线运输，使得干线与省内邮路的分工不明，层次不清，这种网络结构和形态限制了干线邮运网和省内邮运网的自我发展能力。

干线邮政运输能力还比较脆弱，运能与运量的矛盾仍然十分突出，这种矛盾的特点就是邮政运能紧张区段同样为社会交通运输部门运能紧张区段，造成某一地区、某一区段干线邮运能力的缺口很大，从而限制了邮政业务的发展，以致一些商品经济发达地区营业收寄不得不根据邮政运输能力来决定接办业务的多少。干线邮运具有很大的依附性和被动性。

快速高效干线邮运网的结构和形态建设、快速高效干线邮运网的指导思想就是用系统工程理论，从邮政通信的全程全网特点出发，对现有干线邮政运输网的结构和形态进行改革。根据邮件的时限指标确定邮件的运输方式和局内作业组织，合理分配邮件运输与局内处理时长，把现有干线邮政运输网路建设成为一个运输处理网点布局合理，干线和省内线分工明确、层次分明，能容纳各种邮件序列，运能适度超前并能适应今后邮政新业务的发展，实行快、普基本分运并相对独立包括航空、铁路、公路运输等多种手段综合利用的快速高效干线邮运网。

干线邮政运输网路的组织，根据各类邮件传递时限的不同分为快递邮件的运输和普通邮件的运输。快递邮件包括特快专递、邮政快件。信函、普通邮件包括报纸、期刊、印刷品、包裹等。报纸利用陆路运输相关最快的速度组织运输。干线快递邮件的运输实行以航空运输为主，铁路、汽车运输为辅。并按照委办与自主、需要与可能的原则，积极探索委办、自主航空运邮的新思路和办法。干线普通邮件的运输近期实行以铁路运输为主，汽车运输为辅。并根据邮政业务的发展，逐步增加汽车运输量的比重。

二、邮政运输的概念

邮政运输，是指通过邮局寄交进出口货物的一种运输方式。邮政运输比较简便，只要卖方根据买卖合同中双方约定的条件和邮局的有关规定，向邮局办理寄送包裹手续，付清邮费，取得收据，就完成交货任务。

三、影响邮政运输规划的因素

邮政运输是一个涉及多种因素的综合性复杂系统，下面分析影响邮政运输规划的主要因素。

（一）邮路结构

邮路结构是实现邮件异地转移的基础设施。它是在交通运输网络的基础上，按照一定的要求挑选出来的适合于邮政运输的道路集合。在不同的地域，邮路等级有着很大的差别。相对来说，东南部交通运输网络发达，邮路等级较高，而西部地区则相对落后，邮路状况不甚理想。另外，由于自然灾害造成的邮路断路也时有发生。

邮政运输网路可分为全国干线网和省内网。干线网主要针对全国一二级邮区中心局间的邮件运输，省内网则主要面对省内二三级邮区中心局间的邮件运输。

（二）运输工具

运输工具是实现邮件异地转移的载体，是以一定的邮路结构为基础的。邮政运输主要依赖于委办，特别是干线运输，需要依托航空和铁路部门提供的运能支持，车辆开行时刻、停靠站点和容间大小都不具备自主权力。虽然经过一定时间的积累，自办邮路有了很大的发展，但主要还是通过汽车邮路来完成部分省内邮件的运输。另外，邮件运输还涉及少量的轮船运输。

（三）邮件种类和流量流向

就运输环节而言，我国将邮件按时限要求大致划分为快件和普件，针对不同的邮件类别实施相应的运输计划。快件主要强调传递时限短，普件着重考虑邮件运输成本

的降低。对于不同的邮件种类，其运输评价指标不一样。另外，邮件流量流向区域性差别大，邮件总量与流量流向随机变化，季节性强，变化幅度大。

（四）时限

时限是衡量邮政通信质量的重要指标。由于实物邮件的异地转移是邮政通信的基本内容，邮政运输中的每一个环节都有严格的处理时限标准，而且端到端有一个总的时限标准。通常，邮政运输在整个邮政通信作业过程中所占的时限比例较大，因此花在邮政运输中的时间是邮政运输路由规划时需要着重考虑的一个评价因素。影响时限标准实观的主要因素是运输时间和转运时间。

四、国际邮政运输

国际邮政物流是指通过各国（地区）邮政运输办理的包裹、函件等。每年全世界通过国际邮政所完成的包裹、函件、特快专递等数量相当庞大，因此它成为国际物流的一个重要组成部分。

（一）国际邮政运输

邮政运输（International Postal Transport）是一种较简单的运输方式。世界各国（地区）的邮政包裹业务均由国家（地区）办理，我国邮政业务由邮电部负责办理。国际上，各国（地区）邮政之间订有协议和公约，通过这些协议和公约使邮件包裹的传递畅通无阻，四通八达，形成全球性的邮政运输网，从而使国际邮政运输成为国际物流中普遍采用的运输方法之一。

1. 国际邮政运输的特点

（1）具有广泛的国际性。国际邮政是在国与国（国家与地区）之间进行的，在大多数情况下，国际邮件需要经转一个或几个国家（地区）。各国（地区）相互经转对方的国际邮件，是在平等互利、相互协作配合的基础上，遵照国际邮政公约和协议的规定进行的。为确保邮件安全、迅速、准确地传送，在办理邮政运输时，必须熟悉并严格遵守本国（地区）和国际（区域）的各项邮政规定和制度。

（2）具有国际多式联运性质。国际邮政运输过程一般需要经过两个或两个以上国家（地区）的邮政局，通过两种或两种以上不同的运输方式的联合作业才能完成。但从邮政托运人角度来说，它只要向邮政局照章办理一次托运，一次付清足额邮资，并取得一张邮政包裹收据，全部手续即告完备。至于邮件运送、交接、保管、传递等一切事宜均由各国（地区）邮政局负责办理。邮件运抵目的地，收件人即可凭邮政局到件通知收据向邮政局提取邮件，手续非常简便。因此，可以认为国际邮政运输是国际多式联运的一种方式。

（3）具有“门到门”（Door to Door）运输的性质。各国（地区）邮政机构遍布世界各地，邮件一般可在当地就近向邮政局办理，邮件到达目的地后，收件人也可在当地就近邮政局提取邮件。所以，邮政运输基本上可以说是“门到门”运输。

国际邮政运输具备上述特点，通过邮件的递送，加强了各国之间的联系，促进相互间的政治、经济、文化和思想交流，但是它不可能运送国际贸易中的大量货物，只能运送包裹之类的小件货物，而且对包裹的重量和体积均有严格的限制。所以通常只适宜运送精密仪器、机器零件、金银首饰、贸易样品、工程图纸、合同契约、私人包裹等量轻体小的零星物品。

2. 万国邮政联盟组织

万国邮政联盟（Universal Postal Union，UPU）简称“万国邮联”或“邮联”，它是商定国际邮政事务的政府间国际组织，其前身是1874年10月9日成立的“邮政总联盟”，1878年改为现名。万国邮联自1948年7月1日起成为联合国一个关于国际邮政事务的专门机构，总部设在瑞士首都伯尔尼，宗旨是促进、组织和改善国际邮政业务，并向成员提供可能的邮政技术援助。

邮联宗旨是：组织和改善国际邮政业务，有利于国际合作的发展；推广先进经验，给予各会员方邮政技术援助。我国于1972年加入邮联组织。现邮联将每年10月9日定为世界邮政纪念日，届时各国（地区）邮政组织均组织宣传纪念活动。

邮联的组织机构有：大会，为邮联的最高权力机构，每五年举行一次；执行理事会，为大会休会期间的执行机构；邮政研究咨询理事会，研究邮政技术和合作方面问题，并就此问题提出改进建议以及推广邮政经验和成就；国际局，为邮联的中央办事机构，设在瑞士伯尔尼，其主要任务是对各国邮政进行联络、情报和咨询，负责大会筹备工作和准备各项年度工作报告。

3. 邮包种类

国际邮件按运输方式分为陆路邮件和航空邮件。按内容性质和经营方式分为函件和包裹两大类。按我国邮政部规定，邮包分为以下三种：

(1) 普通包裹。凡适宜于邮递的物品，除违反规定禁寄和限寄的以外，都可以作为包裹寄送。包裹内不准夹寄信函，但可以附寄包裹内件清单、发票、货单以及收寄件人姓名、地址签条。

(2) 脆弱包裹。装有容易破损和需要小心处理物品的包裹，可以按脆弱包裹寄递，如玻璃制品、古玩等。脆弱包裹只限寄往同意接收的国家和地区。邮局对脆弱包裹只在处理上加以特别注意，所负责任与普通包裹相同。

(3) 保价包裹。邮局按寄件人申明价值承担责任的包裹，一般适于邮递贵重物品。此外，国际上还有快递包裹、代收货价包裹、收件人付费包裹等。

以上包裹如以航空方式邮递，即称为航空运输包裹。

邮政局在收寄包裹时，均给寄件人以收据，故包裹邮寄费属于给据邮件。给据邮件均可办理附寄邮件回执。回执是邮件递交收件人作为收到邮件的凭证。回执尚可按普通、挂号或航空寄送。

(二) 邮资和单证

邮资是邮政局为提供邮递服务而收取的费用。各国（地区）对邮资采取不同的政策，有些国家（地区）把邮政收入作为国家（地区）外汇收入来源之一；有些国家

（地区）要求邮政自给自足，收支大致相抵；有些国家（地区）对邮政实行补贴政策。从而形成不同的邮资水平。

根据《万国邮政公约》规定，国际邮资应按照与金法郎接近的等价折成其本国（本地区）货币制度。邮联以金法郎为单位，规定了基本邮资，以此为基础，允许各国（地区）可按基本国情（区情）增减。增减幅度最高可增加70%，最低可减少50%。

国际邮资均按重量分级为其计算标准。邮资由基本邮资和特别邮资两部分组成。基本邮资是指邮件经水、陆路运往寄达国家（地区）应付的邮资，也是特别邮资计算的基础。基本邮资费率是根据不同邮件种类和国家地区制定的，邮政局对每一邮件都要照章收取基本邮资。特别邮资是为某项附加手续或责任而收取的邮资，如挂号费、回执费、保价费等，是在基本邮资的基础上按每件加收的，但是保价邮资须另按所保价值计收。

邮政运输的主要单证是邮政收据（Post Receipt）。邮政收据是邮政局收到寄件人的邮件后所出据的凭证，是邮件灭失或损坏时借以向邮政局索赔的凭证，也是收件人借以提取邮件的凭证。

第二节　RFID 技术在邮政运输中的应用

邮政作为世界上最大的实物投递和运输网络，长期以来都被全球业内人士普遍认为是继零售供应链之后，世界上应用 RFID 技术的第二大行业，邮政也早在多年以前就开始对 RFID 相关技术的研究和应用探索工作。

一、邮件服务质量监测

在邮件服务质量监测方面，RFID 的应用可谓最早，也最成功。早在 1994 年，由欧美和泛太平洋地区的 23 个国家（地区）的邮政运营商组成的国际邮政集团（IPC），采用了一套全球性的基于 RFID 技术的邮政服务自动监测系统（AMQM），用于监测国际信函在各个国家（地区）、各个环节的处理时限。在测试中，工作人员将贴有半有源 RFID 标签的邮件随意放进通常的邮件流中，运营商并不清楚哪件邮件上贴有标签，从而确保测试结果的客观性和可靠性。目前，这套系统已在 55 个国家的日常邮政运作中发挥作用。在包裹邮件的质量监控方面，西班牙邮政于 2007 年在 37 个邮件处理中心成功地推广应用了无源超高频 RFID 技术，为这一技术在全球邮政服务质量监测中的全面应用奠定了技术基础。

二、邮件处理

在邮件处理方面，早在 1998 年，DHL 就开始了 RFID 的应用试验，并成功证实了 RFID 技术能够提高服务质量并降低成本。2003 年，TNT 开始了第一代 RFID 标签的试验项目，覆盖了从进口物流、仓储到跨国分销的供应链流程。试验结果表明，在实际供应链作业中引入电子标签技术，能够在很大程度上改善流程、提高效率、提高透

明度，减少出错率以及降低客户成本。

第三节　GPS 技术在邮政运输中的运用

目前，有许多国家采用了 GPS 及相关的计算机技术、通信技术、地理信息技术和广域网技术，在邮政运输中对车辆进行管理，并对邮件及总包的流量流向进行统计分析和查询。众多实例表明，采用 GPS 技术不仅节省了费用，提高了运输效率，且较好地保证了车辆运行的时限和安全，使得管理规范化和科学化。目前我国有 255 个中心局，地跨 30 多个省，从管理及安全角度考虑，采用 GPS 技术及数据通信技术对车辆进行管理势在必行。

一、GPS 技术在邮政运输中的应用基础

GPS 使用地球上空 2×10^4km 处布置的“导航授时全球测距卫星”，并与地面站构成卫星定位导航系统，简称 GPS。通过商用 GPS 接收机，任何车辆、轮船和个人均可以随时知道自己所在的经度和纬度等定位信息。在各个具体的应用中，方案不尽相同，但总体来说，系统由车载系统、无线通信系统、地面中心指挥测管理系统三大部分构成。车载 GPS 接收机接收到 GPS 定位数据，通过车载无线电台及计算机将自己的位置信息利用适当的通信手段传送到指挥中心，在大屏幕电子地图上实时显示车辆位置及技术参数等信息，并进行邮政业务的处理，在邮政运输及生产中，GPS 技术只是作为一种成熟的技术手段和基础，为了实现邮政车辆科学规范而有效的管理，需要进行一系列深入的研究，例如总包信息的录入和入网，对邮政综合网的充分利用，邮政运输的辅助决策等。为了实现这些目标，必须采用必要的技术手段，如地理信息技术、网络技术、数据库技术、通信技术以及 Internet 网络技术等。

地理信息技术采用电子地图、GUI 图形界面、可视化地理信息数据库为基础，对地理信息进行综合的查询和统计分析，可以帮助邮运生产人员掌握车辆的位置，对邮运生产进行辅助决策，例如通过对总包流量流向的分析，可以更有效地调拨车辆及邮袋，可以提高运能的有效利用率。

二、GPS 技术在邮政运输中实施的意义

在邮政运输中使用 GPS 技术，可达到以下目标：

①保证运输的时限；②保证运输的安全；③进行动态实时调度；④建立完整准确的查询系统；⑤对邮运车辆作业进行规范化管理；⑥对车辆技术状况进行实时监测；⑦为邮运网络提供计算机辅助决策；⑧实时采集总包信息的流量流向；⑨采集车辆尚可利用的容量和载量的信息。

综观国内外邮政运输的发展和 GPS 的应用，以及我国邮政运输业务中汽车运邮比重的日益增长，GPS 在邮政运输中，作为一种成熟的技术手段对邮政运输进行支撑，

必将会在邮政运输中起到越来越重要的作用，并带来巨大的经济效益。

三、GPS 技术在邮政运输中的应用模式

（一）在邮运生产中的应用

在邮运生产中，通过采用必要的技术手段，例如 GPS 卫星定位技术、地理信息管理系统、电子标识技术、计算机网络技术等，并在邮政车辆上建立车载计算机平台，在车辆和调度中心之间建立多元化的数据和语音两个通道，把过去单个运行的车辆通过网络组织形成一个完整有序的运输体系。它的处理流程如下：通过车载 GPS 接收机和计算机，接收到车辆的位置信息，并通过适当的通信手段将位置及车况信息发送到调度中心，显示在电子地图上，并且车辆还可以接收调度中心实时发来的调度命令。这样调度中心就可以实时掌握各个车辆的位置及车况，对车辆进行规范化作业管理，保证运输的时限和安全。利用车载的计算机平台以及适当的通信手段，在车辆经过沿途的支局和地面交换站时，将总包的增减变化情况及时地反映在动态的路单中，并提前传送至调度中心形成总包的流量流向数据库。这样就可以使信息先于总包到达目的地，减少了信息多次录入的工作量，实现了信息“一次生成、多次利用”。并且在此基础上，还可以进行广域范围的综合查询。

（二）在邮政储蓄运钞中的应用

在邮政储蓄中，运钞车的运款安全是个很重要的问题。通过采用 GPS 技术，高实时性的通信手段，就可以实时地监测运钞车的行驶路、位置、车门开或关状态、保险箱的工作状态等，一旦出现险情，运钞人员就可以按动紧急按钮，或由车载计算机自动发出报警信号，报警系统可以与公安系统联网，调度中心及公安系统立刻就可以知道遇险车辆的位置，在最短的时间内派出救援车辆。另外，由于采用了 GPS 技术，在日常运钞作业中，可以统计运钞车的行驶路线规范程度，以及运钞车的正点率，使得管理规范化、科学化，从而起到了一定的预防作用。

第四节　GIS 技术在邮政运输中的运用

一、GIS 技术在邮政运输中应用的必要性

我国的邮政生产过程由收寄、分拣封发、邮政运输和投递四大环节组成。邮政运输作为邮政生产过程的第三大环节，是邮政赖以传递邮件实现实物空间转移的物质基础，涉及航空、铁路、公路、水运等多种运输途径及邮政设施。GIS（地理信息系统）是用于获取、存储、查询、分析以及显示具有地理参照数据的一种计算机系统，它能把空间数据与相关属性数据有机结合起来，实现空间地理数据和属性数据的共同处理、查询和分析。

邮政行业涉及的信息和地理空间位置或多或少都有联系，尤其是邮政车辆的运行和

地理空间位置有紧密的联系，因此 GIS 可以应用于邮政行业。随着时代的发展，传统邮政业务运作方式与客户需求之间的矛盾日益突出。例如，客户邮寄全球特快专递，不仅关心物品能否安全寄达，对处理时效也非常关心。GIS 在邮政运输中应用作用如下：

（1）有助于建立完整的邮政运输信息处理体系。结合我国邮政运输的发展趋势和邮政综合计算机网的建设，邮政运输可以利用 GIS 软件，将所有以地形图资料形式保存的数据，通过数字化或扫描矢量法的方式转化为计算机可识别的数据保存起来，并将文档资料输入计算机，在数据库中将文档资料的属性数据与地形图上的空间数据相结合，自动地进行路径分析、动态监测分析等，直观生动地显示邮件的流向、邮车的运行路线等。

（2）能实现邮政运输业务流程的信息化、自动化管理无论是企业还是邮政行业，都会有大量的文案需要处理，有复杂的工作流程需要安排，决策者需要依据纷繁的信息作出重要决定。对办公人员和企业决策者而言，拥有一套智能化、信息化的办公系统，将有助于工作效率的提高。

（3）把 GIS 应用于邮政运输中，有利于传统运输企业了解未来的发展方向，制订适合企业发展的长远规划、组织机构和企业运作模式；有利于传统交通运输企业加深对高新技术在企业中应用的认识，尽快实现信息化。

二、GIS 技术在邮政运输中的应用

（1）我们可以采用地图、数字、图像、文字、符号等手段记录邮政运输的业务流程。如邮件的数量和收发地址、管理人员和用户的需求、邮政车辆的空间位置、属性信息等。

（2）利用多种查询方式实现信息的可视化显示，从而实现邮政运输业务流程的信息化和自动化管理。

（3）改变传统落后的调度模式。国内目前的邮政调度模式为：由有经验的调度人员编制计划，按照预定计划执行调度，对临时事故或高峰期邮件则根据经验拟订方案，通过电话联系有关调度环节，确定运输方案。

（4）利用邮政车辆实际运行的信息，GIS 软件在车辆监控系统中的应用，主要是建立相应的数据库系统对车辆位置状态进行规范化、标准化，利用 GIS 的可视化平台对有关资料进行快速、高效的查询检索，为建立车辆监控和调度管理提供辅助决策支持。车辆监控系统能够根据数据库中的邮运记录和车辆档案信息，对车辆进行综合管理，包括制订维修维护计划、提供故障维修记录等。

实现邮政运输信息服务对象和方式的多样化，邮政运输指挥调度所需的专业知识并不复杂，但是对各种数据信息的快速传递和准确处理有特别要求，强调能够对问题进行实时评估、决策并做出相应计划，以生成最优的调度配载方案，尤其是发生紧急情况时（如因暴风雨、雪崩、泥石流等引起的邮路受阻、中断或断道，行车事故，邮件量突变等情况）。因此，邮政运输指挥调度可以应用 GIS 的相关技术，实现邮政运输

信息服务对象和方式的多样化。

本章小结

本章主要介绍了邮政运输的发展历程、邮政运输的概念、国际邮政运输的概念、万国邮政联盟的概况；RFID技术在邮件服务质量监测、邮件处理以及邮政整体方案设计中的应用情况；GPS技术在邮政运输中的应用基础、实施意义以及应用模式；GIS技术在邮政运输中应用的必要性以及应用领域，使学生能够很好地了解物联网技术在邮政运输中应用内容。

思考题

1. 什么是邮政运输？什么是国际邮政运输？
2. RFID技术如何在邮政运输中进行使用？
3. GPS技术如何在邮政运输中进行使用？
4. GIS技术如何在邮政运输中进行使用？

知识链接

RFID技术在邮政领域的应用进展

澳大利亚邮政曾进行过利用RFID技术分拣包裹的试验，巴西邮政在邮政物流监控方面采用RFID技术也取得了成功。在车辆管理方面，美国邮政总局应用RFID技术管理其机动车辆，实现了对叉车及其他机动车辆的维修、管理，如驾驶员验证、车辆实时定位以及互动信息交流等，协助维修保养车辆、车辆物品识别与追踪，还可以完成对车辆载重、速度、撞击情况的传感检测。沙特阿拉伯邮政向全国客户推出了基于RFID的智能邮箱。他们在客户的邮箱上黏附无源超高频（UHF）EPCGen2 RFID标签，作为邮箱的唯一识别标志。邮递员在投递信件之前，采用内置RFID读写器的手持终端，来确定邮箱代码是否正确。在投信之后，再次识读邮箱标签，这样沙特邮政系统就可确认邮件投递到某户的具体时间。手持设备包括了GPS系统和无线数据通信模块，也可同时为管理人员提供实时更新的邮递员位置和活动等信息。

万国邮联也十分重视RFID技术的推广应用。2006年，万国邮联在信息技术合作组织电子业务组下成立了RFID应用工作组，专门负责相关技术推广事宜；2008年，万国邮联在标准委员会下成立了RFID标准工作组，专门负责相关标准制修订工作。自2009年开始，万国邮联开始在成员国中推广基于无源超高频RFID芯片的新的全球信件服务质量监测系统（GMS），目前已在 21 个国家的邮政运营商中开始使用。系统采集的数据，不仅被用来进行邮政服务质量的评价，帮助邮政运营商提高处理效率，而且也将和各国邮政的终端费挂钩。

中国邮政多年来十分重视科技兴邮，积极开展对 RFID 技术的应用探索。2005 年，在科技部的支持下中国邮政以速递总包处理业务为突破口，在上海进行了“无线射频识别技术在上海邮政速递总包处理中的应用”实验，将 RFID 技术应用于支局所、市内速递邮件汇集点与沪青平处理中心、虹桥航站之间速递总包处理作业中，实现了市内速递总包交接环节的自动扫描、点数、勾核，取得了良好的应用效果，并为扩大 RFID 技术在速递总包处理中的应用奠定了基础，提供了宝贵的经验。2006 年 10 月，国家高技术研究发展计划（863 计划）重大专项“射频识别（RFID）技术与应用”启动。中国邮政集团公司邮政科学研究规划院被批准承担“RFID 技术在邮政行业的应用”研究课题。该课题的研究内容主要包括 RFID 技术在邮政行业应用的总体方案研究，在速递总包处理、邮件传递质量跟踪管理、邮政物流和邮车管理等方面的应用研究。2007 年 3 月，课题组完成了 RFID 在北京、上海和广州三地之间速递总包的应用试运行工作，通过在总包上附加 RFID 电子标签，实现了总包在交接过程中的自动点数、勾核，在缩短总包交接处理时间的同时也大大提高了点数、勾核的准确率。2009 年 5 月，课题组完成了 RFID 在福建中邮物流车辆安全管理方面的应用试运行工作，通过对车辆加贴 RFID 电子车牌以及为司机颁发 RFID 电子驾驶证，实现了对车辆调度和进出场信息的准确记录，同时也实现了内部车辆的不停车进出场，取得了良好的应用效果。现在课题组正在抓紧时间进行 RFID 在物流仓储应用方面的试验，研究如何充分利用 RFID 技术实现物流仓储管理和作业的智能化，以进一步提高物流仓储系统生产作业效率。此外，中国邮政还积极参与万国邮联的 RFID 技术推广和标准研究工作。目前，中国邮政担任了万国邮联信息技术合作组织 RFID 应用工作组组长和万国邮联标准委员会 RFID 标准工作组副组长职务。

第九章　物联网电子收费系统

教学目标

通过本章的学习，了解道路收费系统的条件、类型、电子收费系统的概念；掌握电子收费系统的基本构成、物联网电子收费系统的组成以及在交通运输中的应用内容。

第一节　道路收费概述

一、征收道路通行费的原因

（一）高速公路的经济属性

1. 高速公路级差效益明显，具有很强的商品性

高速公路由于修建标准高，造价也高，因此比一般公路具有更高的级差效益，主要包括以下三部分：

（1）提高公路等级而使运输成本降低产生的效益。

（2）节约运行时间产生的效益。

（3）减少交通事故产生的效益。

高速公路商品属性的理论基础就是其所产生的级差效益。对通行车辆收取的通行费只是通过车辆本身在高速公路上运行所获得级差效益的一部分。

2. 高速公路是一种经营性资产，属于经营型基础设施

从目前我国对基础设施的投资、建设、经营和管理的实际情况看，基础设施可分为公益性和经营性两大类。一方面，公路基础设施建设具有极强的社会性、公益性；另一方面，高速公路由于具有较高的级差效益，公路建设投资渠道多元化，客观上决定了它是一种经营性资产，属于经营性基础设施。

3. 高速公路是一种准公共产品

根据公共经济学的理论，社会产品可以划分为私人产品和公共产品。二者的区别在于，私人产品具有消费的排他性，由企业和家庭经济部门提供，根据交换原则而产生，实行市场调节；而公共产品具有共享性，由公共经济部门或者说政府部门提供，实行国家管理。另外，公路是运输方式中等级结构最为复杂的运输系统，由于公路系

统的技术等级结构不断提高和具有越来越明显的功能差别，使得高速公路较之一般公路具有越来越大的级差效益。

（二）高速公路（桥梁、隧道）通行费制度的理论基础

高速公路（桥梁、隧道）通行收费制度意味着其使用者除了支付一般公路或桥梁使用者所必须支付的费用（燃油税或养路费等）以外，还必须支付超额费用（通行费）。在体现“支付意愿”的原则下，收费公路或桥梁必须在降低运行成本、缩短运行距离、减少交通拥挤、节约运行时间等方面为使用者带来更佳的效益。相应地，收费费率应以收费公路的级差效益为上限。另外，在对高速公路实施收费制的同时，有必要设置不收费的辅道或其他线路设施供使用者选择，以维护公路使用者的合法权益。因收费目的不同，导致了不同的收费理论基础。如果实行收费还贷，那么收费费率的高低应取决于贷款本金、贷款利率、贷款偿还期以及未来的交通量。为了维护高速公路使用者的利益，贷款修建的高速公路应具有明显的级差效益。级差效益越大，交通量对收费的敏感程度即弹性系数越小。如果实行收费经营，则应在确定合理的特许经营期和投资收益率的基础上，科学地确定收费费率。如果收费是为了控制交通量，减少拥挤，提高现有公路使用的经济效益，当边际效益理论等于边际成本时，社会有限经济资源才能得以最优配置，产生最高的资源利用率和最大的社会经济利益。当某条公路或某一城市区域的交通过于饱和时，便会出现交通拥挤。在拥挤的情况下，一个用户所产生的边际社会费用大于他负担的费用即个人的支付意愿小于它所产生的社会费用，造成道路的使用失去效率。因此，必须利用价格机制的作用限制交通量，从而把交通需求控制在最经济的水平上。

（三）收费道路发展概况与趋势

1. 世界收费道路发展概况

第一阶段为汽车时代到来之前。这一阶段的收费道路主要供马车通行。早在 1663 年，英国就制定了收费道路法，根据收费道路法修建的收费道路在 19 世纪初已达 1000 处，计 35000km。18 世纪后半期至 19 世纪前半期，欧洲与美国的收费道路也得到了发展。欧洲最多的时候曾达到 30000km 左右，美国也利用通行费收入建起了 1000km 的收费道路。

第二阶段始于 20 世纪 20 年代中期。1924 年世界上第一条供汽车通行的收费道路——意大利米拉诺至湖水地方间高速公路的开通，标志着现代收费道路的开始。20 世纪 50 年代后，收费道路进入大规模发展时期。

进入 20 世纪 70 年代末期，世界上收费道路的建设步伐明显加快，修建收费道路的国家越来越多，建设规模越来越大。特别是亚洲、非洲和拉丁美洲的许多发展中国家，也纷纷开始建起了收费公路，构成了这一时期的一个显著特点。即使原来一直不收费的一些发达国家，如英国、德国，也在重新考虑建设收费道路的可能性。现在，全世界共有高速公路 15 万余 km，其中约 25%是收费公路，主要由特许公司经营。

意大利、法国和日本是当今世界上发展收费道路最具代表性的国家。这些国家收

费道路的共同特点是：等级高、里程多；管理和服务水平高；形成了整套有关建设管理经营收费道路的法规和制度。

2. 中国收费道路发展概况

中国的收费道路建设始于 20 世纪 70 年代的台湾。1978 年 10 月建成通车的台湾南北高速公路全长 373km 采用收费偿还方式，成为我国第一条收费的高速公路。在中国内地收费公路始于 20 世纪 80 年代。1984 年广东省在全国率先批准对广珠、广深等 6 座新建大桥实行有偿使用，成为中国内地道路直接收取车辆通行费的先导。1988 年年初，原交通部、财政部和国家物价局联合颁布了《贷款修建高速公路和大型桥梁、隧道收取车辆通行费规定》，对收费的目的、范围、对象和收费期限等作了明确规定。1996 年 10 月原交通部以部长令形式颁布了《公路经营权清偿转让管理办法》。1997 年 7 月国家以法律的形式对收费公路有关事项进行了规定，从我国目前收取车辆通行费的范围来看，主要是利用地方自筹、国内外贷款、社会集资或国内外企业投资建成高速公路或桥梁隧道。这些公路或桥梁隧道一般为连接大中城市间的主要干道或干线公路，交通量大，预期收费前景乐观，具有良好的投资回报，因而为投资者所看好。

3. 收费道路的新发展

近年来与收费道路经营管理有关的技术发展主要有：自动化车辆识别技术和装置；自动化的无人收费系统；“影子通行费”制度。

所谓“影子通行费”制度就是取消一切收费设施，依据收费路段的交通量由政府从交通量折算的燃油税中提取该路段通行费。也就是说，道路使用者在经过道路或路口时并不直接付费，而是由公路管理局或其他类似的机构定期向提供公路的公司按其交通量大小支付使用费。英国对一些由私人投资建设的收费路段已经实行这种制度。

（四）车辆通行费征收的意义

1. 为高速公路建设开辟了新的资金渠道

高速公路是一项耗资巨大、建设周期长的公共工程，不论是发展中国家还是发达的工业化国家，都面临着建设和养护本国高速公路系统资金缺乏的难题，单凭政府全部承担起费用越来越困难。征收车辆通行费，不仅可以开辟新的公路建设资金来源，而且可以吸引私人企业和个人参与高速公路建设投资，解决公路建设长期依靠政府财政发展缓慢的弊端。

2. 为加强公路养护与管理提供了条件

过去，我国公路养护实行专业与民工建勤相结合的制度，国道、省道一般以固定专业工人养护为主，县道、乡道一般以建勤轮换工和组织当地群众养护为主。公路养护依附于行政部门，业务靠计划，资金靠拨款，材料靠调拨，赢利靠上缴，亏损靠补贴。征收车辆通行费后，高速公路的养护与管理资金可以直接从新征收的车辆通行费中提取，减少了许多中间环节，克服了多年来公路养护管理中的不计成本、不讲经济核算的种种弊端，从而有利于提高公路养护管理水平，推进公路养护管理由事业型向企业化过渡。

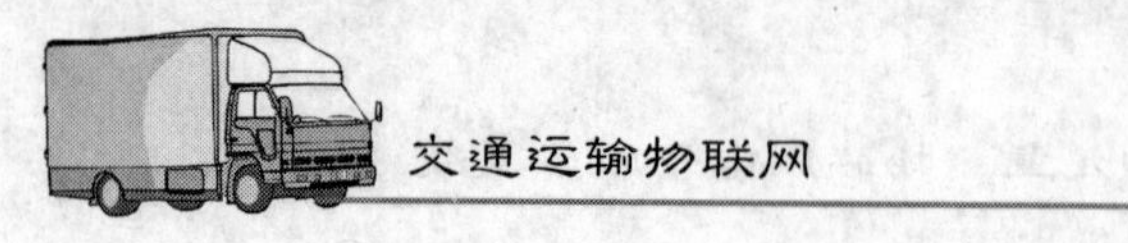

3. 逐步树立高速公路的市场观念，实行高速公路企业化管理

高速公路除具有一般公路的基本属性外，还有其独特的技术经济特性。一般公路主要反映社会公益性的特点，因而其建设和使用的价值补偿主要采用征收税、费的形式，其管理业以事业性管理为主。高速公路具有比一般公路高的效益，即级差效益，这就决定了高速公路可以依据市场法则，实行企业化管理，并通过征收车辆通行费对其价值进行补偿。

4. 体现“内在”的公平合理性

随着经济的发展，社会对运输业的需求从主要表现在量的方面逐渐转向更多地表现在质的方面，交通运输发展战略也由供需适应型逐步转变为速度效率型。高速公路的建设适应了产业结构“软经济化”的趋势，及产业结构的服务经济化、知识密集化与产品的高附加值化倾向，满足了社会对交通运输快速、安全、舒适的要求。

二、道路收费的条件、类型、对象及原则

（一）道路收费的条件

国外经济学家的研究表明，在下列条件下采用收费的方法是有效的：

（1）经济形势表明，如果将私人资金转为公共投资会明显促进经济的发展，而政府除此之外找不到合适的资金来源的情况下。

（2）交通需求缺乏弹性，即收费价格对交通量的影响较小，经济效益和收费收入都有保证。

（3）道路供给缺乏弹性，即公路桥梁或隧道的使用已产生拥挤而暂时又无法增加通行能力。

（二）收费道路的类型

1. 收费还贷公路

我国收费道路主要有两种类型：收费还贷公路和收费经营公路。收费还贷公路是指由县级及以上地方人民政府交通主管部门使用贷款或集资建成。目前中国实行收费制的公路大多数属于贷款修建的高速公路。

2. 收费经营公路

收费经营公路是指由国内外经济组织依法投资建成的，或有偿授让收费还贷公路收费权的公路。组建公路经营公司实行收费经营不仅有利于吸收国内民间资金和国外资金，而且可以通过发行股票将消费资金永久性地转变为资本，并可从根本上减轻政府部门的还贷压力，而这正是贷款建路的主要缺陷所在。

3. 拥挤收费道路

道路的容量是一种稀缺资源，在拥挤的情况下，通过收费公司将拥挤道路收费的政策控制在最经济的水平上。

第二节 电子收费系统概述

一、电子收费系统概念及特点

（一）概念

电子收费系统是集自动控制、计算机应用、通信工程、交通工程、电视监控、管理工程为一体的系统工程。其涉及面广，综合性强，横跨多种学科，是需要认真研究的一个专业范围。

（二）电子收费系统的优点

(1) 车辆通过收费站时无须减速和停车，有效地提高了有限空间的利用率，并极大地提高了公路收费站的通行能力，解决了因停车收费所造成的收费站交通堵塞。有利于交通疏流，也解决了因堵塞所造成的工时损失、能源消耗和环境污染等问题。

(2) 不需要增加收费车道和建新收费站，可大大地提高车辆在收费站的通行能力。用自动收费代替人工收费，简化了手续。同时，可杜绝票款流失，确保公路收费的可靠性和可控性，可较大比例地提高通行费征收率。

(3) 整个网络变成交通信息采集网，可快速掌握公路的车流随机信息，有利于交通部门的综合整体管理，更便于交通行政部门的疏导和管理，也可为新建公路提供科学依据。

(4) 减少了驾驶员携带大量现金和财务报账的麻烦，方便了车主的出行并节省了驾驶员的大量时间。同时堵住了公路收费的漏洞，防止了舞弊现象的发生。

(5) 能大大减少收费站的管理人员，节省大量的人力和财力，也使公路收费的管理进入现代化管理阶段。

(6) 由于使用了电子标签，其存储容量大，可实现一卡多用，存储记录信息不受磁场的干扰。卡内有密码运算和双向密码鉴别的专用算法，数据安全性和保密性好，且响应速度快，环境适应性好。

(7) 除了用于路桥自动收费外，还可进一步用于停车场、加油站、各种公路规费的征收、驾驶员信息提供和对车辆实施跟踪等。

(8) 当多条高速公路开通形成网络后，区域收费势在必行。以车载电子标签作为通行卡和付款手段，将易于实现区域联合收费。

(9) 容易实现拥挤收费来控制交通需求。

（三）电子收费系统的目标

由于人工收费方式存在少收、漏收、闯口（或闯关、冲关）等现象，不利于高速公路的营运管理，现在各条高速公路的营运者都在考虑采用更有效的电子收费系统。一般来说电子收费系统的目标主要是：

(1) 根据车型和行驶里程进行收费，尽量做到收费公平合理。

(2) 最大限度地杜绝少收、漏收和营私舞弊行为，保证高速公路营运取得最大的经济效益和社会效益。

(3) 减少出入口的收费手续，提高收费的工作效率，尽量降低由于收费过程引起的交通延误，提高高速公路的通行能力。

(4) 与交通监测系统配合，提供交通流量数据，帮助实现线路堵塞情况下的匝道控制与调节。

(5) 对收费金额、票据、车型等信息要求统计完整、准确，并能帮助进行财务分析和预测，进一步考虑收费站、中心和分中心的系统设计、配置和优化，以及如何提高各级系统间通信的可靠性、安全性和实时性。

在收费员使用的设备结构设计中，要充分利用人机工程学原理，使收费员操作舒适简单，如专用键盘应根据本系统的车型划分情况和操作流程来设计，使常用的按键显眼，按键名称的含义明确，按键布置符合操作习惯；而系统维护人员用于检查的按键则应采用接口式或内藏式，不要露在外面。另外，考虑人为破坏因素，设备的耐久性、可靠性也很重要。

收费系统的硬件配置要充分考虑实际车流量、数据处理量、具体的管理功能、项目投资限制等条件，尽量选用高质量、可扩充、可移植的设备。软件平台和开发工具的选择要考虑开发效率、开发成本和开发周期，在硬件配置的基础上考虑运行环境的可靠性、兼容性和可扩充性。

二、电子收费系统的基本构成

通常电子收费系统可分为计算机网络与软件子系统、视频子系统、音频子系统和电力支持子系统四个部分。

(一) 计算机网络与软件子系统

通常，一条封闭式高速公路在其沿线各站都设有出入口，由每个收费站的管理人员管理本站各出入口的日常事务，然后设几个收费分中心或一个收费总中心将全线收费站统一起来，进行营运、财务、人事等方面的综合管理。

收费系统主要的车道设备，其分类主要依据该设备对收费的重要性。一类设备如果缺少，将会给收费造成不便，并产生少收、漏收等弊病。例如，如果没有电动栏杆机，就会给某些车辆冲关（或称冲卡）造成方便；如果没有监视系统，将会给收费员造成舞弊的机会，给管理带来麻烦。二类设备如果缺少，将会使收费员或驾驶员感到不便，或使一些特殊情况不好处理，但收费仍可正常进行。三类设备往往用于增强收费效果，或在一定条件下使用。如语音报价使系统更加生动，无线对讲使路政人员管理更加方便等。通行券读写设备在封闭式收费系统中是最重要的设备，在一般开放式收费站系统中是可选设备，如可以用来读取收费员员工卡等，在含有预付卡收费的开放式系统中卡读写器是核心设备。

收费系统计算机网络是由计算机部分和通信部分组成。通常的做法是将局域网通

过路由器接入通信网络，形成广域网，其优点为网络管理系统可以管理从收费中心到每个收费站的每个客户机、车道机及每个 UPS，充分体现了最新的网络技术水平。另一个做法是通过 Modem 电话线构造低速广域网，这是网络和通信分开的情形，但网管无法穿过 Modem，这是由于受 Modem 两端设备和软件的限制。也可以将局域网通过光电转换器转成光信号，通过光纤传到远方站，这种方法将网络和通信合为一体。

（二）视频子系统

由于对国内收取现金的管理要求及安全需要，要对车道收费情况实行实时监控，收费系统中必须设置用于图像监控的视频子系统。在以站为实际的监控管理情形下，该子系统可以以各站为单位设置。在设立全线监控总中心的情况下，该系统往往有两种方案：一种是设立电视墙，将所有的摄像头一对一地引入监视器中，监视器按编号成排地放在监视器架上，形成墙的效果；另一种是采用大屏幕监视器，用多画面分割器来合并图像并在大屏幕上显示。有些地方资金比较紧张，宁可少上计算机和通信设备，也要上视频子系统，由此可见，收费亭和收费车道的视频子系统监视对收费系统是有相当意义的。把所有的电视信号都引到总中心，这种系统为集中监控系统。也可以以收费站为单位进行监控，这种称为分散监控系统。对有疑问的车辆和免费车辆，收费站图像处理机自动对图像进行数字化处理并保存。在软件设计时要充分考虑对图像信号的处理时间、存储图像所需的硬盘容量、数据库容量、图像传输速度对网络的要求等。

（三）音频子系统

音频子系统又叫内部监听及有线对讲系统，它与视频子系统协同工作，更有效地发挥收费监视功能。它主要实现收费员与收费站管理人员间的直接对话，具有站级管理人员可监听收费员与驾驶员对话等功能，从而有效地解决了收费站与收费车道之间的信息交流。一般的音频子系统由主机、分机、通信线及电源构成，主机安装在收费站监控台上，具有单对多的群呼功能，分机安装在收费亭中，可与上级通话，有些分机上还配有麦克风，可以实现站对各个道口的监听。一些收费系统中还增加了移动通信功能，便于公路巡查人员与收费站以及与收费中心和收费分中心的通信。移动通信一般由基地台（或称基站）和手持机组成，基站有固定式和移动式两种。手持机在通信距离小于 1km 时可实现直接相互对讲，在距离太远时需要通过基地台以及基地台之间的通信来相互联系。有线对讲系统占收费系统总投资的很小部分，其功能却是每天用得最多的部分，也是收费系统的主要形象之一，所以该系统功能的好坏直接关系到收费系统的总体水平。

（四）电力支持子系统

电力支持子系统是指收费系统正常运行所需的电源、后备发电机组、变压器、稳压器、电力电缆、电力接地、通信线缆、信号接地等。电源系统非常重要，它的性能必须可靠、稳定和高效，除了具备稳定的电力供应设施外，为保证系统的可靠性，收费系统的各种重要的有源设备都应配备独立的不间断电源（UPS），如收费站配大功率

UPS（2kVA～10kVA），收费岛配小功率JPS（2kVA或更小），它能保证停电时继续提供一段时间的满负荷供电，并且一部分电源出现故障时不影响其他部分的运行。若经过这段时间电力系统仍未恢复供电，系统自动报警，并在保存数据后关机，以防止突然掉电引起的数据损失。由于分布式UPS能更好地保证系统的可靠性，在局部系统出现故障时其他部分可不受影响（站上IJPS故障时影响的仅仅是数据上传的滞后及部分管理功能，岛上出现UPS故障时可暂时关闭该岛，影响范围仅仅是一个车道），所以一般新的收费系统都不采用集中供电式UPS。

三、封闭式、开放式与区域电子收费系统

收费系统最常见的划分方法为封闭式系统、开放式系统和区域收费系统。

（一）封闭式电子收费系统

1. 车道级计算机系统

入口车道负责对进入本站的车辆判别车型，将车辆信息和本站信息（包括车型、入口站名、车道号、发卡时间、上班员工号等）写在通行券（卡）中，然后放行车辆。入口车道的硬件设备主要包括：工业控制机、通行券（卡）发放机、车辆检测器、电动或手动栏杆机、报警装置、车道开通指示灯、与上级的对讲设备等。在软件方面，入口车道自成一个软件模块，主要包括：入口正常运行设计、设备故障处理设计、设备状态轮询设计、特殊事件处理设计、监控系统接口设计等。

出口车道主要是检测车辆携带的通行券（卡），校核车型并根据它们判别费额，收取通行费、打印收费票据、放行车辆。因此，出口车道在硬件上除具备与入口车道相同的设施外，还配备费额显示器、通行券（卡）读写器、收费票据打印机、字符叠加器。由于出口收费涉及现金，对出口车道的监控系统要求是很高的，通常必备收费车道摄像机和对讲机。字符叠加器就是用来将每辆车通过时的图像和收费数据进行叠加，显示在收费站的图像监控屏幕上，便于站管理人员对收费情况进行实时监视和事后稽查。在软件设计方面，主要增加了车型比较、费率判断、字符叠加、费额显示、语音报价等的设计，特殊事件处理类型比人口分类要细，对收费数据的管理和对交通量数据的校核设计等都有其独特的地方。

为解决录像带资料难以查找和长期保存困难等问题，目前出口车道计算机系统中配有视频捕获卡，将异常情况时的收费车辆图像数字化并压缩存入图像数据库中（图像中叠加有收费处理信息）。为进一步防止驾驶员途中换通行券（卡）进行收费作弊，在入口车道也配置车道摄像机与视频捕获卡，用自动车牌识别技术（或人工）识别车牌号，在需要时比较持券（卡）人出、入口时车牌号是否一致。

2. 封闭式收费站级计算机系统

收费站主要是对本站的车道进行监督管理，对数据做初步的处理，执行上级中心、分中心的指令。收费站管理计算机与收费车道计算机通常组成局域网，因此硬件上要具备：一台高性能的计算机作服务器、图像监控设备、对讲设备、打印机、大容量外

存储器等共享资源。软件设计主要有：车道数据上载设计、本站数据上传设计、本站局域网管理设计、设备状态检测与故障处理设计等。目前配备监控设备的收费系统，均要求系统能自动和手动捕捉特殊情况时的车辆图像，并在每辆车通过出口收费时，实时将该车的车型、所收费额显示在监控屏幕上，这成为监控系统设计的特点与难点。软件部分还包括图像的自动、手动捕捉与压缩存储，图像与数据的叠加，对特殊图像的查询、备份，数据库转储、删除等。

3. 收费中心或分中心计算机系统

收费中心或分中心主要负责全线统一的营运、财务、人事管理，包括对收费数据、交通量数据进行统计、整理；对监控系统捕捉的图像查询、打印；对车道记录的员工班次信息分析、管理；对全线的开通状况、时钟校对、费率发布统一协调等。收费中心或分中心的硬件设备主要以高性能的计算机为主，必要时配备双机备份系统以保证网络的正常运行和数据安全。如果中心自身组成局域网，或全线各站局域网通过中心联成广域网，则还需必备的联网设备。收费中心或分中心软件设计主要是以财务管理、营运管理、监控图像管理、通行介质管理的设计为主。由于目前收费系统广泛采用分布式的客户机服务器模式，使软件设计又分为前端和后台两部分。前端软件主要是操作界面的设计，后台软件则是实现各种功能时操作的具体设计。

（二）开放式计算机收费系统

开放式计算机收费系统只在入口进行一次性车型判别和费额征收，而不管车辆是从哪里来或到哪里去。由于不存在出入口之间的联系，就不需要通行介质传输信息，也不需要收费站之间互通信息。相对于封闭式系统来说，这种收费方式无论从技术上来说还是从管理上来说都是相当简单的。开放式计算机收费系统设计的重点是区域收费站，对于车道与收费站之间的低速通信网或局域网的功能可以有严格的要求，而对于各个收费站之间通常不考虑计算机网络的互联。这是因为开放式计算机收费系统主要用于隧道、桥梁和互通立交少、距离短的高速公路路段，类似于均一制收费，一般只有一两个收费站（隧道、桥梁只有一个）并独立核算，没有必要进行联网。所以，我们可以认为，开放式计算机收费系统主要采用车道—收费站的二级结构，收费站可采用局域网技术将各台计算机连接起来，也可采用 RS422 通信技术来连接计算机。当几个收费站属于同一业主，且地域条件及管理上需要联网时，也可以将这些分散系统联起来，便于管理及不停车、预付卡等收费方式的实现。

1. 车道级计算机系统

开放式计算机收费系统在车辆通过车道时进行控制，我们可以类比封闭式收费系统的出口车道计算机系统来说明。在硬件配置上，除必需的车道工控机、电动或手动栏杆机、报警装置、对讲装置、摄像装置、费额显示器、语音报价器、车型显示器、票据打印机外，还可以增加车型自动判别仪，用来和人工判别的结果互相校核。而封闭式计算机收费系统中，由于采用了入、出口两次人工判别型互相校核，大大降低了收费员在车型上舞弊的可能。

2. 收费站级计算机系统

在站道二级结构中，开放式收费系统的收费站综合了封闭式收费系统中站级、中心或分中心级的功能，硬件方面仍要求高性能的计算机、监控设备和网络管理设备等，尤其对图像监控的要求更加严格。软件设计主要包括：车道数据上载设计、数据处理（整合、过滤、存储、统计、查询、报表等）设计、班次管理设计、局域网管理设计、设备状态检测和故障处理设计、图像管理设计、报警管理、车道开通设计等。

3. 封闭式和开放式两种收费系统的比较

从上述分析可以看出，封闭式计算机收费系统是长距离、有多个互通立交的高速公路时普遍采用的方式，它具有管理严格、收费合理的优点，但其设备复杂，对技术和操作人员的要求较高，初期投资大，布点多，因而维修困难，选用时应充分考虑项目的投资收益状况。开放式计算机收费系统是距离短、立交少或没有立交的高速公路及桥梁、隧道之首选，它具有简洁、投资小的优点。

开放式计算机收费系统可以由封闭式计算机收费系统简化而来，也可以改装发展为封闭式收费系统，它们之间的这一联系对于我国高速公路边设计、边施工、边营运的实际情况是非常有利的。如前所述，在开放式收费系统联网后，其预付卡收费及不停车收费，由于有卡的存在，在管理中心也像封闭式。

（三）区域收费系统

当一个公司同时拥有几个路段的所有权时，为了管理上的方便及提高服务水平的需要，往往需要把所辖区域内的高速公路及其他公路收费站联成网络，统一管理。由于中国高速公路发展的实际情况，短期内无法实现全国或省级公路收费系统联网，所以这种网络一开始只是区域性的，称为区域收费系统工程或区域性收费系统网络。

区域性收费系统是将正在运行的开放式及封闭式收费系统的管理站或收费总中心连在一起，形成一个公司级或区域级中心。其开放式收费站子系统及封闭式子系统的营运和管理没有变化，与原系统的区别为在所有收费中心（或站）的服务器或专用通信计算机上运行同样的通信软件。由于各个子系统可能由不同的收费承包人建设，这个软件从原有系统的中心数据库中读取数据，再采用统一的格式发往区域中心计算机。在区域中心，计算机主要负责形成需要的各种报表，记录各个收费站的数据传送状态等，并将公司的通知、文件传送到各个子系统。在使用预付卡及不停车收费的情况下，区域中心的初步功能是每日汇总各个子系统的过往车辆记录，将预付卡和车载卡的使用情况汇总并与银行的相应程序交换，然后将各卡新的账目情况发往各个子系统。一般这种数据交换和更新操作发生在夜间车辆较少时。在使用先进网络系统的情况下，卡内数据的验证和更新是实时的，各个子系统将卡的内容先与本地数据库比较，决定是否是合法车辆，然后将要查询的数据发往总中心（区域中心），区域中心在收到这些信息后立即转发给各个子系统，由各子系统实时转往各个收费车道，供比较用。由于这种操作的全部时间为若干秒钟，可以认为过往车辆的记录被实时更新（一辆车从路过一个收费站到路过另一个收费站的时间要远大于通信时间），所以，前一种方式为初

期方式，后一种方式为未来的先进区域收费方式。

在实现区域联网时，推荐在银行设立专用账号，所有收费站的收入均先存入该账号，再由银行启动划账程序，依据收费记录中的起始点和中途信息以及交通厅有关划账规定进行划账。其程序是：所有收费站首先与银行联网，在银行服务器内开设收费专用数据库，收费站定时（每小时或每两小时）将过往车辆数据发往银行数据库，作为银行划账的依据，这样每个收费站的费款仍是自己的，划账自动进行，不会出现由一家先收再分给他家，结果造成谁拿钱谁老大的情况。

当然，要取消收费，从燃油税里解决资金回收这种方案实施起来困难很多。因为不同地区的投资回报率相差很大，不同的投资者对回报的想法也不同，收费标准和道路使用者数量不同，谁投资谁受益，只有以路为单位进行核算，公路发展的势头才不会被削弱，路的经济效益、局部利益也能得到保证。

四、收费系统硬件选择原则

由于收费系统各级功能和性能要求不同，要根据它们的特点进行不同的硬件配置。总的来说，收费系统硬件配置遵循高质量、高性能、低价格的原则。在满足现有资金限制和功能要求的前提下，尽量选用标准化、兼容性良好、易于升级的硬件设备。下面分别叙述收费系统各级硬件设备的选择原则。

1. 收费车道设备

收费车道主要包括车道级计算机、通行券读写机、收费专用键盘、收费票据打印机、电动或手动栏杆机、车辆检测器、车型显示器、费额显示器、摄像设备、对讲设备、信号灯和声光报警器等。

车道级收费计算机承担了每天出入高速公路车辆的流量记录、费额计算、数据统计等营运任务，还要记录本车道工作人员上下班情况、车道开通状况、设备状态等原始数据，因此车道计算机每天采集的原始数据所需存储空间是很大的。在与收费站网络通信出现故障时，车道计算机还应该能存储一段时间的原始数据，并保证此期间仍能独立完成工作。车道计算机应当有较大容量的存储设备，一般选用硬盘或电子盘。硬件能适应大量重复操作，具有稳定、持久工作的能力。通常在车道一级选用工业控制机（简称工控机），因为工业控制机对以控制为主的收费系统车道级功能的完成较为实用。工控机为封闭式全钢机箱，具有防尘、防磁、减振、散热快等特点。对于环境复杂、条件差、重复性作业频繁、人为干扰大的车道级收费现场，工控机比一般的计算机在耐久性、安全性方面有不可替代的优势。工控机由工业机箱、无源底板及其各种板卡组成，CPU 卡为其核心部分，它的性能和稳定性直接影响控制系统的正常工作。

2. 收费站设备

我们以服务器—客户机模式的收费站为例，说明收费站的设备配置要点。

（1）收费站客户机。收费站要完成对车道数据和图像的管理，通常分别设置图像监控客户机和数据管理客户机。图像监控客户机应具备较高的分辨率，最好选用大屏幕显示器。在存储空间的配置方面，应考虑图像存储占用大量的存储空间这一特点。监控客户机接收车道工控机发来的图像捕获请求，通常以串口为主接口，以网络为辅助接口。在检测到报警信息时，还要实时打印相关信息并存储，所以应注意预留所需串口和并口。

(2) 收费站服务器。收费站服务器是本站所有计算机中配置最高的，它不但要存储本站所有收费数据、交通量数据、班次管理数据和图像，还负责本站局域网的网络管理，因此需要高档计算机。为了安装网络操作系统，收费站服务器内存应足够大；考虑到图像和数据应分开存储，且站级至少应存放一个月的数据，服务器最好配两个高容量硬盘和一个可读写光盘机（用于定期数据备份和人工数据上传）。

(3) 收费站其他设备。图像监控部分还应具备视频传输装置、多画面处理器或电视墙、录像机、字符叠加器，这些设备应具备长时间工作能力。其余部分还有打印机、报警器、对讲机等，在选用时要充分考虑性能价格比和兼容性。

3. 收费中心、分中心设备

这里主要介绍服务器—客户机模式的收费中心硬件配置要点，分中心的配置与总中心类似。收费中心客户机负责全线所有数据和图像的统计、查询、存储、备份和删除，其配置类似于收费站的数据管理客户机。中心服务器要求存储量大、速度快、兼容性和可扩充性良好。为了网络工作的可靠性和数据安全起见，最好再配备一台同型号或不同型号的计算机，构成双机备份系统，这两套服务器均应开机并正常使用，在网络管理上互为备份，同时合理配置为双机热备份系统，使数据库和网络登录都能在主服务器故障时尽快恢复。生产双机热备份系统的厂家和产品很多，用户可根据自己的预算和实际需要选择合适的产品。

第三节　物联网电子收费系统应用技术

一、计算机网络技术

(一) 数据通信基本概念

(1) 数据：数据是传递信息的实体，它总是和一定的形式相联系，而消息则是该数据的内容或解释。数据分模拟数据和数字数据两种，前者取连续值，后者取离散值。

(2) 信号：信号是数据的电编码或电磁编码。

(3) 信道：在数据通信系统中，信道是指能传送电信号的一条通路。它由线路及附属设备（如收发设备）组成。

(4) 模拟传输和数字传输：模拟和数字数据均可由模拟和数字信号代表和传播。通常模拟数据是时间的函数并占据有限的频谱。这种数据可直接由占有相应频谱的电磁信号表示。

(5) 带宽：每种信号都要占据一定的频率范围，我们称该频率范围为带宽。

(6) 数据率：数据率是数据传输速率，即每秒传送多少位数据，单位用 B/S。数据率的高低由每位所占时间决定，如果每位所占的时间宽度越小，则数据率就越高。

(7) 传播速度：在通信线路上，信号在单位时间内传送的距离称为传播速度。传播速度接近于电磁波速度。

(8) 信道容量：它是信道的最大数据率。当信道上传输的信号数据率大于该信道允许的数据率时，该信号就根本不能在信道上传输，这是信道的一个极限参数。

(9) 误码率：误码率是衡量数据通信系统或通信信道传输可靠性的一个参数。其定义为二进制位在传输中被传错的概率。

(10) 延迟：它表示从网络发送第一位数据起，到最后一位数据被接收为止所经历的时间。该参数表示网络的相应速度，延迟越小，响应越快，性能越好。

(11) 吞吐量：吞吐量是表示网络或信道性能的一个参数，数值上等于网络或信道在单位时间内成功传输的总信息量。

(二) 数据通信的传输介质

(1) 双绞线。最古老而又最普遍的传输介质是双绞线，它是由两条相互绝缘的铜线组成，其典型直径为 1mm。但双绞线并不意味着只能有一对，一般的双绞线是指很多对双绞线合在一起，装在一个护套内。

(2) 同轴电缆。广泛使用的同轴电缆有两种：一种为 50Q 电缆，用于数字传输；另一种是 75fl 电缆，用于宽带模拟信号传输。同轴电缆以单根钢导线为内芯，外裹一层绝缘材料，绝缘体外又被密集的网状导体包上，网外又覆盖一层保护性塑料。

(3) 光导纤维。由于光技术的发展，我们已经可以利用光脉冲传输数据。可见光的频率为 10Hz，因而光传输系统可使用的带宽范围极大。光纤的传输速率高（可达 1000MB/S 以上），抗干扰能力强，已被广泛用于通信系统。实际的光传输系统应有三个组成部分，除了作为传输介质的光导纤维外，还有光源和监测器。

(三) 路由技术

路由是通过互联网由源向目标传送的通道。沿着路由信息总会通过至少一个中间节点。路由选择包括两个基本的活动：决定最佳路由路径和通过互联网传输信息组（通常称为封包）。

(四) 网桥技术

网间网设备用于局域网的网段，它们主要有四种主要的类型：中继器、网桥、路由器、网关。这些设备在 LAN 对 LAN 的连接过程中处于 OSI 参考模型的不同层，中继器在第 1 层，网桥在第 2 层，路由器在第 3 层，网关则在第 4～7 层。每种网间网设备提供的功能与 OSI 参考模型规定的相应层的功能一致，但它们都可以使用低层提供的功能。

二、电子收费系统的硬件可靠性

可靠性本身是产品的质量指标，是指在规定的条件下，在一定时间内完成一定功

能的能力。可靠性通常由可靠度和失效率来说明。可靠度是产品无故障工作时间与总时间的比率，失效率则正好相反，即是产品出故障时间占总工作时间的比率。

（一）收费系统的通信硬件可靠性

收费系统的通信主要靠两种方式实现：一种为靠以太网传输的方式，传输介质可以是双绞线，也可以是光纤、粗缆或细缆；另一种为靠通信网传输的方式，传输方式主要为光纤。由于通信的实现除了传输介质外；还有端接设备、中继设备等，所以收费系统的通信可靠性主要由传输介质及相应的传输和中继设备的可靠性组成。由于这些介质和设备处于串联状态，系统的可靠性等于每个分系统可靠性的乘积，所以每个单元和环节都很重要，都是制约因素。

下面分别讨论以太网和通信网两种通信方式的可靠性及其保障措施。

1. 以以太网为基础的数据通信

以太网通信主要用于收费站到收费车道和收费站内各工作站间的通信，在收费站间采用以多功能 HUB 的光接口作为连接方式或光电转换器（数据光端机）为连接手段时，收费站间的通信也是以以太网为基础的通信。

(1) 以电接口为主的局域网通信。影响电接口方式局域网通信的部件为：服务器、HUB、网卡、双绞线、细缆、粗缆、中继器、电网卡等，其中服务器、HUB（集线器）、部分网卡、部分双绞线、细缆、粗缆、部分中继器为关键设备。所谓部分，即指当这些设备或器件用于串联部分时为关键设备，用于并联部分时则为非关键设备，如双绞线用于连接服务器时，一旦出故障就会影响整个网络的运行，尤其是在只有一个服务器时，会中断网络服务。

(2) 以光接口为主的局域网通信。光网络包括纯粹以光纤方式构造的局域网，也包括部分光纤、部分电缆方式构造的局域网。总之，系统以以太总线方式工作，介质中含有光纤。由于光接口不易受干扰，一般的光网系统都比电网可靠，但由于光纤系统要有融接、光跳线等问题，因而也存在其特有的不可靠因素。

2. 以通信干线为基础的数据通信

这种情形要增加路由器、协议转换设备、通道下载设备、光纤传输设备、光缆及中继设备等许多环节，干线通信系统本身一般都采用成熟的设备，并且有备份系统可自动切换，所以一般可靠性都能得到保证。但协议转换器、路由器等则需要人工设置和调试，增加了不可靠性。路由器为并联系统，但如果是中央路由器，则其本身即可视为一个关键部件。

3. 保障数据通信可靠性的措施

如果单从设备角度讲，要保证其可靠性是很困难的，因为几乎没有设备可以保证不会坏，所以保证可靠性的措施就变为如何保证在设备发生故障时不会造成损失，所以从服务器的角度考虑就有双机热备份系统，以保证网络服务和数据库服务能在双机间正常切换。使用双服务器也可减轻服务器与 HUB 连接的可靠性问题，同时，使用磁盘镜像、磁盘冗余阵列、容错业务器定期备份数据，在系统通信无法恢复时使用软盘

和MO来传递数据，有些场合甚至可以用备份的低速串口通信来传递一些重要数据。

（二）收费系统的车道设备可靠性

收费系统的可靠性是指在保证维修人员在场并且备件充足的情况下，系统能正常运行并在故障发生时可迅速排除的能力。由于收费系统的主要目标是保证费额不受损失，防止工作人员舞弊，所以车道级系统的可靠性必须先得到保证，既可以少上站级或中心级设备，车道设备还是应尽可能全，应在其他系统出故障的情况下基本上不受影响，非主要设备故障不影响收费等。

（1）专用键盘

专用键盘在采用外存储器系列单片机时，应充分考虑屏蔽措施，防止因电磁波的干扰造成键盘死机现象。

（2）电动栏杆机

电动栏杆机的杆臂应设计成被撞后易于打开的结构或采用被撞后易于断开的材料，以免栏杆机机身受冲击。栏杆机本身的可靠性也是重要指标。

（3）工控机及控制板

工控机本身应选用专业厂家的产品，其内部板卡搭配对可靠性影响大，通常有两种配置方法：一种为将全部板卡都集中于工控机内，另一种方法为利用计算机本身的两串口控制两个外部设备。

（4）收费员控制台接线箱

接线箱设计的核心部分是上面所讲的继电器控制板的设计和布线。在考虑了强弱电分开、信号屏蔽、光电隔离、继电器驱动方案等问题之后，实际的布线质量和该电路板的安装位置也是影响可靠性的一个因素。

（三）收费系统站级和中心级设备的可靠性

收费系统中站级及中心级设备的可靠性是由电源系统的可靠性和网络系统的可靠性来保证的，电源系统的可靠性主要由UPS、稳压器、后备发电机组成，市电断电后后备发电机靠自动切换屏自动启动后供电，不会对系统构成威胁。即使是自动切换出了问题，站级UPS也可以持续一段时间等待手动切换成功，而站级UPS平时一直在使用，所以在这时发生故障的可能性很小，所以中心级或站级系统在正常的电源配备条件下可靠性是能够得到保证的。

三、电子收费系统的软件设计

（一）软件设计中常见的问题

（1）对软件开发成本估计很不准确，软件成本在计算机系统总成本中所占比例不断上升。国外收费系统软件在不提供源程序的情况下几乎在总成本的33%以上，国内收费系统软件在目前软件收入尚无法保证的情况下价格也占到总成本的5%～10%。

（2）软件开发速度远远赶不上计算机应用的迅速普及与深入速度，软件功能经常不能满足用户日益增长的需求。现有的收费系统软件也处在不断地维护和扩充之中，许多高速公路在使用一段时间后就发现报表和软件有些地方需要更改。

（3）软件的可靠性和质量无法保证。目前收费系统软件的可靠性主要靠大量的模拟测试和现场监督运行来解决。

（4）软件维修和扩充困难。由于收费现场的不间断性，软件的任何变动都有可能对营运造成影响。

（5）软件开发过程缺乏完整、适当的文档资料。程序员都希望编制代码而不愿意写文档。

（6）软件开发进度无法保证，开发周期常常超出预计时间。由于软件是个人智慧的表现，每个想法都能变成现实的情形很少，这就需要开发人员采用试错的方法不断地修正目标。软件的质量性能主要体现在可靠性、高效性和结构性等方面。

①可靠性：收费系统的可靠性表现在软件能够满足需求的功能，不引起系统失效。

②高效性：收费系统的高效性表现在计算机及所控制的设备对通行能力的限制时间和数量。

③结构性：良好的软件结构应具有易理解性、易维护性、兼容性、适应性和可移植性等。

（二）软件设计的一般原则

（1）简单性原则：力求软件结构简单，避免不必要的复杂化，从而缩短处理过程并降低数据采集、处理、传递的费用，减少开销，提高系统运行的效率，易于软件需求者使用。

（2）灵活性和适应性原则：所设计的系统应具有对外界环境条件变化的适应性和灵活性。

（3）统一性原则：在软件系统设计中，对输入形式、输出形式、数据的定义和传递等方面要充分保证统一性。

（4）可靠性原则：保证系统的正确性和可靠性。

（5）经济性原则：设计时应该从技术上、经济上对系统加以平衡，做到系统技术先进、经济效益达到整体最优。

（三）软件的生存周期

软件工程强调采用生存周期方法，从工程角度把软件开发和维护的复杂问题进行分解、划度。在每个阶段都采用科学的管理和先进的技术并进行严格的审查，合格之后再开始下一阶段的工作，从而保证了开发过程的有序性，有利于提高质量和效率。总的来说，生存周期可以分为定义、开发和运行维护。定义阶段又分为系统定义和可行性研究阶段、需求分析阶段；开发阶段分为总体设计阶段、详细设计阶段、实现阶段和测试阶段。

软件开发应该服从于系统开发的大目标，系统的要求可以用硬件来完成，也可以用软件来完成。从系统的可靠性和稳定性上来讲，较多地用硬件来实现一些功能是有益的。通过分析，明确软件系统要解决的任务，对软件系统进行定义。这个阶段的任务不是具

体解决问题，而是研究问题的范围，对欲开发的软件从经济、技术、社会因素等方面进行可行性研究，探索这个问题是否值得去解决，是否有可行的解决方法。这个阶段主要是理解用户需求，确定目标系统必须具备哪些功能。需求分析不是从用户始，而是从承包人积累的大量经验开始，从一个基本的功能框架开始进行系统功能分析。往往有许多重要的功能业主可能也不了解，这需要承包人主动提出来供业主挑选。

(1) 总体设计阶段。总体设计又称为概要设计。其目标是将一组定义好的需求转换成软件系统的总体结构。应该考虑几种可能的解决方案，以及每种方案的模块结构，包括模块划分、功能定义、模块间关系和数据传送方式等。

(2) 详细设计阶段。总体设计对软件结构进行了定义，详细设计则对软件过程进行设计。详细设计的任务是用图形或语言对将编写的程序代码进行精细的描述，给出程序中每个模块的详细规格说明，而不是编写程序。详细设计中使用的流程图要很详细，还应进一步设计单个功能函数，规定好出入口参数及其他要求。

(3) 编码与单元调试阶段。关键任务是写出正确的、容易理解的、容易维护的程序模块。程序员把许多详细设计的结果翻译成选定的语言书写的程序，并且仔细测试，编写出每一个模块。

(4) 综合测试阶段。测试要由非编程人员、软件用户或管理人员等进行，在了解软件常见弱点的情况下，编制通用的和专用的测试程序，由专人在一定时间内专门测试。测试一般分为功能测试、边界测试和疲劳测试。功能测试即测试软件所有要求的功能是否齐全；边界测试即测试各种意外的情况；疲劳测试则测试软件在长期大量的重复工作情况下的工作性能。

(5) 软件维护阶段。维护阶段的主要任务是，通过各种必要的维护活动使系统持久地满足用户的需要。通常有四类维护活动：改正维护、适应性维护、完善性维护、预防性维护。每一次维护活动都应该准确地记录下来，作为正式的文档资料加以保存。

(四) 收费系统软件的总体设计

1. 总体设计的内容

(1) 具体实现方案的确定。需求分析阶段得出的数据流图是总体设计的基本出发点，通过对已经细化的数据流图进行功能划分，可以映射出系统的初始结构图。但同一个问题根据不同的原则，采用不同的软件设计方法，可以得出不同的软件结构。在总体设计阶段，分析员应该考虑各种可能的系统实现方案，并且力求从中选出最佳方案。一旦选出了最佳方案，将能大大提高系统的性能价格比。

(2) 建立目标系统的总体结构。着重设计软件系统的结构，并用图表清晰地表示系统的模块结构，应保证所设计的系统覆盖所有的功能。对于一般系统，可按软件需求直接定义目标系统的功能模块及各功能模块间的关系。而对于大型系统而言，应进一步确定软件需求阶段划分的子系统，为每个子系统划分功能模块并确定各功能模块间的关系。

2. 面向对象的软件设计方法及可视化设计方法

Pascal 和 C 等结构化程序语言是面向数据及过程的设计方法，用数据代表实际问题，程序代码是用来处理这些数据的算法。新型的面向对象的编程（OP）吸取了结构化程序设计 SA（或 SP）技术的全部长处，将注意力集中到问题本身，即对象和抽象概念的集合上，面向对象的程序设计 OOP 将数据结构和对结构的操作放在一起，形成抽象的功能模块，因此抽象功能类似的对象就可以互相引用、派生等。OOP 设计出来的软件由对象组成，对象既含有反映事物属性的静态因素（数据结构），也有描述事物动态属性的因素，即实施方法人、对象之间的共性和差异可以继承，因而可以大大地增加代码的可重用性，减少软件开发的复杂性。下面简述 OOP 的技术特性。

（1）封装性。封装是一种信息隐蔽技术，使系统设计者能清晰地标明他们所提供的服务界面，用户和应用程序只看见对象提供的操作功能，看不到其中的数据和操作代码细节。将程序的设计者和使用者分开，即划出一个边界，将对象的私有数据和过程保护起来，提供消息接口，这样可以避免不同人设计的函数之间的互相干扰。

（2）多态性。多态性是指函数调用为不同的对象接收时会产生不同的行为，这样在设计时就可以将函数的某些细节留给函数接收的对象，在程序中则采用同一函数调用。

（3）动态连接。在运行前编译时便以目标代码的形式与系统完成的连接称为静态连接，在程序运行时才进行的连接称为动态连接。动态连接使多个程序可以共用一套库代码，减少了代码空间，增加了程序的灵活性。

（4）消息驱动。消息驱动是由一个对象发出的激活另一对象的某一功能的信息。

四、收费系统抗干扰措施

干扰，一是人和环境的干扰，二是设备干扰。

（一）系统干扰的来源和种类

1. 干扰的来源

环境干扰从技术上讲主要是空间电或磁的影响，例如，输电线和电气设备发出的电磁场，通信广播发射的无线电波，太阳或其他天体辐射出的电磁波，空中雷电、火花放电、弧光放电辉光放电等放电现象。内部干扰主要是分布电容、分布电感引起的耦合感应，电磁场辐射感应，长线传输的波反射，多点接地造成电位差引起的干扰，寄生振荡引起的干扰，甚至元器件产生的噪声也属于干扰。

2. 干扰传播途径

（1）静电耦合。静电耦合是电场通过电容耦合途径窜入其他线路的。两根平行导线之间会构成分布电容。还有，印刷线路板上各印刷电线之间，变压器线匝之间和绕组之间也都会构成电容。分布电容几乎无处不在，收费系统设计者可根据其影响的大小决定是否采取控制措施。收费系统，所用的 RS4－22 或 RS485 通信在距离较远时要考虑这种因素。

(2) 磁场耦合。空间磁场耦合是通过导体间互感耦合进来的。在任何载流导体周围空间中都会产生磁场，而交变磁场则对其周围闭合电路产生感应电势。在设备内部，线圈或变压器的漏磁会引起干扰；在设备外部，当两根导线平行架设时，也会产生干扰，这是由于感应电磁场引起的耦合。

(3) 公共阻抗耦合。公共阻抗耦合发生在两个电路的电流流经一个公共阻抗时，一个电路在该阻抗上的电压；将会影响到另一个电路，例如，南方的有些收费系统中，由于接地电阻过大造成在雷击时冲击电流从接地线反向进入电器设备，造成非暴露、非感应部分的雷击及串在一起的设备被毁。

3. 干扰的种类

干扰的来源是多方面的，按干扰的作用方式不同，可以分为串模干扰、共模干扰和长线传输干扰三类。

串模干扰就是串联于信号源回路之中的干扰，也称横向干扰或正态干扰。如果邻近的导线（干扰线）中有交变电流流过，那么由该电流产生的电磁干扰信号就会通过分布电容的耦合，引入相邻线中。产生串模干扰的原因有允布电容的静电耦合、长线传输的互感、空间磁场引起的磁场耦合，以及50Hz的工频干扰等。

共模干扰的产生是基于计算机的地、信号放大器的地以及现场信号的地之间，通常要相隔一段距离，长达几十米以至上百米，在两地之间往往存在着一个电位差，这个电位差对放大器产生的干扰，称为共模干扰，也称纵向干扰或共态干扰。

（二）收费系统对干扰的抑制

1. 共模干扰的抑制

共模干扰产生的主要原因是不同地之间存在共模电压，以及模拟信号系统对地的漏阻抗。因此，共模干扰的抑制措施主要有变压器隔离、光电隔离等。

(1) 变压器隔离。利用变压器把模拟信号电路与数字信号电路隔离开来，也就是把模拟地与数字地断开，以使共模干扰电压形不成回路，从而抑制共模干扰。另外，隔离前和隔离后应分别采用两组互相独立的电源，切断两部分的地线联系。对重要设备应尽量使用独立的变压器，这是在设计收费终端控制箱时需要考虑的一个重要因素。

(2) 光电隔离。光电耦合器是由发光二极管和光敏三极管封装在一个管壳内组成的，发光二极管两端为信号输入端，光敏三极管的集电极和发射极分别作为光电耦合器的输出端，它们之间的信号传输是靠发光二极管在电信号的控制下发光，传送给光敏三极管来完成的。光电耦合器有以下几个特点：第一，由于是密封在一个管壳内，或者是模压塑料封装的，所以不会受到外界光的干扰；第二，由于是靠光传送信号，切断了各部件电路之间地线的联系；第三，发光二极管动态电阻非常小，而干扰源的内阻一般很大，能够传送到光电耦合器输入端的干扰信号就变得很小；第四，光电耦合器的发光二极管只有在通过一定的电流时才能发光，从而可以有效地抑制干扰信号。

2. 串模干扰的抑制

(1) 用双绞线作信号引线。串模干扰主要来源于空间电磁场干扰。采用双绞线作信号引线的目的是减少电磁感应，并且使各个小环路感应电势互相呈反向抵消。

（2）滤波。采用滤波器抑制串模干扰无疑是最常用的方法。根据串模干扰频率与被测信号频率的分布特性，决定选用具有低通、高通、带通等传递特性的滤波器。

3. 长线传输干扰的抑制

采用终端阻抗匹配与始端阻抗匹配，可以消除长线传输中的波反射或者把它抑制到最低限度。为了进行阻抗匹配，必须事先知道传输线的波阻抗。为了避免外界干扰的影响，在计算机中常常采用双绞线和同轴电缆作信号线。双绞线的波阻抗一般在100～2000欧姆，绞越密，波阻抗越低。同轴电缆的波阻抗约为500欧姆。一般在端接点加阻抗适配器或终结器以实现阻抗匹配。

4. 施工工艺干扰的抑制

在收费系统实践过程中，以上的种种干扰都可以通过精心设计避免，但施工质量上的微小漏洞同样会引起各种难以检测的故障，其中最主要的问题为接线不牢。所谓接线不牢即虚接，要避免虚接必须严格遵守通用电气规范，电线不能太活动，转弯要有限制，布线应整齐，中间不能有接头等，在转接全部走接线端子的情况下，接线端子的接头与端子大小应匹配。

（三）信号线的选择和建设

在收费系统施工设计中，如果能合理地选择信号线，实施过程中又能正确地铺设信号线，那么就可以抑制干扰；反之，就有可能给系统引入干扰，造成不良影响。

对信号线的选择，一般应从实用、经济和抗干扰这三个方面考虑。在不降低抗干扰能力的条件下，应该尽量用价钱便宜、敷设方便的信号线。

（四）接地技术

接地的目的有两个：一是抑制干扰，使计算机工作稳定；二是保护计算机、电器设备和操作人员的安全。通常接地可分为工作接地和保护接地两大类。保护接地主要是为了避免操作人员因设备的绝缘损坏或绝缘能力下降时遭受触电危险和保证设备的安全，而工作接地主要是为了保证控制系统稳定可靠的运行，防止地环路引起的干扰。本节所论述的接地偏重于后者。首先分析地线系统，然后介绍接地方法及其实现方法。

1. 地线系统的分析

在计算机控制系统中，一般有以下几种地线：模拟地、数字地、安全地、系统地、交流地。模拟地作为传感器、变送器、放大器、A/D和D/A转换器中模拟电路的零电位。数字地作为计算机中各种数字电路的零电位，应该与模拟地分开，避免模拟信号受数字脉冲的干扰。安全地的目的是使设备机壳与大地等电位，以避免机壳带电而影响人身及设备安全；通常安全地又称为保护地或机壳地，机壳包括机架、外壳、屏蔽罩等。系统地就是上述几种地的最终回流点，直接与大地相连。

2. 输入系统的接地

在计算机输入系统中，传感器、变送器和放大器通常采用屏蔽罩，而信号的传送往往使用屏蔽线。对于屏蔽层的接地要慎重，也应遵守单点接地原则。一般输入信号

比较小，而模拟信号又容易遭受干扰。因此，对输入系统的接地和屏蔽应格外重视。

3. 主机系统的接地

计算机本身接地，同样是为了防止干扰，提高可靠性。如果接地不合理，将使整个系统无法正常工作。近距离的几台计算机安装在同一机房内。对于远距离的计算机网络，多台计算机之间的数据通信，通过隔离的办法把地分开。

（五）供电技术

工业控制计算机一般由交流电网供电（220V，50Hz）。电网的干扰、频率的波动将直接影响到计算机系统的可靠性与稳定性。另外，计算机的供电不允许中断，如果电源中断，不但会使计算机丢失数据，而且会影响正常收费。电源质量差时，电子设备会出现各种异常现象。另外，电压的大范围波动也会使车辆检测器出现有车检不到、无车判有车等故障。因此，必须采取电源保护措施，防止电源干扰，保证不间断供电。保护的基本措施为配置稳压器和不间断电源。

1. 供电系统的一般保护措施

为了抑制电网电压波动的影响，应设置交流稳压器，以保证 220V 交流供电。交流电网频率为 50Hz，其中混杂了部分高频干扰信号。为此，采用低通滤波器让 50Hz 的基波通过，从而滤除高频干扰信号，最后由直流稳压电源给计算机供电。工业控制计算机一般采用高品质长寿命开关电源，可以防止瞬间断电。开关电源用调节脉冲宽度的办法调整直流电压，调整管以开关方式工作，功率消耗低。这种电源用体积很小的高频变压器代替了一般线性稳压电源中体积庞大的工频变压器，对电网电压的波动适应性强，抗干扰性能好。交流稳压器一般要同时为多台设备供电，对电源要求很高的设备也应单独添加稳压滤波电路。

2. 电源异常的保护措施

控制计算机的供电是不允许中断的，一旦中断电源，将有可能丢失运行数据，影响车道通行能力。为此，所有收费道均应配备不间断电源 UPS，或由不间断电源供电。UPS 是用电池组作为后备电源。如果外界交流电中断时间长，就需要大功率的蓄电池组。

第四节　物联网电子收费系统在交通运输中的应用

一、电子收费系统在公路上的应用

加拿大 407 高速公路，是多伦多市北部一条东西向在建的全封闭、全立交、全照明高速公路。设计时速 120km。上下主要区段为 6 车道，部分区段为 4 车道。主线采用水泥混凝土路面。该路全长 69km，计有 32 座立交桥，87 条匝道。

（一）不停车收费系统构成

407 高速公路的不停车收费系统采用封闭式的收费系统。系统由安装于车辆风挡上的电子卡（Transponder），设置于全部出入口匝道门架上的收费设备，包括电子卡读写器、三角定位线、AOA、激光扫描车辆分类装置、闪光灯及光杆设备、车道摄像机等外场设备和与之配套的光纤通信系统，以及处于收费管理中心的计算机系统组成。埋设于公路两侧边坡下的光缆所组成的环形通信结构担负着系统的有线数据及图像传输任务。安装于车辆上的电子卡实际上是一种车辆自动识别（AVI）电子卡。依据电子卡与路侧（上）电子卡读写器之间的通信功能的不同，可将电子卡分为只读、可读可写及自带微型计算机的智能卡三类。在电子卡读写器发出询问信号后，只读型电子卡只能回答其已固化的信息；可读可写型的不仅有固定的信息而且有可重新编程（写入）的记忆模块，因此，它既能传递已有的固化信息，又允许接收新的指令，存储新的信息；智能卡型则可与电子卡读写器全方位双向通信。407 高速公路采用的是第二类，即可读可写式电子卡。使用者上路前可从零售商处购买电子卡，电子卡将记录自身编号、使用者存入现金等信息。出于隐私权的考虑，电子卡不记名，也不记录车型，因此，不同车种之间的电子卡可通用，电子卡可挂失。

（二）系统工作过程描述

1. 外场设备

在入口车道，车辆进入 VDCA 检测域，激光扫描器以 600～700 次/s 的频率不停地扫描进入车辆，测量车辆三维尺寸，并按检测车辆的三维尺寸判定车型。随后，车辆进入 AOA 检测域，若车辆带有电子卡，AOA 通知摄像机工作，拍摄车辆牌照号码。

2. 收费中心

对于装有电子卡的车辆，收费中心处理较简单，只是统计些常规报表而已。当然也可处理电子卡的挂失、跟踪及查询。对于没有电子卡的车辆，中心只需用图像识别技术识别入口及出口摄像机摄录的汽车牌照号码，以判定每辆车进、出系统的位置及时间，并计算应交费款。最后，系统通过与警察局车籍数据库的联网，按月通过邮局给车主寄去账单。

3. 系统特征

（1）保证收费的准确性，最大限度地避免逃费。

（2）正确登录收费，收费工作人员无机会接触现金，最大限度地避免了各种财务漏洞。

（3）最大限度地减少了停车收费的延误，提高了高速公路的通行能力。

（4）造价低廉，因为不需要修建昂贵的收费站等土建设施，也不需通行券及收费员的日常开销，所以电子收费系统使低成本的道路收费成为可能。

（5）付款方式灵活，系统直接与银行联网，可由银行直接划拨。

二、路桥不停车电子收费系统在我国的应用

（一）概述

随着我国交通基础设施建设的不断投入和飞速发展及公路里程的快速增长和桥梁

数目的增多，路桥的交通流量变得越来越大，而用于“贷款修路，收费还贷”的收费站也越来越多，仅广东省境内就设有收费站 292 个，全省路桥收费额每年超过 50 亿元。繁忙的交通，带来了经济的快速增长。然而，现有的人工管理和各路桥收费口因人工收费造成了交通堵塞现象日益突出，严重制约和阻碍了整个地区路桥交通网络作用的发挥，成为整体经济发展的“瓶颈”，导致现实的交通无法满足经济发展的需求。因此，迫切要求车辆能够在路上畅通无阻，真正实现路桥的现代化管理。而先进的电子计算机和通信技术的快速发展与普及又为满足这种需求提供了可靠的技术保证。路桥不停车电子收费系统（也称一卡通路桥收费系统）的诞生和应用，不仅能充分体现出高速公路路桥收费口现代化管理的先进水平，同时还将会缓解目前路桥收费口造成的交通拥挤堵塞现象，从而产生较大的社会效益和经济效益。

（二）采用路桥不停车电子收费系统所带来的优势

（1）车辆通过收费站时无须减速和停车，有效地提高了有限空间利用率和路桥收费站的通过能力，利于交通疏流，解决了因堵车所造成的工时损失、能源消耗、环境污染等问题。

（2）在不需要增加收费车道和扩建新收费站的情况下，可较大地提高车辆在收费站的通过能力。用自动收费来代替人工收费，简化手续（不停车收费车道通车量为 2500 辆/h，是人工收费的 5 倍以上，相当于增加 5 条人工收费通道），可取消月票。同时，杜绝票款流失，确保路桥收费的可靠性和可控性，可较大比例地提高过路过桥的费用回收率。

（3）整个网络将成为交通信息采集网，可快速掌握路桥的车流随机信息，不仅有利于交通部门的综合整体管理，更便于交通行政部门的疏导和管理，也可为新建路桥提供科学依据。

（4）减少了驾驶员携带大量现金和财务报账的手续，方便了车主的出行，节省了驾驶员的大量时间。同时，堵塞了路桥收费漏洞，防止了舞弊现象。

（5）减少了收费站的人员管理，可以节省大量的人力和财力，并使路桥收费的管理进入现代化。

（6）路桥不停车电子收费系统的应用除了路桥自动收费外，还可进一步用于停车场、加油站、各种公路规费的征收、车辆的检测年审和对车辆实时跟踪等。

（三）路桥不停车电子收费系统的工作方式

路桥不停车电子收费系统由车载标志卡（储值卡）、无线收发器、计算机系统和警示装置等部分构成。其工作原理：利用车载标志卡与装在路桥收费口的无线收发器之间通过无线波实现数据交换来识别通过的车辆，利用计算机系统在车辆客户预先缴纳的过路过桥费中按照事先定义好的车型收费标准扣除本次费用，从而完成不停车状态下的快速一次性自动收费。该系统的收发设备在信息交换时，能自动识别车辆通行的合法性，同时安装的计算机高速摄影系统能把车辆有关的信息数据快速记录下来。同时，车主的开户、记账、结账和查询（可利用互联网或电话网）均可利用计算机网络

进行账务处理，通过银行实现本地或异地的交费结算。

（四）路桥不停车电子收费系统的组成

路桥不停车电子收费系统的功能一般可划分为前台与后台两大系统。前台系统包括车道控制子系统、现场站管理子系统。后台系统包括网络通信子系统、系统控制子系统、账务处理子系统、计算机及监控子系统等。路桥不停车电子收费系统也可分为硬件系统、计算机网络系统、监控系统和软件系统四大部分。硬件包括：指示路牌、地面感应、红外分隔器、收费收发器、车牌摄像器、警告指示器、中心控制器、服务中心编程器、无线收发器等。网络包括：中心服务器、端站工作站、路由器、通信服务器、集中式调制解调器、打印机、不间断电源等。监控包括：监视器、扫描摄像器、电子屏幕等。软件包括：车道控制系统、现场站管理系统、网络管理系统、控制系统和财务结算系统等软件。路桥不停车电子收费系统在建设过程中，难度较大的是组建跨地区的庞大的后台计算机网络系统。

（五）路桥不停车电子收费系统的技术标准

路桥不停车电子收费系统是交通基础设施的高科技改造项目，设计和规划要有超前意识，做到适度超前。实施过程要严格要求，使该项目达到安全、可靠、节省、实用。为此，一般应满足以下技术指标：

（1）整套系统应在3年内不改造，在5年内不报废，可在原基础上升级，性能应达到同类系统的国际先进水平。

（2）系统可自动识别各类车型和车辆通行的合法性，分辨车型应超过60种，并准确实施收费。

（3）保证车辆在通过收费站时能以正常行驶速度行驶，最高车速限制为150km/h以内。

（4）系统抗干扰性能好，24h内连续工作不受电波干扰及外界影响。

（5）系统准确精度要高，系统的读写误码率小于亿分之一，车辆以50km/h时速的漏读率应小于万分之一，系统的反应时间不大于0.2s。

（6）系统的可靠性要高，系统平均无故障时间应超过2万h，平均系统恢复时间不大于1h。

（7）系统对违法违章车辆应具有追拍和通报功能及图像处理能力。

（8）系统应有较强的扩充能力，可进一步适应各种场合（高速公路、停车场、加油站、车辆跟踪等）的收费要求。

（9）对收费系统所控地区可进行交通信息的综合利用和开发。

（10）具有远程控制、自动切换保障功能和先进的综合网络管理功能。

（六）路桥不停车电子收费系统的应用范围

路桥不停车电子收费系统的使用，主要是针对本地区并且是经常往返某些路桥的车辆而设置的快速收费站口。该系统的收费对象是有一定局限性的，除城市中的特殊桥梁和路段外，通常是一个收费站应该是多种收费系统并举，才比较符合实际。所以，

在很长时间内路桥不停车电子收费系统是不可能全部取代人工收费方式的。在国内，各省、市（地区）道路和桥梁的建设投资方式和建设速度差异较大，路桥不停车电子收费系统的建设必须要结合本地区的实际情况进行，要防止一窝蜂的现象。为此，路桥不停车电子收费系统的应用，一般应具备以下几个条件：

(1) 根据本省、地区道路交通的实际发展情况，路桥收费影响了车辆通行速度的路段及桥梁。现有的收费口因收费造成了交通拥挤堵塞现象日益突出，严重制约和阻碍了整个地区的路桥交通网发挥作用，成为整体经济发展的“瓶颈”，导致现实交通满足不了本区域经济发展需求的地区或路桥收费站。

(2) 在某些需要收费的道路收费站，如果交通流量每日超过 3 万辆以上的路段。其中 3 万辆车的定量是参考值，主要还是根据收费站所设的收费车道数及车辆通过收费站时的均衡率等客观条件而定。

(3) 城市中无法修建收费站而又必须实施收费的路桥。这类路桥主要是集中在城市中心所新建的桥梁、路段和隧道。

(4) 预计近期交通流量发展比较快的某些路段和桥梁，建设资金又比较充足的情况下，提前在路段和桥梁的某些收费车道安装路桥不停车电子收费系统。

(5) 路桥不停车电子收费系统的应用，主要在三种收费模式上。有些学者将路桥不停车电子收费的收费方式分为开放式和封闭式两种类型，但对路桥不停车电子收费系统要实现区域性的“一卡通行”就显得不十分确切，路桥不停车电子收费系统的使用，按点式、线式、面式来区分收费模式是比较科学的。

(七) 路桥不停车电子收费系统的建设现状

国内在路桥不停车电子收费系统的建设方面起步也比较早。20 世纪 80 年代末期，许多省、市、地区就开始了策划和研制工作。目前广东、北京、福建、山东、山西、陕西、上海、河北、江西等省市的积极性都比较高，经过几年的努力，部分省市地区已开始试用和局部投入使用。目前在北京机场高速公路、上海市的过江隧道正在进行路桥不停车电子收费系统的试运行。广东省已在佛山、南海、顺德等地安装了点式收费系统，共 15 个收费站，23 条收费车道。截至 1997 年 2 月，车道累计通车量达到 20 多万车次，自动收费额接近 1000 万元，在各方面均取得了一定的经验。

(八) 关于对前台设备使用频率的讨论

目前，在世界上各国所生产、使用的不停车收费系统尚未有一个统一的国际标准，而车道控制器的读写频率也未形成一个统一的标准，各国都有着自己的实际国情。目前在全世界使用较多的主要有两种标准：基于 915MHz 的北美标准和基于 5.8GHz 的欧洲标准。另外，日本推出了基于 5.8GHz 高速的日本标准。同时，欧洲也有一部分公司在路桥不停车电子收费系统的车道设备上采用了 2.45GHz 的读写频率。

在美国使用不停车收费系统中的车道控制设备中，比较有代表性的是美国德州仪器公司（America Instru-ments）的产品。在欧洲的许多公路上所使用的不停车收费系统中的车道控制器，使用比较多的是瑞典申宝·康比特交通系统公司（Combiteeh

Traffic Systems）的产品。该公司是申宝·康比特公司的属下集团，在城市交通管理、道路自动收费系统和信息处理等方面有多年的实践经验。

完全开放式的道路自动收费系统标准是道路收费期望已久的一个系统。其主要优点是十分明显的：用户可以根据适合自己的电子标签卡及车道设备自由选择供应商，使得不同供应商提供的电子标签卡或车道设备都可以在同一个系统上兼容。由于开放式的短距离通信国际规格是在国际公开的，使越来越多的从事电子不停车收费系统厂商的产品逐渐向此规格靠拢，这将为用户在今后设备更新或新增设备时不受限于一定要购买原先厂商的产品，可自由选择产品供应厂商。开放式的电子收费系统还提供了一个稳定的应用系统开发及运行平台，并可以容许多个操作者使用同一个电子标签卡。换句话说，汽车本身只需一个电子标签卡即可在不同操作者所管理的路桥电子收费系统下通行。这不论是对路桥业主，还是持有路桥缴费的电子标签卡的车辆用户，都是一件获益匪浅的好事。

（九）后台网络建立及管理控制的必要性

路桥电子不停车收费系统要在某一地区实现区域“一卡通行”，实现原交通部提出的“网络环境下的不停车收费”，就必须通过一个完整的计算机网络来实现。这主要由以下几方面因素所决定：

(1) 国内大多数以中心城市为主的区域路桥收费体系，普遍存在着多投资主体并行、多家路桥收费公司管理、多种路桥收费的管理方法和运作模式。有些地区还涉及多行业及多个部门的合作，这使得整个收费工程成为一项系统工程，只有通过网络才能实现系统的功能。

(2) 若实现省或地区的“一卡通行”，就必须满足点式、线式和面式跨地区的混合收费结算需求。如此庞大的跨地区的多任务、多方式的计费结算系统，要能够实时准确地完成收费、分账、结算等多种任务，就离不开完整的后台计算机网络和管理控制中心。

(3) 路桥不停车电子收费系统处理的对象是车辆，数据处理的结果是所收费用的最终分账结算结果。从前台采集到的数据，在处理、传送、存储等过程中的任何差错最后都会表现在业主的账目上，数据的安全性是十分重要的。要求整套系统运行必须做到快速、安全可靠，建立完整的后台计算机网络是必不可少的。

(4) 在区域的路桥不停车电子收费系统建成后，仅仅是局部的一个地区实现“一卡通行”。随着高速公路的延伸和路网的不断扩大，就必然会带来区域网络的不断扩充和升级。同时还会出现一个或多个区域路桥不停车电子收费系统的互相联网的问题，届时，要解决跨省、地区的收费结算，就只能借助计算机网络来实现。

(5) 已建设好的路桥不停车电子收费系统，对政府和交通宏观管理部门来说，整个路桥不停车电子收费系统网络实质上是一个完整的交通信息采集网，只有通过计算机网络的联结，才可能快速、准确地掌握通过路桥的车流随机信息。这些宝贵的信息将极有利于政府交通部门对地区的综合整体管理，也有利于交通行政部门对本地区交

通拥挤堵塞及时进行疏导和指挥管理，也可为新建路桥提供科学的依据。

（6）路桥不停车电子收费系统采用了完整的计算机网络之后，除了解决路桥自动收费外，还可通过网络进一步延伸到其他领域。例如：驾驶员可利用车上的电子标签卡进入停车场停车，在加油站加油，缴纳各种公路规费和车辆规费，还可以对需要进行跟踪的车辆实施跟踪等。

三、公交自动收费系统在我国的应用

乘公共汽车时，购票及找零不但麻烦而且不便管理，而用非接触式IC卡作为乘车卡，可省去许多麻烦。乘车卡实际上是一种预付费卡，发卡部门收费时在卡上写上相应的金额，乘客用卡进行支付。这种卡可以重复使用（重复充值）。其操作过程如下：乘客乘车时，在车的入口处设立车载机进行检卡，其车票价可固定，也可不固定。根据车种及线路可随时预先设定，这样，手拿一种卡便可乘任何一个线路的汽车或其他车辆了，从而省去月票及找零钱的麻烦。

（一）非接触式IC卡的特点

非接触式IC卡又称射频卡，是最近几年发展起来的一项高新技术，但其发展速度却很快，它成功地将射频识别技术和IC卡技术结合起来，解决了无源（卡中无电源）和免接触的难题，是电子器件领域的一大突破。非接触式IC卡的特点如下：

（1）可靠性高。非接触式IC卡与读写卡器之间无机械接触，避免了由于接触读写而产生的各种故障，例如，由于粗暴插卡、非法插入、灰尘或油污导致接触不良等原因造成的故障。此外，非接触式IC卡表面无裸露芯片，无须担心芯片脱落、静电击穿、弯曲损坏等问题。

（2）操作方便、快捷。由于非接触式通信，读写卡器在10cm范围内就可以对非接触式IC卡进行读写器操作，所以不必插、拔卡，方便用户使用。非接触式IC卡使用时没有方向性，卡片可以任意方向掠过读写卡器表面，即可完成操作，这大大提高了使用的速度。

（3）防冲突。非接触式卡有快速防冲突机制，能防止卡片之间出现数据干扰。因此，读写卡器可以“同时”处理多张非接触式IC卡。也就是说非接触式IC卡可同时处理多张乘客卡，从而提高了应用的并行性，提高了系统的工作速度。

（4）可以适合多种应用。非接触式卡存储器结构特点使之可以一卡多用，能应用于不同系统，用户可根据不同的应用设定不同的密码和访问条件。

（5）加密性能好。非接触式卡的序列号是唯一的，制造厂商在出厂前已将此序列号固化，不可再更改。非接触式卡与读写卡器之间采用双向验证机制，即读写卡器验证IC卡的合法性，同时IC卡也验证读写卡器的合法性。非接触式卡在处理前要与读写卡器进行三次相互认证，而且在通信过程中所有的数据都加密。此外，卡中各个扇区都有自己的操作密码和访问条件。

（二）非接触式 IC 卡的基本工作原理

卡片的电气部分由一个天线和专用的集成电路块 ASIC 组成，设有其他外部器件。

(1) 天线。天线是只有几组绕线的线圈，很适于封装到 ISO 卡片中。

(2) ASIC。ASIC 由一个高速（10kB 波特率）的 RF 接口、一个控制单元和一个 8k 位 EEP、ROM 组成。

其工作原理是：读写卡器向非接触式 IC 卡发一组固定频率的电磁波，卡片内有一个 IC 串联谐振电路，其频率与读卡器发射的频率相同，在电磁波的激励下，IC 谐板电路产生谐振，从而使电容有了电荷，在这个电容的另一端，接有一个单向导通的电子泵，将电容内的电荷送到另一个电容内储存，当所积累的电荷达到 2V 时，此电容可作为电源，为其他电路提供工作电压，将卡内数据发射出去或读取写卡器的数据。

第五节　RFID 技术在电子收费系统中的应用

一、RFID 技术应用在电子收费系统中的背景

随着我国车辆保有量的不断增加，高速公路目前采用的半自动收费（MTC）方式造成严重的交通拥挤，尤其在交通流高峰期，解决问题的根本途径是采用电子收费。但由于我国高速公路实行联网收费，大量路网连接又造成多路径问题，即车辆从路网内的甲地行驶到乙地往往存在多条可选路径，这样就产生二义性路径识别问题。在高速公路联网收费环境下采用电子收费首先要解决二义性路径行驶问题，即车辆按照哪一个行驶路线标准收取通行费。二义性路径识别问题的解决方法有两类：一是通过一定技术手段精确识别出车辆在路网中行驶的实际路径，从而解决收费和拆分的问题；二是收费时不考虑实际行走路径情况，按照最短路径标准，通过某种方式确定路径判断，作为车辆通行费拆分的依据，采用模糊逼近真实的概率统计出路线。目前国内已试行电子收费的省份在处理联网收费二义性路径问题时，基本采用第二类方法。这主要因为精确识别方法受现有技术条件、高速公路收费运营体制和实际状况限制，其可操作性不强、综合成本高、效益低。随着路网结构复杂度的加大，采用模糊逼近真实的处理难度加大，严重影响高速公路联网收费结算功能的发挥。因此，研究二义性路径识别是有效推行电子收费的核心，也是从根本上解决高速公路出入口交通拥挤，提高运营效率的迫切需要。结合目前国内高速公路联网收费实际和技术条件，提出一种 RFID 电子标签与非接触式 IC 卡相结合进行二义性路径识别的设计方案。该方案兼容目前半自动收费（MTC）的技术条件和实际环境，较好解决了电子收费中的路径识别问题，仿真数据证明其具有较高的实用性和可操作性。

二、RFID 技术在电子收费系统中的应用现状

射频识别 RFID（Radio Frequency Identification）在智能交通领域应用最为成功，

高速公路系统 RFID 一般由三部分组成：

（1）电子标签（Tag）由耦合元件及其他器件组成，每个标签具有唯一的电子编码，安装在车辆上标识车辆信息，其中保存有约定格式的电子数据；当受到无线电射频信号照射时，反射回携带有数字字母编码信息的无线电射频信号，供阅读器处理识别。其工作频率一般在 915MHz 以上，分为有源和无源。

（2）阅读器（Reader）用以产生、发射无线电射频信号并接收由电子标签反射回的无线电射频信号，可无接触读取并识别电子标签中保存的车辆数据信息，从而达到自动识别车辆的目的。还可向标签写入信息，进一步通过计算机及计算机网络实现车辆信息的采集、处理及远程传送等管理功能。采用广播发射式射频识别和反射调制式射频识别。

（3）微型天线（Antenna）也称路测标识，用于在电子标签和阅读器间传递射频信号。安装在高速公路出入口和产生多义性路径的交叉口。

三、RFID 在高速公路电子收费系统中应用存在的问题

RFID 在高速公路中的应用体现为电子收费。将阅读器天线架设在距收费口 50m～100m的道路上方。当车辆经过天线时，天线唤醒车上的电子标签，发射出车辆 ID 信息：发卡银行编号、车牌号、车类参数、电子标签号等，阅读器接收到车辆 ID 信息后，传送至车道控制器（后台计算机），对进入收费车道的车辆进行电子标签的合法性校验，分析出车辆的相关信息，不用停车就可实现通行费用计算和自动扣费。这样将最大限度地缓解收费站出口因收费效率低而引起的交通堵塞，提高收费车道的通行能力，减少车辆在收费口等待而消耗不必要的燃油，降低收费口的噪声和废气排放，减轻车辆对环境的污染，从而达到节约能源、保护环境的目的。尽管国外 RFID 技术在电子收费中运行很成功，但有些技术特点和运营方法不适合我国高速公路道路使用。以车道为例，有专用车道、混合车道模式；收费员值班和无人值班管理模式；低速和高速通行模式。目前国内已有少数省份推行电子收费，而大部分省份仍未推行。除了道路使用者的认识、银行信用卡制度不完善等原因，主要原因是未能解决 RFID 技术与现有半自动收费（MTC）系统兼容问题，电子收费必然形成多张通行卡、多个车道，增加道路使用者的使用成本和运营单位投入成本，从而影响电子收费的推行。

第六节　GPS 技术在道路电子收费系统中的应用

一、基于 GPS 定位技术的下一代 ERP 系统

目前从新加坡、挪威等国家所运行的 ERP 不停车道路电子收费系统看，ERP 系统可有效地减缓城市交通阻塞问题。但由于架设道路电子收费站的成本非常昂贵，因而要在大范围内广泛使用还存在问题。针对我国的国情，要在我国大城市使用 ERP 系

统，这个问题尤其明显。因此，对下一代ERP系统，应考虑将新技术融入到ERP系统中，这包括应用GPS、地理信息系统（GIS）和移动通信系统。GPS技术因其定位精度高、不受时间和地区的限制、成本低等优点，目前已广泛应用于车辆的导航和定位。将GPS定位技术应用到ERP系统，可省去架设在道路上的电子收费站。道路收费处可以定义为一个地理区域或道路、高速公路的一段长度。每个车辆上除装有原先的收费器，再需增加一个低成本GPS接收机。ERP系统根据GPS提供的车辆位置来判定是否处于收费区域。这样整个ERP系统的成本将会大大降低。将GPS定位技术应用到ERP系统还需一个GIS收费平台来配合。这个GIS平台需收录整个城市每个地点的ERP收费情况包括公共停车区域，还必须根据道路的变化来更新收费的信息。

目前的ERP系统是一个多车道不停车电子收费系统，在这个系统中，车辆（包括摩托车）不需要像传统的收费系统要求的那样进行停车收费，而是在行驶过程中被自动收费。该系统主要包括三个部分：架设在道路上的车辆自动识别系统，安装在车辆内的收费器和设立在交通控制中心的计费、检查系统。架设在道路上的车辆自动识别系统，是一个无人值守的电子收费站，这些收费站的位置位于城市的交通要道口处。用户将智能卡插入车辆内的收费器中，可使系统进入工作状态。对汽车这类交通工具，收费器被安装在汽车内的防风玻璃上，而摩托车的收费器则被安装在手柄上。收费器与架设在道路上的车辆自动识别系统进行无线通信，每个车辆通过无人值守的电子收费站时，根据车型和一天中的不同时段进行自动付费。付费是在无线通信的情况下进行的，只要用户的智能卡被确认是有效的，合理的费用便从智能卡上划去。成功的收费被确认后，设立在交通控制中心的中央计算系统及时记录。如果车辆违规或逃避交费，架设在道路上的车辆自动识别系统中照相设备会拍下车辆的车牌号码，并立即无线传输到交通控制中心，这些违规的车辆将被记录入档，以备日后处理。

对ERP系统的要求可归纳为以下几点：①系统要确保每辆车在安装该系统的道路上通行时被成功收费；②尽可能地确保每辆违规车辆被发现，并辨认进而采取处理措施；③具有在不同道路、不同时间段采用不同的收费标准的功能。

二、关键技术探讨

1. 车辆位置

基于GPS定位技术的ERP系统对车辆位置的精度要求很高，对于多车道的ERP系统，定位精度应在2m～3m。但在城市高建筑群区，GPS接收机可能接收不到足够的卫星数目，这会降低车辆的定位精度。此外，大多数公路两旁有高大树木，这些树木对GPS信号有遮挡，也造成GPS定位精度下降。

2. 违规车辆的识别

对于架设在道路上的车辆自动识别系统，ERP系统能保证对过往车辆进行收费，并及时发现违规车辆。而基于GPS定位技术的ERP系统省去了架设在道路上成本昂贵的车辆自动识别系统，需要进一步通过立法来规范车主的行为。此外，ERP系统应具

有分辨能力，判断哪些车辆是故意逃避收费，哪些车辆是停在GPS信号盲区或停车场。

3. GIS收费平台

对于基于GPS定位技术的ERP系统，如何合理地收费是至关重要的。因此，要建立一个完善的GIS平台，使之能够根据GPS提供的车辆位置对不同时间段、不同路段分级别收费。

三、组合式电子收费系统技术方案

目前中国的高速公路发展非常快，地区经济发展的先决条件就是有便利的交通条件，而高速公路收费却存在一些问题，一是许多车辆要停车排队，成为交通“瓶颈”问题；二是少数不法的收费员贪污路费，使国家损失了相应的财政收入。

RFID技术应用在高速公路自动收费上能够充分体现它非接触识别的优势。让车辆高速通过收费站的同时自动完成收费。同时可以解决收费员贪污路费及交通拥堵的问题。

1999年，重庆、山东率先提出全省（市）高速公路联网收费，伴随着众多主线收费站的拆除，我国公路收费系统从各路段独立收费的状态步入了联网统一收费、通行费多业主拆分的时代。采用不停车收费的技术，在客观条件上已经成熟。但是采用什么样的电子收费技术，其中有很大讲究。目前除日本外，其他国家普遍采用的电子收费技术方案，大都是单片式ETC（电子不停车收费）系统。这对于以开放式收费为主、经济发达、ETC车辆的比率相对较高的应用环境来讲是非常适合的。

但国外这种人工收费系统和电子不停车收费系统完全分离的运营模式，对于我国这样大规模的公路联网收费系统而言，可能会面临以下几方面的问题：路网规模大，导致ETC系统规模庞大，一次性投资高，建设周期长，风险大；大多数入口收费站和出口收费站的交通量小，车道数量少，单独辟出一条专用ETC车道在土建上既困难，在利用率上又不经济；由于各收费站缺乏备份ETC车道，整个电子收费系统的可靠性将无法得到保障。

而日本的双片式车载电子标签系统，采用的是双天线，是在全国所有收费站上建立ETC入、出口车道，即ETC构成一个独立运行的封闭式网络，投资很高，ETC电子标签及IC卡发行模式复杂。由此可以看出，国际上现有的ETC技术方案及运营模式并不适合我国区域经济发展不平衡条件下的联网收费新形势的要求。要在我国成功地推动ETC收费应用，需要在方案上予以突破。

根据上述联网环境下电子收费系统的应用特点，国家智能交通系统工程技术研究中心创新性地提出了“两片式电子标签＋双界面CPU卡”的组合式电子收费系统技术方案。组合式联网电子收费技术是一种新型的联网电子收费技术，它利用“双界面CPU卡”和“两片式电子标签”实现了人工半自动付费方式和电子不停车收费方式的紧密结合，可以按交通量等实际情况按需设置ETC车道数量。组合式电子收费技术总体方案如下：采用双界面IC卡和两片式ETC电子标签作联网收费系统的预付卡介质。符合150、CEN等国际标准的ETC路侧读写天线及控制系统。采用支持人工协议的专用IC卡收费机具。当射频感应到电子标签芯片时，会自动记录车型、牌照、入口时间和地点，到出口处时，射频技术读到这些数据并生成付费金额，迅速在芯片中自动扣除。在封闭式路网内，根据交通量的大小，按需设置电子收费车道。组合式电子收费的功能特点为，系统可以按照实际需要设置电子收费车道数量和收费方式：在交通量较大，设有ETC车道的收费站，用户可将双界面IC卡插入双片式电子标签，以不停车方式通过ETC专用车道；在交通量相对较小，仅设有人工收费车道的收费站，用户可采用双界面IC卡以预付刷卡的方式通过普通人工收费车道。

对于固定往返于设置有ETC车道的收费站的通勤车辆，如客、货运输车辆、公司班车等，则可以采用相对廉价的单片式电子标签，实现免停车方式通过ETC专用车道。

易于推广组合式ETC联网收费方案真正实现了MTC（人工收费）与ETC的兼容，用户使用一张预付IC卡（储值卡或记账卡）和一个两片式电子标签即可在高速公路的出入口随意选择通过MTC车道或ETC车道。它按交通量等实际情况按需设置ETC车道数量，系统可靠性高、投资及规模富有弹性，易于试点和推广，为联网收费系统开展预付卡业务提供了方便、快捷、安全可靠的解决途径；为解决中心城市的环城公路网及区域经济圈内城间公路网的交通“瓶颈”提供了有效手段。在交通量较大，设有ETC车道的收费站，用户可将双界面IC卡插入双片式电子标签，以不停车方式通过ETC专用车道；在交通量相对较小，仅设有人工收费车道的收费站，用户可采用双界面IC卡以预付刷卡的方式通过普通人工收费车道；符合中国金融卡规范及电子商务等国家鼓励的发展方向。

由此可以看出，组合式电子收费技术是目前国内经济发展不平衡条件下解决联网电子收费系统建设的很好的技术选择。它既解决了高速公路联网收费的电子化支付问题，又能克服ETC应用初期面临管理与推广应用方面面临的困难。但要实现不停车收费，高速公路收费站必须变更匝道，作为不停车收费专用道，改造一个匝道就需20多万元，对于全国的高速公路来说，这将是一笔巨大的资金投入。

本章小结

本章主要介绍了电子收费系统的基本概念、电子收费系统的硬件与软件、电子收费系统在公路运输中的作用、RFID技术在电子收费系统的应用现状以及应用存在的问题、GPS技术在道路运输中应用内容。

思考题

1. 什么是电子收费系统？电子收费系统由哪些部分组成？
2. 物联网电子收费系统包括哪些技术？

3. 物联网电子收费系统在交通运输中如何进行应用？
4. RFID技术在电子收费系统中如何进行使用？
5. GPS技术在电子收费系统中如何进行使用？

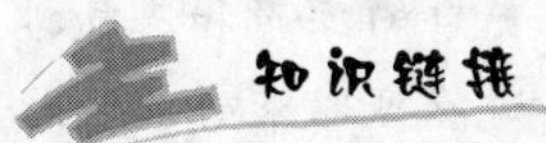

物联网带动产业升级 ETC 产业春天来临

国际物联网技术研究中心新推出的《不停车收费系统（ETC）产业发展现状及投资机会研究报告》中提到：随着物联网概念的提出，使得全球信息化步伐不断加快，信息技术渗透社会经济的各个领域，给人类社会带来巨大而深远的影响。交通，作为国民经济发展的基础产业，公路、水路交通实现产业结构优化和升级是社会的必然选择。以交通信息化的方式对交通基础设施、运载装备、管理手段等进行改造，为全面提升交通运输系统供给能力、运行效率、安全性能和服务水平提供了重要的手段和科学依据。

20世纪80年代末至90年代初一种使用双向微波数据询问应答通信技术和可编程电子车载标签的最完善的电子收费系统开始被应用到诸多高速公路。我国由于配套设施不完善，缺乏自主知识产权，使得整体使用费用过高而一直无法被推广开。

《不停车收费系统（ETC）产业发展现状及投资机会研究报告》指出：在即将到来的物联网时代，全球的经济和技术格局将进行一轮全新的洗牌，这也将为我国的ETC产业发展带来巨大的机遇。

促进技术革新

不停车收费技术特别适于在高速公路或交通繁忙的桥隧环境下采用。物联网在对与ETC产业的应用升级主要体现在射频识别技术（RFID）的应用，即应用于自动车辆识别的主要技术之一，通常通信距离8m～30m，在我国选定的5.8GHz通信频率具有传输速度快、载波比高、抗干扰强、支持设备多等特点，通过射频天线读取电子标签中的车辆信息，然后通过RS232串口将数据传输给DSP；车辆信息处理完毕后，DSP将通行信息再通过串口由射频天线写入电子标签中。

物联网技术在ETC系统应用的优点：①ETC车道的通行能力为2500辆/h，是MTC车道的5倍多，能够解决或缓解高速公路（特别是站口）的交通堵塞问题；②可利用ETC系统解决联网收费中的路径二义性问题；③减少通行卡的投放量；④减少车辆尾气CO_2、NO_2等有害气体的排放，有利于大气环境的改善；⑤可降低收费管理的成本，消除人为因素带来的管理漏洞，缩小收费站的规模，节约基建费用和管理费用，提高车辆的营运效益和增强高速公路的资金回收能力。

带动应用升级

针对环境、运行成本等已知问题，该系统有以下优势：允许车辆高速通过（几十千米以至100多千米），故可大大提高公路的通行能力；公路收费走向电子化，可降低收费管理的成本，有利于提高车辆的营运效益；可以大大降低收费口的噪声和废气排放，有助于环境污染的防治。由于通行能力得到大幅度的提高，所以可以缩小收费站的规模，节约基建费用和管理费用。

不停车收费系统还可以通过经济杠杆进行交通流调节的切实有效的交通管理手段。对于交通繁忙的时段及路段，不停车收费系统可以避免月票制度和人工收费的众多弱点，有效提高这些市政设施的资金回收能力。

拉动相关产业发展

随着高速公路建设快速发展，我国高速公路收费系统也有了很大的发展。十多年来，高速公路收费系统已经由“全面引进”阶段逐步过渡到“自主开发与引进结合”的阶段。随着社会、经济的快速发展，特别是跨省市国道主干线高速公路网络的逐步形成，社会对收费系统的技术要求将会越来越高，自动化程度较高的收费技术必然逐步取代传统的人工作业方式。我国鼓励围绕大城市发展卫星城市和大型居住区，这时城间往返交通流量将会很大，且交通流密度很高，同时要求的道路服务水平也高，实施不停车的高速ETC收费业务的需求将是客观存在的。

ETC系统最大的特点是整合了电子标签和非接触IC卡两大资源，使用IC卡进行费用结算，这种方案有利于ETC车载设备兼容ETC车道及MTC车道两个道路资源，使ETC系统有利于在联网高速公路中渐进式推进。

同时，通过应用主动式RFID车载设备与RSU进行双向数据交换，把车辆沿途安装有RSU的地点把交通指挥控制中心通过RSU发布的诱导信息和其他交通信息传送到车载的“数字地图显示仪”中，RSU同时把它所在地点的地理坐标信息嵌入到下行信息中并影射到数字地图中。可以把这种系统称为“离散式”的数字定位系统，从某种意义上讲，它能在局部地区起到GPS的某些作用。与此同时，车辆还可以根据交通指挥控制中心通过RSU发布的导行信息引导司机的驾驶行为，通过人机交互实现导行的目的。下行链路可通过RSU同时把包括路况信息和重要信息加以发布。

另外，目前一些实施了用RFID系统实施年费收费方式管理的城市都为每辆“年费车辆”配发一个不可拆卸、不可修改其ID号的无源被动式电子标签。作为车辆唯一的身份标志。实现“年费车”一车一卡，从而彻底堵住用“套牌”的办法偷漏年费的漏洞，既能保证严格监管，又能确保交通的通畅。在此基础上，路桥管理部门还能获得高比例的费用增收。

随着国家关于物联网新兴产业的一系列政策、措施出台，物联网基础技术的成熟，ETC产业会应用更多的新技术，降低应用成本，扩大诸如产业链上游企业的应用需求，如IC卡、RFID芯片、读取器、摄像设备等，另外还包括通信设备、数据中心等。

参考文献

[1] 蒋长兵，白丽君. 物流自动化识别技术 [M]. 北京：中国物资出版社，2009.

[2] 杨兆升，史其信，高士廉. 智能运输系统概论（第二版）[M]. 北京：人民交通出版社，2009.

[3] 宁焕生，王炳辉. RFID 重大工程与国家物联网 [M]. 北京：机械工业出版社，2009.

[4] 宁焕生，王炳辉. RFID 与物联网射频、中间件、解析与服务 [M]. 北京：电子工业出版社，2008.

[5] 单承赣，单玉峰，姚磊，等. 射频识别（RFID）原理与应用 [M]. 北京：电子工业出版社，2008.

[6] 龚双瑾. 下一代网关键技术及发展 [M]. 北京：国防工业出版社，2006.

[7] 胡思继. 交通运输学 [M]. 北京：人民交通出版社，2001.

[8] 胡永举，景鹏. 道路运输信息系统 [M]. 北京：人民交通出版社，2007.

[9] 陈旭梅. 智能运输系统 [M]. 北京：中国铁道出版社，2007.

[10] 陈斌. 高速公路联网收费系统及其应用 [M]. 成都：西南交通大学出版社，2007.

[11] 王笑京，等. 电子收费系统技术与工程应用 [M]. 北京：人民交通出版社，2006.

[12] 宁焕生，张彦. RFID 与物联网射频、中间件、解析与服务 [M]. 北京：电子工业出版社，2008.

[13] 邹生，何新华. 物流信息化与物联网建设 [M]. 北京：电子工业出版社，2010.

[14] 张成海，张铎. 物联网与产品电子代码（EPC）[M]. 武汉：武汉大学出版社，2010.

[15] 增凡华. 集装箱运输实务 [M]. 北京：机械工业出版社，2006.

[16] 李如姣. 运输作业实务 [M]. 北京：化学工业出版社，2010.

[17] 夏秀艳，廖毅芳. 运输管理实务 [M]. 广州：广东经济出版社，2008.

[18] 邹龙. 物流运输管理 [M]. 重庆：重庆大学出版社，2008.

[19] 刘南. 交通运输学 [M]. 杭州：浙江大学出版社，2009.

[20] 郭丽颖. 集装箱运输学 [M]. 武汉：武汉理工大学出版社，2008.